财经
法治

投服中心系列丛书

China Securities Investor Services Center

纠纷调解案例评析

2021年

郭文英◎主编

Cases Review of Dispute Mediation

法律出版社
LAW PRESS · CHINA
北京

图书在版编目(CIP)数据

纠纷调解案例评析. 2021年 / 郭文英主编. -- 北京:法律出版社, 2021
ISBN 978-7-5197-6029-8

Ⅰ. ①纠… Ⅱ. ①郭… Ⅲ. ①证券交易-经济纠纷-案例-中国②期货交易-经济纠纷-案例-中国 Ⅳ. ①D922.287.5

中国版本图书馆CIP数据核字(2021)第205131号

纠纷调解案例评析(2021年)
JIUFEN TIAOJIE ANLI PINGXI (2021 NIAN)

郭文英 主编

策划编辑 陈 妮
责任编辑 陈 妮 黄 筝
装帧设计 李 瞻

出版发行 法律出版社
编辑统筹 法治与经济出版分社
责任校对 杨锦华
责任印制 吕亚莉
经　　销 新华书店

开本 787毫米×1092毫米 1/16
印张 14.75 **字数** 248千
版本 2021年12月第1版
印次 2021年12月第1次印刷
印刷 固安华明印业有限公司

地址:北京市丰台区莲花池西里7号(100073)
网址:www.lawpress.com.cn
投稿邮箱:info@lawpress.com.cn
举报盗版邮箱:jbwq@lawpress.com.cn
销售电话:010-83938349
客服电话:010-83938350
咨询电话:010-63939796

书号:ISBN 978-7-5197-6029-8
定价:76.00元
凡购买本社图书,如有印装错误,我社负责退换。电话:010-83938349

纠纷调解案例评析

Cases Review of Dispute Mediation

总　序

2018年金秋，中证中小投资者服务中心（以下简称投服中心）主编的“投服中心系列丛书”终于与大家见面了。投服中心是中国证监会直属的证券金融类公益机构，成立以来，不忘初心，始终坚守保护中小投资者合法权益的使命，积极探索投资者保护新路径，努力引导投资者理性投资、全面知权、积极行权、依法维权。“投服中心系列丛书”的出版是对“知权、行权、维权”工作的一个总结，希望借此契机凝聚一批法学学者、市场实务人士等专家对资本市场的热点难点问题进行长期探讨研究。

自2014年成立以来，投服中心在中国证监会党委的领导和部署下，在证监会投资者保护局的指导和相关部门、各派出机构的支持下，在证监会系统兄弟单位和社会各界的大力支持下，从中小投资者权益保护和救济诉讼的实际需求出发，创新了一套适合我国资本市场中小投资者保护的机制和实现路径——以投资者教育工作为基础，通过事前持股行权、事中纠纷调解、事后支持诉讼来切实维护广大中小投资者的合法权益。投资者是资本市场发展的重要基石；培育良好的投资者群体，保护好广大中小投资者合法权益，是促进资本市场健康发展的重要一环，直接关系维护社会的公平正义，直接关乎亿万人民群众的切身利益。但中国资本市场的中小投资者既是数量上的多数，又是专业知识、投资理念、维权能力等方面的“弱势少数”，因此，中小投资者的合法权益时常受到漠视甚至侵害。长期以来，中小投资者权益的保护问题既是资本市场的一个宏观问题，又是要落实到每位投资者身上的微观问题。如何从立法层面更细致地规定中小投资者保护的内容，形成法律、行政法规、部门规章及操作性指引；如何从司法层面推动示范判决制度、探索强制调解机制等制度的建设；如何从监管层面创新机制，加大对侵害中小投资者合法权益的违法违规行为的打击和惩罚力度,更多地保护中小投资者的合法权益;如何帮助中小投资者树立权利意识,建立长期投资、价值投资理念,强化风险意识,提高维权能力。这些问题的解决都不是一蹴而就的,我们需要扎根于中国资本市场的土壤,需要政策、法律的研究,需要投保机制的创新,需要与广大中小投资者面对面的交流。为此,投服中心出版系列丛书,以投服中心工作为蓝本,研究了一些热点问题,探索了一条“投服模式”的投资者保护道路,积累了一些经验分享给读者。

“投服中心系列丛书”由《投资者权益知识读本》《重大资产重组行权案例评析》《纠纷调解案例评析》《支持诉讼维权案例评析》《投服研究》等书组成。其中《投资者权益知识读本》登载的“权益 360”系列文章,根据我国资本市场和广大投资者的实际情况,接地气、聚人气,本着知识性、实用性、趣味性的宗旨,为投资者普及权益知识。《重大资产重组行权案例评析》《纠纷调解案例评析》《支持诉讼维权案例评析》汇集了投服中心持股行权、纠纷调解及支持诉讼工作中具有代表性的实际案例,旨在进一步发挥投服中心示范引领作用,唤醒广大中小投资者的股东意识,督促上市公司提高依法运营水平,进一步探讨在全国范围内建立调解合作、小额速调、诉调对接、证券支持诉讼示范判决等机制。《投服研究》选取了投服中心课题中较突出的研究报告,包含对投资者交易行为、上市公司章程反收购条款效力、证券市场投资者保护条例等一系列资本市场热点、难点问题的研究。“投服中心系列丛书”综合了普及性、专业性及学术性的特点,面向广大投资者、上市公司及专家学者等群体,期望与其共同推动中小投资者权益保护工作。

我们希望,“投服中心系列丛书”是一涓细流,能不断汇集中国资本市场土壤上的经验与创新机制,不断丰富学术理论,不断普及权益知识。我们相信,中国中小投资者保护事业能在资本市场各方的努力下,共同谱写新的篇章。

2018 年 8 月

前　言

2021 年是中国共产党成立一百周年,也是“十四五”规划开局之年。第十三届全国人大第四次会议审议通过的“十四五”规划纲要,明确提出要进一步深化金融供给侧结构性改革,并对完善投资者保护制度作出部署。中国资本市场经过三十余年的发展,在市场规模、体系结构、发展质量和开放水平等方面取得了长足进步,而这一切都离不开投资者的积极参与。切实维护投资者合法权益,既是关系亿万百姓利益的民生工程,也是确保资本市场长期稳定发展的基础性工程。尊重投资者、敬畏投资者、保护投资者,是资本市场践行以人民为中心发展思想的具体体现。

截至 2021 年 7 月底,我国资本市场投资者数量已逾 1.8 亿,是全球规模最大、交易最活跃的投资者群体,他们始终与中国资本市场共担风雨、共同成长。其中,95% 以上为中小投资者,他们的风险识别和自我保护能力较弱,加之多层次资本市场快速发展、规模不断扩大、新业务大量增加,投资者与市场主体之间的纠纷持续增多。一方面,投资者的纠纷解决路径囿于向监管部门提起投诉,希望以行政力量介入以解决民事纠纷,然而这一方式不仅面临监管资源有限的问题,更受制于监管部门无法律依据直接处理民事纠纷的事实;另一方面,投资者如通过诉讼、仲裁解决纠纷的,则存在门槛高、成本高、耗时长、维权难的问题。可见,以调解方式化解证券期货市场纠纷既促进了监管转型,也节约了司法资源、提高了解纷效率,能有效保护投资者特别是广大中小投资者的合法权益。

中证资本市场法律服务中心有限公司(以下简称中证法律服务中心)作为经中国证券监督管理委员会(以下简称中国证监会)批准设立的、我国唯一跨区域跨市场的全国性证券期货纠纷公益调解机构,致力于成为纠纷调解的承办中心、创新中心、示范中心,秉承“为民、奉献、专业、引领”理念,以实际行动落实落细习近平总书记“把非诉讼纠纷解决机制挺在前面”指示和中央全面深化改革委员会第十八次会议“坚持和发展新时代‘枫桥经验’精神要求”,扎实做好证券期货纠纷调解业务,推动形成资本市场纠纷调解“全国一盘棋”新格局,为维护投资者合法权益作出应有贡献。

自揭牌成立一周年以来,中证法律服务中心不忘初心,积极践行“以人民为中心”的发展理念,稳步推进纠纷化解工作,资本市场纠纷化解主渠道地位进一步巩固:一是通过明确受理范围、提高征询效率等方式提升纠纷受理能力和质量,全面承接资本市场纠纷;二是坚持做好调解主业,通过科技赋能以推进在线调解,方便投资者依法维权;三是全面铺开损失核定,提升科学化解纠纷水平。值得一提的是,中证法律服务中心积极贯彻落实证监会与最高人民法院《关于全面推进证券期货纠纷多元化解机制建设的意见》,与全国50家中高级人民法院签署诉调对接合作协议,推动上市公司虚假陈述纠纷等涉众型纠纷通过该机制实现案件标准化委托委派,提升纠纷化解效率。此外,中证法律服务中心依托自身开发的损失计算系统,与各地法院全面构建“损失计算+示范判决+纠纷调解”的上市公司虚假陈述纠纷化解全链条工作机制,显著提升了该类纠纷的调解效率,有效维护了中小投资者的合法权益。

截至2021年7月底,中证法律服务中心共登记纠纷19,137件,受理13,244件,调解成功9560件,争议金额86.54亿元,投资者获赔金额28.85亿元,资本市场纠纷化解主渠道地位进一步巩固。本书选取了近年来中证法律服务中心在调解工作开展过程中比较典型的案例进行剖析研究,旨在通过案例分析来阐明法律适用、剖析交易规则、交流调解技巧、提示投资风险等。案例类型覆盖证券纠纷、基金纠纷、期货纠纷、上市公司虚假陈述纠纷等各领域,希望对中小投资者维权、经营主体规范经营以及今后的纠纷调解工作起到一定的借鉴作用。由于编者水平有限,本书难免存在错漏之处,敬请各位读者、同行及专家批评指正。

目　　录

Cases
Review of Dispute
Mediation

第一篇

证券专题

案例1:新股申购纠纷案例分析及建议

——以广东中证投资者服务与纠纷调解中心调解数据为样本

林　歆*

新股申购一直深受中小投资者的热衷和青睐,但近年来中签弃购的现象时有发生,由此产生的纠纷层出不穷。本文旨在实证分析新股申购纠纷产生的原因,梳理新股申购纠纷类型,探讨解决对策,为减少新股申购纠纷提供相关建议。

一、54例新股申购纠纷的基本情况

本文选取2015年4月至2020年12月广东中证投资者服务与纠纷调解中心(以下简称调解中心)受理的54例新股申购纠纷作为研究对象。如图1-1所示,新股申购纠纷以2017年最为突出,主要是因为上海证券交易所及深圳证券交易所分别在2016年1月5日发布了新股申购规则,其中取消了预缴款制度,对投资者申购新股有较大影响,需要投资者适应新的规则。自2018年开始,调解中心受理的新股申购纠纷数量每年呈个位数,其中部分原因是"12386"中国证监会服务热线(以下简称"12386"热线)从2019年5月开始将投诉直转证券经营机构处理,使调解中心所受理的该类纠纷数量有所下降。另经查询,在2019年、2020年,"12386"热线直转证券经营机构处理的新股申购纠纷分别为5例及7例。从纠纷数据来看,新股申购纠纷在抽样期间内持续发生。

* 广东中证投资者服务与纠纷调解中心职员、中证资本市场法律服务中心广东调解工作站调解员。

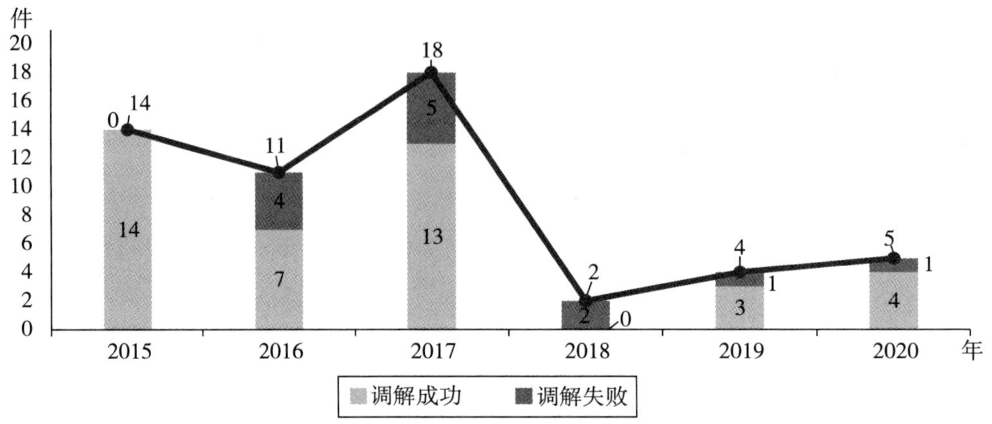

图 1 - 1　2015 ~ 2020 年新股申购纠纷数量及处理结果统计

如图 1 - 1 所示,从调解结果来看,在 54 例新股申购纠纷中,调解成功 41 例,调解失败 13 例,调解成功率为 75.93%,调解成功涉及金额为 12.58 万元,结案平均时长为 35 天。可见,通过调解中心中立第三方的专业调解,大部分的新股申购纠纷都能得到高效妥善解决,投资者得到应有的补偿,充分发挥了调解机制定分止争的功能。

二、新股申购纠纷成因分析

如表 1 - 1 所示,在 54 例新股申购纠纷中,投资者主要反映证券经营机构新股中签通知工作不到位,该类投诉内容占比 55.5%。通过分析和梳理,从因果关系的角度来看,新股申购纠纷往往是多因一果,既有证券经营机构因素,也有投资者因素。

表 1 - 1　新股申购纠纷类型分布

投诉内容	纠纷数量/例	百分比/%
新股中签通知不到位(没有电话或短信通知、通知不及时)	30	55.5
配号问题(延迟下发配号、配号显示前后不一致)	5	9.2
质疑新股申购最终结果	4	7.4
软件问题(未及时显示中签结果、表述误导投资者、功能存在问题)	3	5.6
其他(申购代码、投教缺失、申购市值)	3	5.6

续表

投诉内容	纠纷数量/例	百分比/%
申购数量受限	2	3.7
网下新股申购问题	2	3.7
信用账户的缴款资金被用于偿还欠款	2	3.7
工作人员指引错误	2	3.7
申购新三板新股的问题	1	1.9
合计	54	100

在处理新股申购纠纷过程中，调解中心经总结后发现投资者易存在如下问题：首先，缺乏知识，不了解相关业务规则。2016 年新股申购预缴款制度被取消后，部分投资者不清楚具体缴款时间；个别投资者认为弃购就是全部弃购，不了解规则允许部分弃购的情形，甚至误认为弃购后的股票会被证券经营机构私吞；少数投资者误认为使用多个证券账户参与同一只新股申购能增加中签概率。实际上，深圳证券交易所、上海证券交易所均对上述问题有相应的规定并可以通过其官网查询。其次，怠于履行投资者自身的义务。具体包括自身既未主动查询中签情况，也未留意证券经营机构的短信或电话通知；留存的联系方式变更后未主动告知证券经营机构，导致后续未能及时接收通知；在明知中签的情况下，仍继续进行股票交易，最终致使证券账户资金不足无法缴款；因选择不恰当的转账方式导致缴款资金无法及时到账。最后，投资者私下将证券账户交由他人操作，导致中签信息未能及时传达给实际操作人。

三、新股申购纠纷调解失败原因分析

经深入分析 13 例调解失败的新股申购纠纷，调解失败的主要原因可归纳为以下三点：

第一，部分投资者提出的诉求不合理，且不愿让步或放弃，甚至采取极端方式进行威胁。一般而言，投资者未成功购买新股并不存在实际损失，更多的是涉事新股在二级市场股价上涨所带来的预期利益损失。在调解过程中，个别投资者就中签通知不到位的情形而要求证券经营机构赔偿中签新股 5～10 个涨停板的溢价金额,而这一金额远超证券经营机构的预期。因此,双方当事人对于预期利益损失的认定存在较大争议,若投资者坚持不降低诉求金额,证券经营机构往往无法满足其要求,最终双方未能达成一致,调解失败。此外,有个别投资者以现场闹事、通过媒体曝光等方式威胁要求赔偿,证券经营机构一般不愿对此种极端的索赔方式作出妥协,以免助长过度维权的不良风气。

第二,个别证券经营机构虽意识到自身服务存在瑕疵,但不愿从服务层面给予投资者额外的补偿,担心其他投资者仿效投诉索赔,陷入纠纷。

第三,证券经营机构处理投诉的态度不端正,未真正落实投资者投诉处理的首要责任。国务院办公厅《关于进一步加强资本市场中小投资者合法权益保护工作的意见》规定,上市公司及证券期货经营机构等应当承担投资者投诉处理的首要责任,完善投诉处理机制并公开处理流程和办理情况;支持投资者与市场经营主体协商解决争议或者达成和解协议。实践中,不少证券经营机构并未重视投资者的诉求,没有积极配合调解组织开展工作,往往经多次督促才反馈处理进展,导致调解进度缓慢,投资者失去耐性,进一步加大调解的难度。

四、减少新股申购纠纷的若干建议

(一)对证券经营机构的建议

1. 强化宣传教育

(1)加强员工培训教育。加大员工业务知识和技能培训力度,坚持“教育者先受教育”,确保员工熟悉掌握各项业务,尤其是新业务、新法规,强化员工行为规范。同时,要提升员工与投资者沟通的技能,对没把握的问题,员工应经核准后再回复投资者,切忌随意告知投资者不准确的信息。

(2)抓好投资者教育。实践中,部分新股申购纠纷是由投资者对于新股申购的交易规则不理解所引发的。因此,证券经营机构要积极引导投资者了解证券市场规则变化,落实投资者教育工作,避免政策解读存在误区。在日常的投资者教育工作中,应注重从基础知识、交易规则等内容入手以灌输正确知识,并将投资者集中反映或咨询的新股申购热点问题,进行收集整理,以多种方式向投资者普及和宣传,同时密切关注中国证监会、证券交易所、中国证券业协会等证券监管机构、自律组织的投教专栏，充分利用上述渠道提供的投教素材，整合投教资源，形成宣传合力，提高投教产品的有效性和针对性。

2. 完善中签通知机制

《深圳市场首次公开发行股票网上发行实施细则（2018 年修订）》（以下简称《实施细则》）第 26 条规定："T＋1 日，中国结算深圳分公司于当日收市后向各参与申购的结算参与人发送中签数据。结算参与人应据此要求投资者准备认购资金。"上海证券交易所亦作出了类似的规定。由此可见，证券经营机构有通知投资者中签缴款的义务，但对通知的形式并没有明确规定。现阶段，证券经营机构主要是以短信方式通知为主，以电话方式通知为辅。从内容来看，短信通知基本涵盖了中签账号、中签股票、中签股数、应缴金额、未缴款后果。少数情况下会有缴款截止时间的提示内容，甚至还会将中签短信分为普通账户及信用账户模板，便于投资者能更直观了解自己具体中签的账户及不同账户间具体操作。而电话方式主要由投资者所属的客户经理以个人手机通知投资者为主，少数有录音留痕。个别证券经营机构会统一电话通知的话术。此外，少数证券经营机构会为投资者提供预冻结功能，基本是 T＋1 日日终清算完毕后系统默认冻结或是在 T＋2 日缴款截止时间前由投资者自主设置。

结合目前中签通知机制的现状及新股申购纠纷产生的原因，为提升投资者服务感受，建议证券经营机构加强增值服务，全方位、多渠道地向中签投资者进行通知提醒：一是完善通知方式及流程。重视新股申购中签的知情权，从服务细节做起，提高客户满意度。在通知方式方面，应进一步拓宽通知渠道，除发送短信外，尽可能增加电话等其他方式，并做好留痕工作。在通知内容方面，最好统一电话沟通话术，短信通知内容需详尽；无论是电话沟通或者短信通知均需包含中签账号、中签股票、中签股数、应缴金额、缴款截止时间、未缴款后果等必要内容。在通知流程方面，做好跟踪服务，主动排查中签投资者的账户资金情况，如果账户内资金不足的，应及时安排专人电话通知投资者准备缴款资金。临近收市前，再重新排查中签投资者的缴款情况，对未缴款投资者进行补充通知，防止出现遗漏情况。在个性化服务方面，可考虑提供预冻结功能，由投资者自主设置，以防止资金因买股票或余额理财等操作被占用导致中签缴款失败。二是尽可能多掌握投资者的有效联系方式并多渠道联系。对于留存联系方式较单一的投资者，应让投资者及时补充其他有效联系方式,便于在紧急情况下能随时联系投资者本人,同时也要提醒投资者变更联系方式后应及时通过临柜或自助方式更新信息。对于联系方式不准确的投资者,可通过投资者委托来源查询或拨打紧急联系人电话等方式竭尽全力联系,尽量避免投资者弃购损失。若通过各种方式均无法联系到投资者,建议做好相关留痕工作。

3. 优化投诉处理工作

(1)及时沟通。结合以往处理该类纠纷的经验,有个别证券经营机构一开始并未重视投资者的诉求,拖延处理,导致投资者信任度下降。一般而言,投资者最初会以新股上市后涨停板的数量为依据提出索赔金额,随着处理时间的拖长,投资者会不断升级诉求,由原先要求较少的金额赔偿,提升到更高的赔偿金额,甚至提出登报道歉等要求,双方心理预期差距逐渐拉大直至无法调和。因此,证券经营机构接收投诉后,应积极面对,不逃避不推诿。在投诉影响扩大之前,工作人员要及时跟进问题,与投资者保持畅通的沟通渠道,定期反馈处理进度,让投资者意识到自己的诉求是被重视的,防止投诉升级,避免因处理不当加深投诉危机,损害公司形象。同时,及时为投资者提供切实可行的解决方案。

(2)换位思考。不少证券经营机构在受理纠纷后,只要发现已发送了中签短信给投资者,便认为己方不存在任何问题。就投资者的角度而言,由于社交软件的广泛使用,且存在大量的垃圾信息,大多数人很少留意短信,证券经营机构仅是统一发送短信,在服务上存在改进的空间。建议应从投资者的角度出发,耐心倾听,不推卸责任,不因没有违反相关法律法规就消极处理,从而给投资者留下“被忽视”的心理感受。针对投资者的合理诉求,应及时回应并提供切实可行的解决方案,力争取得投资者理解。对于投资者提出的不合理要求,也应耐心做好安抚工作,有理有据进行解释。

(3)借力调解。正确认识调解机制的作用,并适时借助调解力量妥善化解纠纷,引导中小投资者转变观念、理性维权。在实践中,对于经多次沟通仍无法达成一致意见的纠纷,可考虑寻求第三方调解组织的帮助。选择调解方式解决,从形式和心理上更有利于消除双方的对抗性,有效缓和双方之间的矛盾,同时,可节省双方的诉讼成本及人力成本,有效提高化解矛盾纠纷的效率,降低证券经营机构的法律风险与声誉风险。此外,通过调解,也有利于发现并完善自身不足,从而进一步提升服务质量。

(二)对投资者的建议

1.加强自身学习。投资者从事证券交易活动,应对涉及交易活动的基本法律法规及相关规则有常识性地了解和掌握。只有通过不断学习和积累,才能避免因对政策规则不了解而造成不必要的损失,同时应严格遵守法律法规、交易规则等,约束自身行为。

2.主动关注和查询自己的中签情况。《实施细则》第18条规定:“投资者申购新股中签后,应依据中签结果履行资金交收义务,确保其资金账户在T+2日日终有足额的新股认购资金。投资者认购资金不足的,不足部分视为放弃认购,由此产生的后果及相关法律责任,由投资者自行承担。”第21条规定:“投资者连续12个月内累计出现3次中签但未足额缴款的情形时,自结算参与人最近一次申报其放弃认购的次日起6个月(按180个自然日计算,含次日)内不得参与新股、存托凭证、可转换公司债券、可交换公司债券网上申购。”上海证券交易所也有类似规定。由此可见,关注自身账户、留存足够资金缴纳中签款是每个投资者应尽的义务。值得注意的是,当连续12个月内放弃认购次数累计达到3次,投资者将半年内无法参与新股申购。因此,投资者应主动关注账户情况,不应完全依赖营业部的中签通知,缴款截止前应再次查看账户余额是否足够,避免中签后弃购。对于经常参与申购新股的投资者,建议提前在自己的证券账户里预留一定资金,从而有效避免弃购情况发生。

3.积极配合并及时更新联系方式。当留存的联系方式发生变更,投资者应及时通过临柜或自助方式更新信息,以便证券经营机构后续能正常提供服务。同时,投资者应提高主动性,时刻关注交易最新动态,积极配合证券经营机构开展各项工作。

4.做到合法合理维权。近年来,随着投资者维权意识的不断提高,个别投资者在维权过程中提出了超出合理范围的诉求,甚至存在威胁、诋毁等行为。过度维权不但无法维护自身合法权益甚至还需承担相应法律责任。因此,投资者在纠纷发生后,应保持理智,不宜过于偏激,合理合法表达诉求,并根据自身情况选择解决纠纷的方式。

案例2:交易系统故障导致的投资者损失应当由谁买单

佟　宇[*]　杨宗林[**]

一、案 情 提 要

投资者李某是某证券公司的客户。2020 年 10 月 14 日,李某买入 5500 股广哈通信(300711)。后因股票未达到投资预期,2020 年 10 月 15 日 9 时 25 分,李某提交委托单卖出全部 5500 股广哈通信,委托价格为 26.21 元/股。李某称某证券公司系统于 9 时 30 分起出现故障致使自己无法进行任何操作,在此期间自己就此事向客户经理反映,并在公司的客户交流群反映此事,客户经理告知“需要进行多方核实”但未解决投资者反映的问题。后证券公司的系统于 9 时 49 分恢复正常,并为自己成交了委托单,但亏损已从 3% 扩大至 13% ,多亏损了 10% 。

李某就此事与证券公司营业部沟通,证券公司营业部告知“是深圳证券交易所系统故障所致,公司没有办法独立处理”。李某认为:即使是证券交易所系统故障,证券公司也应承担起相应的责任、及时暂停实盘交易,而证券公司未暂停实盘交易导致投资者亏损扩大,应当赔偿投资者损失。

证券公司在履行“12386”中国证监会服务热线(以下简称“12386”热线)纠纷处理首要责任时未能满足李某的诉求,李某再次拨打中国证监会“12386”热线投诉证券公司。“12386”热线在征询投资者调解意愿后将本案转办中证法律服务中心

---

* 中证资本市场法律服务中心公益调解员,北京大成(合肥)律师事务所高级合伙人,中国证券业协会证券纠纷调解员,安徽省人民政府特邀行政执法监督员,安徽省司法厅法律顾问。

** 北京大成(合肥)律师事务所律师。

安徽调解工作站(以下简称安徽调解工作站)。本人作为本案调解员进行调处,并促成各方最终达成和解。

二、双 方 诉 求

李某认为,因交易系统故障,证券公司未采取补救措施,造成投资者损失,应当赔偿其所有损失,即5500股广哈通信多亏损的10%的全部金额。

证券公司认为,李某所述系由深圳证券交易所部分证券的委托及成交确认回报缓慢导致,证券公司并无责任,不应当承担赔偿责任。

三、调 解 经 过

接到案件后,调解员认真查看了案卷材料、核实了双方当事人的信息,掌握案件基本情况。考虑当事人路程遥远,从方便当事人角度出发,本次调解通过电话和视频会议的形式进行。

首先,投资者李某因前期多次与证券公司营业部的客服人员沟通,但并未取得预期结果,情绪较激动。调解员佟宇律师首先安抚李某情绪,认真倾听李某陈述案件发生经过,让其充分表达自己的观点,同时要求李某着重客观陈述,避免推测、揣测性言论。通过电话、微信方式的有效沟通,调解员帮助李某分析案件因果关系,李某情绪大大缓和,愿意配合调解。

其次,调解员及时联系了某证券公司工作人员并要求证券公司提供完整的交易记录,以便对双方争议较大的问题进行事实认定。调解员在收到证券公司提交的证据材料后,及时反馈给投资者李某并与其就本案进行了充分的交流与沟通。在沟通中,调解员就纠纷涉及的相关问题结合双方签署的服务合同条款作出了具体分析。

为进一步查明案件的基本事实,经证券公司向深圳证券交易所申请,深圳证券交易所信息管理部出具了李某于2020年10月15日的委托交易成交记录。记录显示:10月15日9时25分59秒,李某委托下单卖出广哈通信5500股,委托价格为26.21元/股。根据我国证券交易所的交易时间,9时15～25分为集合竞价时间,

9时30分开始是连续竞价时间。因此,李某9时25分委托下单的卖出单处于排队状态。9时30分集中交易时间开始,深圳证券交易所陆续收单。记录显示:深圳证券交易所第一次收到客户委托卖出时间是9时30分。但9时30分39秒李某申请撤单,证券公司将撤单信息申报至交易所,记录显示于9时30分39秒撤单成功。由于当天深圳证券交易所成交回报缓慢,李某看不到撤单成功的提示,以为撤单不成功,故而在此后反复撤单,但实际上撤单已经成功。9时45分13秒,李某再次委托下单卖出广哈通信5500股,委托价格为24.30元/股。最终,系统以24.3元/股的单价即时成交。此后李某仍在撤单,但实际上此卖出委托已成交,故此后的卖出撤单未成功。

此外,证券公司还提交了深圳证券交易所10月15日发布的官方微博消息,深圳证券交易所发布声明:今天上午9时15分,部分证券的委托确认、成交确认回报缓慢,经处理,9时47分恢复正常。其间,委托接收、交易撮合、行情发布均正常。由此对投资者的不便深表歉意。

通过以上证据可以认定案涉纠纷的基本事实。

最后,调解工作需要调解员的耐心和智慧。投资者与证券公司双方多次沟通不成,李某投诉至中国证监会,矛盾激化。想要化解矛盾需要时间和精力,更需要调解员的智慧和技巧。调解过程中,调解员佟宇律师适时向李某介绍自己的炒股经历,以赢得投资者的信任。随后,运用自己的专业知识向双方进行分析,本案争议焦点在于案涉纠纷是否因为交易系统存在故障而导致,证券公司是否可以因此免责。同时,从法律规定的角度剖析法理,分析了调解不成,进入诉讼程序后,双方可能面临的诉讼风险。本案律师动之以情、晓之以理,最终双方达成一致意见并签署了和解协议,李某撤回投诉,证券公司的工作人员向李某道歉并赠送一年的VIP服务。纠纷双方当事人对调解员的调解过程及结果均表示认可。

四、案例评析

李某与证券公司之间系证券委托代理合同关系,证券公司应当为客户提供安全、便捷、高效的委托代理服务。如果确因证券公司系统故障致使客户李某股票交易的经济损失,对此证券公司应当承担赔偿责任。但投资人开户文件揭示了技术故障导致的风险，证券交易委托代理协议与手机证券委托协议书均规定，因证券公司不可预测或无法控制的系统故障、设备故障、通讯故障、电力故障等突发事故及其他非乙方人为因素等免责情形，给李某造成的损失，证券公司如无过错则不承担任何赔偿责任。

本案中，根据交易行情和委托记录，李某委托下单，证券公司在接受李某委托后，已将所有指令申报至深圳证券交易所，不存在遗漏、延迟申报的情况。但因为深圳证券交易所部分证券的委托及成交确认回报缓慢，李某的卖出单或者撤回单均已生效，但李某未实时收到回报，因此误以为证券公司系统故障，重复操作。

调解员佟宇律师认为，本案争议焦点及调解切入点在于《证券公司客户账户开户协议》中第26条的规定：因乙方不可预测或无法控制的系统故障、设备故障、通讯故障、电力故障等突发事故及其他非乙方人为因素，以及监管部门和自律组织等规定的其他免责情形，给甲方造成的损失，乙方如无过错则不承担任何赔偿责任。通过充分的证据查明，本案为证券交易所部分证券的委托及成交确认回报缓慢，证券公司无过错，因此不承担赔偿责任。证券公司也表示，其为在事件发生时未站在客户角度考虑问题感到抱歉，并承诺在后续为投资者提供更好的服务，最终案件得到成功调解。

证券交易市场中，因证券交易所系统故障、证券公司系统故障，易出现投资者无法登录股票交易系统、投资者正常交易出现废单、委托及成交确认回报缓慢造成重复下单、撤单等情况，进而导致投资者损失引发纠纷。在该类证券交易代理合同纠纷中，法律责任的承担不能“一刀切”，而是要根据不同情况，具体分析。

（一）免责条款是否生效

证券公司在与客户签订《开户协议》《委托代理协议》《风险揭示书》时一般会附上免责条款：因乙方不可预测或无法控制的系统故障、设备故障、通讯故障、电力故障等突发事故及其他非乙方人为因素，以及监管部门和自律组织等规定的其他免责情形，给甲方造成的损失，乙方如无过错则不承担任何赔偿责任。追根溯源，该免责条款与证券交易所交易规则的相关规定是一致的。例如，《深圳证券交易所交易规则》第7章“交易异常情况处理”明确，发生技术故障等交易异常情况时，导致部分或全部交易不能进行的，其可以决定单独或同时采取暂缓进入交收、技术性停牌或临时停市等举措。此外，第7.5条明确规定：“因交易异常情况、重大异常波动及本所采取的相应措施造成损失的,深圳证券交易所不承担民事赔偿责任,但存在重大过错的除外。”正是因为大部分电子交易系统实际被控制在交易所之下,而交易规则又约定了相应免责条款,券商无法实现风险转移,因此券商大多选择与客户就系统故障等约定免责条款。

根据《民法典》第506条规定:“合同中的下列免责条款无效:(一)造成对方人身损害的;(二)因故意或重大过失造成对方财产损失的。”因此,笔者认为,若该免责条款表述为在任何情形下都免除责任,则将因包含故意或者重大过失情形,被认定为无效。若免责条款仅将“不可抗力、证券公司无过错”等情形下的责任排除在外,则该免责条款一般情况下应属于双方意思自治范畴,当属有效。此外,证券公司提供的《开户协议》和《委托代理协议》等均是格式合同,应当注意按照《民法典》第496条的规定,采取合理的方式提示投资者注意免除或减轻其责任等与投资者有重大利害关系的条款;否则,证券公司作为格式合同的提供方,将因为未履行提示或说明义务使投资者没有注意或理解与其有重大利害关系的条款,投资者有权主张该条款不成为合同的内容。

此外,《证券公司信息技术管理规范》规定,证券公司在三种情形下免责的规则:(1)因不可抗力引发的技术事故;(2)因软硬件故障导致的技术事故,经技术专家论证,确认其信息系统建设和管理符合规范要求,确属小概率或偶发性事件;(3)因证券交易所原因导致的交易中断。因此,在实践中,因不可抗力或证券交易所的原因导致的故障,证券公司不承担赔偿责任。确因证券公司软硬件故障,需要在司法实践中举证,是否属于小概率或偶发事件。而证券公司系统维护升级、硬件、人员、技术保障不足导致系统瘫痪等原因造成投资者损失,免责条款无效,证券公司应当承担赔偿责任。

(二)如何区分认定过错或不可抗力

证券市场“系统故障”类纠纷往往存在违约和侵权的竞合,但无论是基于侵权请求权,还是基于违约请求权,司法实践认为,应适用过错责任原则。对此,证券公司常见的抗辩思路为,举证证明其已充分履行技术保障义务,抗辩系统故障构成不可抗力。

从举证责任来看,证券公司承担举证责任。如果证券公司不能举证证明系不可抗力,则应当承担不利后果。反过来说,投资者有证据证明证券公司的信息管理水平明显低于《证券公司信息技术管理规范》《证券期货业信息安全保障管理暂行办法》《证券公司集中交易安全管理技术指引》等规范的要求，证券公司将构成过错认定的标准。

从证明标准来看，证券公司应从基础设施、备份系统、人员保障、应急处置机制等方面充分证明自己尽到技术保障义务，达到行业平均注意水平。对于发生的故障，该信息技术风险目前并没有认识。即便认识到某种信息技术风险存在，但是无法预见该类系统故障何时发生，现有的技术条件也无法避免和克服此类系统故障的发生。这类证据往往需要鉴定机构或专家出具意见，达到证明力，进而作为裁判的依据。

（三）赔偿范围的确定

不同于普通的侵权追偿或者违约索赔，在实际损失的基础上，证券交易的投资者往往会诉请机会利益。在审理查明确因证券公司过错导致投资者损失的基础上，投资者的实际损失应当由证券公司赔偿。但是对于机会利益的主张，实践中存在争议。

机会利益不同于可得利益的相当必然性，机会利益并不必然使当事人受益，仅仅是当事人对可能带来收益的机会具有合理期待。因此，在一般情况下，无论是基于违约还是侵权，证券公司因系统故障对客户应负的赔偿责任限于实际损失。即应买未买到，应卖未卖出，继而导致应获股票差价收益而未获得，或应避免股票下跌而未避免的部分即为客户的实际损失。

但是在部分司法判例中，部分法院认为，由于证券公司原因而发生系统故障，使股民丧失了利用原有股票进行交易的机会，剥夺了股民获利的可能性，如不让证券公司承担任何责任，《民法典》规定的公平、诚实信用和合法权益不受侵犯的原则就无从体现，客观上也纵容了证券公司违约行为的发生。所以，可依据公平的原则，酌情判赔机会利益损失。当然，在判赔机会利益损失时，对机会的或然性、相对方的可预见性、原告举证证明损失的盖然性大小等因素应进行综合考量。

虽然因不可抗力或者极端情况导致的系统故障不可完全避免，但证券公司应当严格按照信息系统建设和管理的规范要求，建立完备的信息系统运行管理机制，提高技术事故的防范与处理能力。一旦出现系统故障、网络故障等风险，证券公司工作人员不能因系统故障等免责事由对客户的诉求置之不理，而是应合理引导客户采取其他委托方式,如手机切换至电脑操作等,确保客户正常交易,避免投资者损失。

五、相关启示

因证券交易异常引发的纠纷相较其他各类证券交易纠纷,并不常见。但是证券交易异常就像是隐藏在证券市场的“不定时炸弹”,一旦出现,往往让投资者损失惨重,甚至会导致整个市场的混乱。例如,2000 年 3 月 16 日,虹桥机场可转债上市首日开盘后 100 元面值被按照 1 元多的价格卖出;2010 年 11 月 5 日,上海证券交易所系统故障导致 ETF 交易申购赎回业务暂停;2013 年 8 月 16 日,因交易软件故障引发的光大证券乌龙事件。[①]

新《证券法》于 2019 年 12 月 28 日经立法程序通过,并于 2020 年 3 月 1 日施行。新《证券法》新增重大技术故障和重大人为差错,填补了对错误交易规制的空白。新《证券法》对交易异常的规定体现于第 111 条、第 117 条,保留了旧法中交易异常的含义,即影响证券交易正常进行的突发性事件,同时,又新增若干内容。首先,关于交易异常的引发因素,新《证券法》新增“意外事件”、“重大技术故障”和“重大人为差错”。其次,关于交易异常的处置措施,新《证券法》规定交易所应“按照业务规则”采取措施,并新增“取消交易”和“暂缓交收”两项应对手段,在第 117 条为旧法的交易结果不得改变条款设置除外规定。最后,关于交易所法律责任,新《证券法》明确交易所在交易异常处置中不承担民事赔偿责任,除非其存在重大过错。[②]

立法的不断完善,给金融机构进一步完善交易系统提供明确的指引,也为司法实践中纠纷的处理提供了依据,不仅承载着众多投资者的利益,也关乎公众对证券市场的信心。

---

① 参见陈亦聪:《证券交易异常情况的法律规制》,法律出版社 2014 年版,第 2 ~ 3 页。

② 朱子琳:《我国证券交易异常之规制探析——评新〈证券法〉第一百一十一条、第一百一十七条》,载《金融法苑》2020 年第 3 期。

案例3:合作炒股纠纷证券经营机构责任实证研究

华泰证券课题组*

一、研究背景分析

(一)案例切入

2020年6月,HT证券股份有限公司上海某营业部与年逾八旬的投资者万某在上海市虹口区人民法院、中证法律服务中心等机构的共同见证下,正式达成和解协议,投资者万某当日对原司法诉讼申请撤诉并获法院裁定准许,中证法律服务中心同日作出调解成功终结通知,至此,本次始于1997年、耗时长达23年的证券投诉纠纷彻底化解,证券经营机构、人民法院、调解组织三方联合救助方案取得圆满成功。

1997年6月,投资者万某与案件另一当事人柳某达成协议"合作炒股",并以柳某名义于某证券公司开立证券账户从事股票交易,万某未参与账户交易也不掌握账户密码,两人最终于2001年4月因账户亏损严重产生纠纷,投资者万某自述损失近300万元。此后,投资者万某针对账户投资损失先后向政府、公安等单位进行信访投诉、报案,并于2007年向上海市虹口区法院提起民事诉讼,要求当事人柳某与相关证券经营机构承担连带赔偿责任,案件审理过程中,投资者万某连续投诉承办法官,导致案件无法及时审结,严重影响正常司法裁判秩序。

2014年9月,投资者万某以取得新证据为由再次向上海市虹口区法院起诉,法

* 课题负责人:顾成中,华泰证券合规法律部负责人。课题组成员:吴加荣、周文威、周岩,华泰证券合规法律部员工。

院组织原告、被告双方进行数轮质证答辩,并先后三次开庭审理,但由于案发时间久远、案件情况复杂,同时原告始终缠访闹访、拒绝法庭调解建议,直至2017年年底,上海市虹口区法院始终未能作出案件判决。

2018年3月,上海市虹口区法院根据最高人民法院《关于人民法院特邀调解的规定》第11条的规定,正式将投资者万某投资纠纷一案移交中证法律服务中心,委托该中心协调案件当事各方进行调解。中证法律服务中心与地区证券业协会主动与HT证券股份有限公司联系,希望公司支持人民法院和中证法律服务中心工作,共同化解社会不稳定因素。

秉持维护社会稳定、支持行业发展的原则,HT证券股份有限公司及下辖上海分公司、营业部主动协同人民法院、调解组织、当地行政机关,通过长达两年多的沟通劝说,最终于2020年成功推动投资者万某共同参与证券纠纷调解。通过证券经营机构、人民法院、调解组织各方不懈努力,成功地在法律框架内共同创新问题解决路径方法,于2020年6月借助司法救助新模式,结合投资者万某年事已高、经济困难等情况提供适当补助,有效推动投资者万某树立正确法律观念,确认证券经营机构不存在过错;妥善救济投资者万某生活困难,凸显人道主义关怀,为证券行业长期缠访闹访纠纷化解开创了司法救助新道路,有效推动行业健康发展,全力维护社会稳定大局。

(二)案例简析

上述纠纷案件并非个例,鉴于证券交易市场本身的价格波动,一旦出现行情下行等引发投资者亏损的情形,极易引发此类合作炒股①当事人之间的权益纠纷。证券经营机构作为投资者账户开户及证券交易的委托代理方,客观上存在成为纠纷第三方的可能;在个别投资者试图扩大责任主体范围、寻求更高赔偿金额的主观驱动下,甚至存在证券经营机构被列为共同被告的情形。从证券服务及管理实践出发,合作炒股纠纷重点涉及证券经营机构系统内部控制管理、从业人员执业行为管理等多领域工作内容,有待结合实际案例、法律法规、行业监管要求进一步开展实证研究。

---

① 本文所讨论的"合作炒股"泛指两名及以上自然人或法人出于投资牟利目的,以借款、合伙、委托等方式筹集股票交易资金后,通过相关自然人或法人所开立证券账户从事股票交易。

二、“合作炒股”情形内在法律关系研究

（一）合伙关系

根据《民法典》第967条“合伙合同是两个以上合伙人为了共同的事业目的，订立的共享利益、共担风险的协议”及第972条“合伙的利润分配和亏损分担，按照合伙合同的约定办理；合伙合同没有约定或者约定不明确的，由合伙人协商决定；协商不成的，由合伙人按照实缴出资比例分配、分担；无法确定出资比例的，由合伙人平均分配、分担”的规定，在具体判定是否构成合伙炒股时，主要应关注下述要件：(1)个人合伙一般应基于合伙合同产生，合伙人之间应就合伙的成立及合伙的有关事项、合伙人退伙、合伙组织的解散、债务的承担等，依法订立协议；(2)合伙人一般应共同出资、共同经营；(3)合伙人应共担风险、共负盈亏。其中最关键的问题在于是否存在共同出资、盈余共享、风险共担的情况。①

（二）委托代理关系

《民法典》中规定的委托代理情形，即“委托代理人按照被代理人的委托行使代理权”，此处委托代理与上文合伙关系的区别便在于收益及风险的承担比例，与合伙关系“共担风险、共负盈亏”不同，《民法典》第162条明确规定“代理人在代理权限内，以被代理人名义实施的民事法律行为，对被代理人发生效力”，有关委托代理类型合作炒股纠纷往往集中于风险损失情形下协议内收益保底条款的有效性。

部分学者及司法判决认为此类收益保底条款无效，主要基于以下两种原因：一是受托方不具备理财资质，双方所签协议属于超出国家特许经营而订立的合同，且违反证券法的实名制要求，故应归于无效，协议中保证本息固定回报的内容属于保底条款，也不应予以保护；②二是固定收益的保底条款，违反了资本市场中风险与利益共存的基本客观规律，且助长非理性投资，也违背了委托代理中由委托人承担责任的基本原则，故该条款当属无效。③ 另有认定该保底条款有效的情形，例如，江苏

---

① 张海洋：《本案是合伙炒股还是民事借贷纠纷》，载《人民法院报》2014年3月27日，第7版。

② 张海洋：《本案是合伙炒股还是民事借贷纠纷》，载《人民法院报》2014年3月27日，第7版。

③ 参见许某某与顾某某民间委托理财合同纠纷上诉案，上海市第二中级人民法院民事判决书，(2011)沪二中民四(商)终字第850号。

省高级人民法院《关于审理委托理财合同纠纷案件若干问题的通知》提出,"对于被认定为有保底条款的委托合同的效力,除受托方为证券公司外,一般应认定为有效,委托人请求受托人按照约定返还本金及约定回报的,人民法院应予以支持"。

(三)借贷关系

根据最高人民法院《民事案件案由规定》,民间借贷是指自然人、法人、其他组织之间及其相互之间进行资金融通的行为。结合现有判例,民间借贷关系的认定除了常见的现金交付、电子转账、票据交付以外,最高人民法院《关于审理民间借贷案件适用法律若干问题的规定》还将"出借人将特定资金账户支配权授权给借款人"列为借款合同类型,明确"自借款人取得对该账户实际支配权时"视为"借款合同成立"。本条规定对证券行业合作炒股纠纷中借贷关系的确认尤其重要,为了确保资金专款专用,个别合作炒股纠纷中的出借人将资金转入指定的第三人证券账户中帮助借款人炒股。在这种情况下,借款人并不是通过自己拥有完全支配权的账户,而是需要通过他人的证券账户来行使对借款的占有使用,结合最高人民法院《关于审理民间借贷案件适用法律若干问题的规定》有关"账户实际支配权"理念,上述情形均属于借款合同范畴。

三、证券经营机构责任承担实证分析

上文重点探究合作炒股中资金提供人与账户操作人双方之间的法律关系,旨在为进一步厘清纠纷当中证券经营机构责任提供基础。下文将结合司法判例,具体梳理纠纷中导致证券经营机构承担赔偿责任的合同违约、共同侵权等情形。

(一)合同违约行为

如图1-2所示,在何某、JX公司、HX证券公司委托理财纠纷案件中,何某与JX公司于2001年7月签订《借款合同》,约定何某向JX公司借款600万元,借款年利率为10%,账户经营净利润结合不同情形按比例分配。何某与JX公司共同向HX证券某营业部出具《委托书》,要求"借款期内,营业部接到任何单方就资金账户内款项的单方指令时,须拒绝办理其要求转账、转托管或撤销指定交易等事宜",营业部在《委托书》中承诺"严格执行本监管协议,若产生违背本协议行为,营业部承担由此产生的一切法律和经济责任"。何某、JX公司、营业部工作人员均在《委托书》上签字，JX公司、营业部加盖单位印章，营业部同步对相关资金账户设置“不能取款”权限。

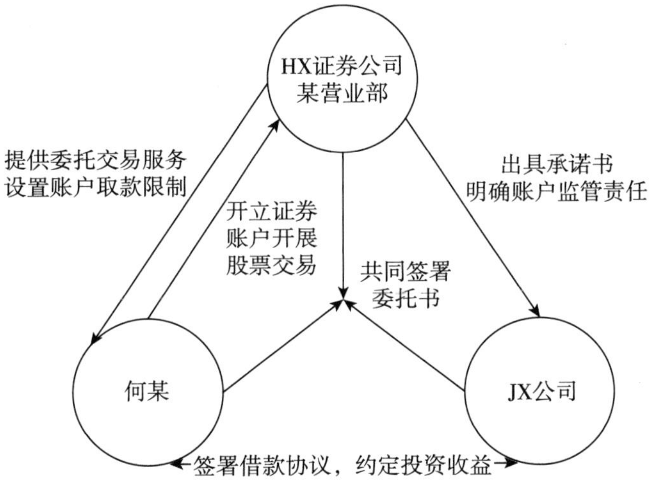

图1－2　何某、JX公司、HX证券公司委托理财纠纷法律关系

2002年4月，何某再次向JX公司借款100万元，营业部向JX公司出具承诺书，保证对JX公司履行账户资金情况通知告知义务。2002年10月，由于营业部员工多次取消相关资金账户“不能取款”权限，何某多次违约取款、转账，JX公司向重庆市第一中级人民法院提起诉讼，要求何某返还借款、承担逾期违约金，营业部因账户监管不到位承担连带清偿责任。

经过一系列诉讼环节，最高人民法院最终于2012年12月作出终审判决，①结合协议中固定本息支付以及收益分配条款，认定本案所涉款项是名为借款、实为委托的理财款，双方当事人之间成立委托理财合同关系。JX公司、何某、HX证券营业部三方签订的委托书系委托理财法律关系中第三方监管合同行为。HX证券营业部承诺对其进行监管，故其应对监管期间流失的资金承担监管责任。

从本判例中不难发现，违约责任存在的前提是确认基础协议的合法有效，此类情形多见于证券经营机构已知悉投资者“合作炒股”“借款炒股”等情形后自主承担协议约定业务。如证券经营机构未实质参与或并不知晓投资者“合作炒股”流程

① 参见程某、彭某与何某、重庆某机械制造有限责任公司、某证券股份有限公司清算组等委托理财纠纷案，最高人民法院民事判决书，(2011)民提字第305号。

时,相关赔偿责任则更多地以共同侵权方式出现。

(二)共同侵权行为

在肖某、GTJA证券股份有限公司等股票交易保证金财产侵权案中,肖某与某咨询公司总经理赵某合作炒股,约定收益分成比例,并由肖某借用第三人李某名义于第三方证券公司开立证券账户,交由赵某操作。赵某在无肖某委托及李某居民身份证原件的情况下,将李某账户转委托至GTJA证券某营业部,并明确账户代理人为赵某。随后,赵某直接签署"保证金提取单",合计从李某账户提取资金66万元。

肖某获知相关情况后提出司法诉讼,要求赵某、GTJA证券某营业部承担连带补偿责任,针对证券营业部提出上述情形属于违规使用他人账户的异议,四川省高级人民法院认定"造成李某名下的股东身份与股东权利相分离的情况,系肖某违法使用他人居民身份证所致,这种违法性属于行政处罚范围,同时这种违法行为并不必然导致二被告可以行使侵权行为,故肖某作为股票保证金实际所有人的合法权益应受法律保护",并针对GTJA证券某营业部"未核对李某居民身份证,亦未要求李某本人提取,同时也未见股东给赵某的授权委托书的情况下"即为赵某办理提款操作,判决相关营业部与赵某对肖某的股票保证金构成共同财产侵权,承担连带赔偿责任。①

从证券市场发展历程来看,随着证券账户三方存管要求的落实,此类证券营业部直接办理资金存取的场景已逐渐消弭,但案件反映的证券营业部对客户身份确认不到位问题仍时有发生,其中隐藏的侵权行为依然值得关注。

四、账户实名制背景下针对性完善建议

从合作炒股的内在法律关系出发,合伙、委托代理、借贷这三类合作炒股模式均不同程度地隐含证券账户名义所有人、账户操作人与资金所有人的混同问题,对上述混同事项的知情与否则直接影响证券经营机构的责任界定,其中认定核心便

① 参见肖某诉某证券股份有限公司某证券营业部等股票交易保证金财产侵权案,四川省高级人民法院民事判决书,(2002)川民终字第96号。

在于账户实名制。前述判决中证券经营机构承担的违约、侵权赔偿责任也都指向营业部账户实名制要求落实环节。

随着证券法2019年第二次修订后施行，法律明确要求“任何单位和个人不得违反规定，出借自己的证券账户或者借用他人的证券账户从事证券交易”。《证券法》进一步将禁止违规出借证券账户的主体范围由以往仅约束法人扩大到“任何单位和个人”，同时将禁止范围由此前仅管控账户出借端调整为出借与借用双向管控，并明确提出“违反本法第五十八条的规定，出借自己的证券账户或者借用他人的证券账户从事证券交易的，责令改正，给予警告，可以处五十万元以下的罚款”，这是首次在法律层面点明违反账户实名制的对应惩罚规则。

结合账户实名制法律规则的更新，证券监管部门、人民法院均已开展新型违反法规行为对应惩罚：(1)强化账户借用人违规处罚。以安徽证监局2020年2号处罚为例，安徽证监局针对合肥某科技有限公司于2018年6月借用李某、叶某名义开立两个证券账户，用于股票交易的情况，责令该公司改正，给予警告，并处以20万元罚款；[①](2)凸显账户出借人员赔偿责任，在浙江温岭某起合同纠纷中，李某作为配资的出资方提供一定比例资金及5个自然人的股票账户供股民庄某炒股，李某随后修改了上述5个股票账户的密码并拒不归还庄某本金，法院最终判处李某归还庄某本金、利润以及相应利息，而5个股票账户的所有者也要承担李某不足清偿部分的赔偿责任。[②]

回归法律关系本身，证券经营机构的角色核心是金融服务提供者，最高人民法院于2019年发布的《全国法院民商事审判工作会议纪要》针对金融消费者权益保护纠纷案件明确提出了“卖者尽责、买者自负”的原则，并在权利业务履行次序上强调“卖者尽责”是“买者自负”的前提和基础。作为金融服务的发端，账户实名制管理要求无疑是证券经营机构履行“卖者尽责”的第一步，同时也是证券投资者“买者自负”的起点。针对投资者潜在的“合作炒股”情形，证券经营机构固然需要深入落实账户实名制管理系列要求，严把“客户准入关”，强调开户流程风险揭示与尽职调

---

① 中国证券监督管理委员会安徽监管局行政处罚决定书〔2020〕2号，参见安徽证监局官网2020年4月13日，http://www.csrc.gov.cn/anhui/c103978/c1351334/content.shtml。

② 参见庄某与李某、李某某买卖合同纠纷案，浙江省温岭市人民法院民事判决书，(2019)浙1081民初8069号。

查，增强内控管理要求，切实关注印章管理、授权审批等系列流程环节，针对性强化员工执业行为管理要求。

与此同时，账户出借人、账户借用人等“合作炒股”相关参与方毫无疑问也需要履行对应的账户实名制义务，在前述李某与庄某的合同纠纷中，针对5位账户出借人有关与李某、庄某不存在合同法律关系的抗辩，人民法院明确提出：“上述被告明知自己证券账户出借给他人从事证券交易，对此存在过错，同时他们均应知晓汇入其证券账户的保证金并非上述被告本人所有，其实际控制占有原告庄某的相关财产，该过错与被告李某依法无法向原告方返还部分的损失存在因果关系，故其对此损失应承担赔偿责任。”[①]尽管上述被告承担的仅是一种补充赔偿责任，本次审判仍在实践层面对当前证券市场存在违规账户出借等情形起到了有效的规范宣导作用，建议人民法院与证券行业监管部门共同梳理明确账户实名制相关案件审判规范及监管细则，充分结合新《证券法》规则变化，推进证券市场违规账户出借事项整治，在强调证券经营主体账户实名制管理主体责任的同时，增强对账户出借人、账户借用人等关联主体的负面警示，推动投资者群体持续提升对自身权益的关注与保护力度，从根本上防范违法违规风险。

① 参见庄某与李某、李某某买卖合同纠纷案，浙江省温岭市人民法院民事判决书，(2019)浙1081民初8069号。

案例4:证券纠纷调解案例评析及其相关商事调解的法律建议

全朝晖[*]　吴震宇[**]

一、引　言

根据《中证资本市场法律服务中心调解规则(试行)》(以下简称《调解规则》)的规定,纠纷的受理范围如下:资本市场主体间因证券、期货、基金等相关业务产生的民事纠纷属于本中心或分支机构调解受理范围,主要包括:“(一)投资者与上市公司之间的纠纷;(二)投资者与证券期货经营机构之间的纠纷;(三)投资者与资本市场其他主体之间的纠纷;(四)本中心认为可以受理的纠纷。”投资理财产品亏损属于投资者与证券期货经营机构之间的常见纠纷,本文所评析的正是笔者调解的两例投资者与证券期货经营机构之间的投资理财产品亏损纠纷。

二、案例摘要

(一)案例一

被申请人一为某知名国内A券商营业部,被申请人二(甲方)为A券商营业部的员工。甲方为完成个人试用期转正需求,在A券商营业部不知情的情况下,通过朋友介绍的非法中介寻找客户。非法中介为甲方找到合适客户,即申请人(投资

---

* 中证资本市场法律服务中心公益调解员、中国证券业协会调解员及中国国际商会调解中心调解员,系广东广信君达律师事务所高级合伙人。

** 广东广信君达律师事务所律师。

者A)。

非法中介与甲方约定如下条件:投资者A申购风险等级为"中低(R2)"的基金500万元,申购成功后,甲方预付定金2万元;累计亏损到1万元时甲方须补齐本金,到期赎回后如有亏损,甲方须补齐本金,按照总年化11%收费,理财收益归甲方。

非法中介与投资者A约定如下条件:债券型基金固收类保本保息产品(年化9%,两个月)。

投资者A依约在A券商营业部开立账户并申购了500万元基金。开户时,投资者A方所测的风险承受能力为"高风险承受能力级别(激进型/C5)"。当日,甲方依约支付定金2万元。

之后,基金净值连续下跌,甲方在下跌期间依约连续补仓两次,共计3.3万元,至此,甲方已无资金补仓。投资者A、甲方、非法中介对补仓事宜进行多次协商,未达成一致处理意见。最终,投资者A赎回了基金,总计亏损约45万元。

(二)案例二

被申请人为某国内知名券商B券商,B券商担任"新三板"1号、2号产品的财务顾问,同时也是上述产品的代销机构。

投资者B、C、D于2015年4月购买了"新三板"1号产品;投资者E于2015年6月购买了新三板2号产品。

"新三板"1号、2号产品自2015年成立以来,由于投资的部分底层项目经营不佳,投资者预期将产生较大投资损失,这与购买产品时较高的获利预期产生了较大差距。2020年4月,当地证监局对B券商下发警示函,认定B券商在担任"新三板"1号产品财务顾问过程中,存在对相关项目尽职调查、投资决策、投后管理不够审慎,内部业务授权管控不足等问题。因此,投资者认为,B券商应当对投资者承担赔偿义务,要求B券商按照投资本金外加年化8%利息进行赔偿。

三、正式调解前的准备工作

一方面,调解员通过面谈、电话等方式与各方当事人进行沟通,提前向各方当事人介绍本次调解的原则、程序、特点等相关情况,使当事人做好正式调解前的相关准备。

介绍的情况主要包括：向各方当事人强调调解的公平机会原则，参与调解的各方都有公平的机会表达自己的诉求；向各方当事人简单介绍《调解规则》的规定；根据调解员的过往经验，一般案件的调解次数、调解周期及调解成功的概率；强调此次调解的目标之一是不影响各方当事人的履历及个人信用。

另一方面，调解员通过预沟通，了解当事人对此次事件的看法，引导当事人对此次事件提出自己的调解方案，建议投资者可补充提供更多纠纷相关材料，结合各方当事人前期提供的案卷材料，调解员归纳了各方一致确认的事实及主要争议问题。

就案例一，调解员归纳了各方一致确认的事实及主要争议问题如下：各方当事人都承认在此次事件中存在错误，应承担部分责任；各方都认为非法中介行为恶劣，应追究其责任，并避免非法中介损害其他投资者利益；各方对各自担责的比例存在分歧，特别是A券商营业部与甲方之间；各方对追责非法中介的合作方式及时点存在分歧。

就案例二，经调解员引导，各方当事人对此次事件提出了相应的调解方案。B券商提供的方案为协调第三方机构受让投资者相关产品，最终投资者能收回85%投资本金；投资者提出的方案为B券商按照投资本金外加年化8%的利息进行赔偿。

四、调解实践

（一）案例一调解实践

1. 先聚焦案件事实，后谈责任或给付分配问题

在正式调解中，当谈及责任或给付分配问题时，各方当事人分歧较大，态度也比较尖锐，于是调解员建议各方先放下责任分配问题，聚焦于案件事实，再在一致确认的案件事实的基础上进行给付划分。各方当事人在案件事实方面的分歧较小，在各方的补充之下，事件“轮廓”很快明晰；对于一些有争议的点，在调解员的主持之下，各方也很快达成了一致意见。

在第一次调解之后，已基本确定了案件事实。

2. 三方调解与单独沟通穿插进行

即使是在一致的案件事实的基础上，三方各自提出的给付分配方案依然分歧较大。投资者A认为自己应承担15%的亏损，其他由A券商营业部、甲方及非法中介三方承担。投资者A还提出了一个问题，即非法中介未参与到调解流程中来，如何使其承担责任。

A券商营业部提出的方案为四方（投资者A、A券商营业部、甲方三方及非法中介）各承担25%的亏损，同时，A券商营业部承诺为投资者A提供一系列的投资增值服务。

甲方提出的方案为客户承担50%的亏损、非法中介承担25%的亏损，A券商营业部、甲方一起承担剩余25%的亏损。投资者A与甲方的方案差别较大，在三方调解中，各方都非常坚持自己的意见，调解陷入僵局。为继续推进调解，在征得另外三方同意的基础上，调解员分别与各方进行了单独沟通，单独沟通后，各方都愿意各退一步，继续推进调解。

3. 比例与数字之间的差别

即使各方已经愿意各退一步，依然难以达成一致担责比例，各方依旧在比例上针锋相对，对此，调解员建议各方不再使用比例，使用比例容易使各方锱铢必较，难以达成调解，调解员建议各方直接讨论承担损失的数额。

4. 确定向非法中介追责的方案

各方一致认定非法中介应承担责任，而实际上非法中介未进入调解流程，且根据《调解规则》的规定，非法中介也不属于受理范围中的主体，是否向非法中介追责的方案是本案的焦点问题之一。

投资者A的意见是将非法中介的责任先在投资者A、A券商营业部、甲方之间分配并实现，追责成功之后再进行回补。A券商营业部、甲方两方的意见则是此部分责任或给付应直接追责非法中介。

调解员对非法中介的行为进行了法律分析，同时引导各方对追责中介的方案进行了讨论，明确了主管机构、管辖地点等追责相关问题，最终达成了一致的追责方案，投资者A同意直接追责非法中介。

（二）案例二调解实践

案例二的调解实践情况与案例一有所不同。前期投资“新三板”1号、2号产品的投资者一共有100多名，B券商已与所有投资者进行了大量的沟通及谈判，最终大部分投资者都接受了B券商给出的方案，即B券商协调第三方机构受让投资者相关产品，最终投资者能收回85%的投资本金，不接受方案的投资者仅为案例中的四名投资者。

鉴于B券商已与上述四名投资者进行了多轮的沟通及谈判，且各方继续沟通与谈判的意愿及预测效果都不强，所以，调解员在此次调解中主要采取"背靠背"的调解模式。

在对投资者进行调解时，调解员引导投资者充分表达对纠纷的看法，具体包括纠纷的起因、与B券商的沟通情况以及后续处理态度等。调解员充分听取投资者对纠纷的看法，在对投资者拟通过诉讼解决纠纷所需各项费用进行了测算的基础上，适当提示了相关的法律法规及诉讼所需费用。

在对B券商进行调解时，调解员充分听取B券商对纠纷的看法，具体包括纠纷的情况、B券商提供的处理方案以及后续处理态度等，并建议可适当延长调解的期限。

五、调解结果

（一）案例一的调解结果

调解一共进行了三轮，甲方未参与第三轮调解，在第三轮调解后，投资者A、A券商营业部双方达成了调解。

调解协议主要条款如下：

1. A券商营业部承担人民币150,000元的亏损；

2. A券商营业部应积极配合投资者A追究中介代表及有关责任人员的责任，两方合作追偿的方式如下：投资者A、A券商营业部两方联合就中介代表及相关责任人员就其非法从事证券中介业务及违规执业等事宜向有管辖权的法定机构依法报案、起诉等方式处理。以投资者A为主诉，A券商营业部在有关部门及公司的授权范围内提供相关的协助；

3. A券商营业部将为投资者A提供"一揽子"的优惠服务方案。

(二)案例二的调解结果

经过两轮调解后,最终,上述四名投资者中的三名接受了 B 券商给出的方案。

六、调解对解决资本市场主体间证券投资相关纠纷的意义

近年来,证券投资争议案件呈现爆发式增长的态势,这种爆发式的增长态势是由多方面的因素导致的,主要包括:金融产品创新失度、多层嵌套、权责边界不清;投资文化不成熟,未做到卖者尽责、买者自负;部分金融机构以销售为导向,缺乏风险控制意识。

尽管相关监管机构已经出台了一系列的法规以对违规行为进行规制,但由于大量的存量业务及其他因素,导致相关措施仍然难以遏制相关案件的爆发式增长。爆发式增长的证券投资争议案件也将压力导向给裁判机构,现状是裁判工作量大,裁判资源相对不足,裁判效率不高,裁判结果的确定性与恰当性也存在较大的提高空间。

2019 年 11 月 19 日,最高人民法院、中国人民银行、中国银保监会联合发布了《关于全面推进金融纠纷多元化解机制建设的意见》,进一步明确和强调了要加强金融纠纷诉前调解、司法确认等诉调衔接机制建设。2020 年 3 月 1 日起施行的修订后的《证券法》中有如下规定:“投资者与发行人、证券公司等发生纠纷的,双方可以向投资者保护机构申请调解。普通投资者与证券公司发生证券业务纠纷,普通投资者提出调解请求的,证券公司不得拒绝。”

调解可以在解决证券投资争议案件中发挥更重要的作用,调解对于解决证券投资争议案件具备如下优势。

1. 效率高:程序简便,快速解决纠纷;

2. 成本低:对于普通纠纷,当事人无须委托代理人,当事人即可参与调解,相对诉讼与仲裁,费用较低;

3. 非对抗性:维护商业合作伙伴之间的关系,避免走向破裂;

4. 执行快:当事人自行达成的调解协议,一般执行较快。

如果争议双方能够通过调解解决问题,则可以节省司法资源。另外,多元、高效地解决争议对商事活动来说是重大利好,也有助于激发企业活力,改善营商环境。

七、对法律法规及监管政策的分析建议

《联合国关于调解所产生的国际和解协议公约》(以下简称《新加坡调解公约》)的生效,标志着国际商事调解制度化有了实质性成果,《新加坡调解公约》专注于调解所产生和解协议,主要是为了解决调解协议缺乏强制执行力的问题,更进一步解决了国际商事调解达成和解协议的跨境执行问题。然而,关于我国法律制度和《新加坡调解公约》的衔接,则还有很多问题需要探讨,很多工作需要完成。从《调解规则》的执行相关规定中我们就能发现一些问题的端倪。

当事人签署的调解协议仅具有民事合同的性质,调解组织有权跟踪回访调解协议的履行情况,但监督手段仅是依据《证券期货市场诚信监督管理办法》(中国证券监督管理委员会令第 139 号)记录当事人的诚信信息。为了使调解协议具备强制执行力,当事人需要依据相关规定完成司法确认、公证或者仲裁,才有可能获得司法确认裁定、赋予强制执行力的公证书或仲裁裁决,最终才能依法向人民法院申请强制执行。

为了使调解协议获得直接的强制执行力,我国法律制度和《新加坡调解公约》的衔接之间需要解决以下问题。

一是明确的调解协议的执行程序。对于国内的商事调解协议的执行,我们还没有建立明确的执行程序,也没有赋予它强制执行力。虽然我国已经作为第一批的签署者加入了《新加坡调解公约》,但其在我国生效还需要经全国人大的批准。在假设《新加坡调解公约》成功获得批准的前提下,我们需要建立与《新加坡调解公约》衔接的执行程序。当然,制定统一的商事调解立法与《新加坡调解公约》衔接是最理想的做法,但无论是从理论上看,还是从实践中看,平地起高楼都是不太现实的,也容易产生不良的后果。笔者的建议是从最高人民法院的司法解释着手,衔接《新加坡调解公约》的落地,保障调解协议的执行。相关司法解释的执行、修订,既能初步实现目的,也能为我国统一的商事调解立法奠定基础,提供支撑。明确的调解协议的执行程序的建立,也有利于减少诉讼压力,进一步推动多元化纠纷解决机制的形成。

二是统一的商事调解立法。我国的传统商事活动一直强调调解解决纠纷的理

念,然而系统性、制度性的商事调解反而在我国并未充分发展。提到调解,容易想到的还是人民调解,人们对于专业性的调解机构商事调解、仲裁机构商事调解依然缺乏重视。我们应该抓住契机,制定统一的商事调解法,统一的商事调解法的出台将为商事主体进行调解提供法律保障,实现调解协议机制法律化和规范化,促进商事调解行业的市场化和国际化。

案例5:某证券公司营业部与客户张某之间的证券交易纠纷

曹赫男*

一、案情简介

某证券公司营业部客户张某开立了融资融券账户,2021年1月8日,张某将账户持有的中国平安股票全部卖出。次日,张某使用自有资金买入500股中国平安股票,后张某发现该股票不能在担保品卖出处卖出(担保品卖出所得的价款不会用于偿还负债),而必须卖券还款,并用于偿还现有负债,张某对此表示不解,并向营业部反映了该问题。营业部工作人员解释称:因张某账户仍有1000股中国平安股票负债合约没有了结,虽然张某2021年1月9日是以自有资金买入中国平安的股票,但张某买入的金额小于该股票的负债金额,因此张某卖出该股票所得的价款就必须先用于偿还负债。营业部作出上述解释的依据是《深圳证券交易所融资融券交易实施细则》第2.14条和《上海证券交易所融资融券交易实施细则》第16条的规定,但张某表示自己理解的交易所规则与营业部融资融券系统现行规则不一致,认为营业部所实施的规则不合理,故向调解中心申请调解。

二、调解过程及结果

调解中心将张某的投诉情况告知证券公司后,证券公司对该事项展开了调查,

* 新晟期货有限公司合规审查部/监察审计部部门总经理。

而后表示,即便客户是以自有资金买入中国平安的股票,只要买入的金额小于该股票负债金额,那么卖出该股票所得价款就必须先偿还负债,这是公司的风险控制措施。而张某则认为,按照《深圳证券交易所融资融券交易实施细则》第 2. 14 条和《上海证券交易所融资融券交易实施细则》第 16 条的规定,投资者卖出融资买入的证券所得价款才要用于偿还现有负债,卖出以自有资金买入的证券所得价款无须用于偿还现有负债。双方各执一词,纠纷调解工作陷入僵局。

三、案件评析

本案中,双方的争议焦点在于:一是客户卖出以自有资金买入的股票,是否适用《深圳证券交易所融资融券交易实施细则》第 2. 14 条和《上海证券交易所融资融券交易实施细则》第 16 条的规定?二是证券公司是否有权要求客户将卖出以自有资金买入的股票所得的价款用于偿还现有负债?三是证券公司在客户开户过程中,风险揭示流于形式或留痕不到位是否需要承担责任?

(一)客户卖出以自有资金买入的股票,是否适用《深圳证券交易所融资融券交易实施细则》第 2. 14 条和《上海证券交易所融资融券交易实施细则》第 16 条的规定

担保品买入和融资买入是两种不同的对股票进行买卖操作的方法。担保品买入,是指用自有资金买入证券,是没有杠杆的,佣金与普通账户的佣金相同;融资买入,是指通过担保品向券商融资,即借入资金买入证券,佣金是按信用账户的标准来收取的。《深圳证券交易所融资融券交易实施细则》和《上海证券交易所融资融券交易实施细则》的总则部分均明确,该细则是为规范融资融券交易行为而制定,此处所指的融资融券交易,是指投资者向具有证券交易所会员资格的证券公司提供担保物,借入资金买入证券或借入证券并卖出的行为。这说明上述细则的适用范围并不包括以自有资金买入证券的行为。此外,《深圳证券交易所融资融券交易实施细则》第 2. 14 条及《上海证券交易所融资融券交易实施细则》第 16 条均规定,投资者卖出信用证券账户内融资买入尚未了结合约的证券所得价款,应先偿还该投资者的融资欠款,该规定也对其适用情形进行了限定,明确了投资者卖出“融资买入”的证券所得价款才须先偿还负债。上述规定均表明,《深圳证券交易所融资

融券交易实施细则》和《上海证券交易所融资融券交易实施细则》不适用于担保品买入的情形，且经向制定上述实施细则的交易所求证，交易所也表示该实施细则并不约束担保品买入的情形。本案中，客户于 2021 年 1 月 9 日使用自有资金买入中国平安股票 500 股，属于担保品买入，因此，客户卖出上述股票的行为，并不受《深圳证券交易所融资融券交易实施细则》第 2. 14 条及《上海证券交易所融资融券交易实施细则》第 16 条规定的限制，因此，这两项规定不能作为证券公司要求客户将卖出以自有资金买入的 500 股中国平安股票所得的价款用于偿还现有负债的直接依据。

（二）证券公司是否有权要求客户将卖出以自有资金买入的股票所得的价款用于偿还现有负债

虽然客户卖出上述股票的行为不受《深圳证券交易所融资融券交易实施细则》第 2. 14 条及《上海证券交易所融资融券交易实施细则》第 16 条规定的限制，但证券公司可以根据自身的风险控制需求，对客户实行比中国证监会的要求更严格的风险管控措施。中国证监会制定的《证券公司融资融券业务管理办法》第 21 条第 1 款规定，客户融资买入证券的，应当以卖券还款或者直接还款的方式偿还向证券公司融入的资金。中国证监会制定的《证券公司风险控制指标管理办法》第 20 条也规定，证券公司可以结合自身实际情况，在不低于中国证监会规定标准的基础上，确定相应的风险控制指标标准。《证券公司融资融券业务管理办法》第 21 条第 1 款的规定与交易所实施细则相似，针对的也仅是客户卖出“融资买入”的证券的情形，而不包括卖出以自有资金买入的证券的情形。但该规定是中国证监会规定的最低标准，证券公司为加强风险管控，可以结合自身实际情况，对客户卖出以自有资金买入的证券的情形也实行同样的风险控制标准。据了解，大多数证券公司都会实行比证监会规定的最低标准更为严格的风控标准，但各证券公司对客户在信用账户中卖出证券所得资金的处理不尽相同。

（三）证券公司在客户开户过程中，风险揭示流于形式或留痕不到位是否需要承担责任

调解员在调解过程中查阅相关资料，发现证券公司在办理客户融资融券账户开立时，部分方面有待完善，例如：（1）在证券公司与客户签订的《融资融券合同》时，关于客户卖出以自有资金买入的股票的风险条款是直接引用《深圳证券交易所

融资融券交易实施细则》第 2.14 条的内容,而未明确客户在信用账户中卖出以自有资金买入的证券的风控情形,属于风险控制措施不明晰。(2)本案的客户年龄超过 70 周岁,属于高龄客户群体,证券公司在办理两融账户开户时,仅使用表格让客户勾选确认风险揭示内容,未提供对客户进行风险揭示的录音录像等佐证材料,这给全行业敲响警钟,适当性管理的核心落脚点就是风险揭示,补足投资者对风险认知的"短板"。充分落实风险揭示,并不仅指的是有一份风险揭示书、做录音录像,而是要回到适当性的本源去看,认识证券经营机构与投资者之间在信息和金融知识掌握上的不对称性。加强投资者风险认知能力,补足他们的"短板",这个过程就是证券经营机构在履行"卖者尽责"的原则。在这种基础上,投资者自主决定买与不买,这是践行"买者自负"的原则。上海证券交易所投资者服务部曾经强调过,在科创板板块特点和交易制度都有创新,针对老年投资者适当性管理,在实践中需要加强身份和交易意愿的核查、加强投资风险揭示,限制处于特定年龄段投资者的权限开通,70 岁以上人群必须临柜且要"双录",还要加强老年投资者科创板投资知识评估,持续评估和定期核查。这对客户开通融资融券账户也有较强的借鉴意义。

近年来,在各方推进之下,投资者适当性管理已经上了一个新台阶。部分机构还创新适当性管理的措施,如将投资者教育的内容嵌入进风险测评之中,将投资者教育的流程前置;有的机构通过大数据,构建动态的投资者评估数据库。值得注意的是,当前,有关风险揭示的司法保障条例已经陆续出台,证券经营机构的义务边界未来会更加明确、责任要求更加严格。

四、本 案 启 示

从证券公司的角度出发,在对投资者提供服务或开展投资者教育时应关注:

(一)金融机构要严格落实适当性管理制度

由于证券期货交易具有特殊性、产品业务的专业性强、法律关系复杂等特点,各种产品的功能、特点、复杂程度和风险收益特征又千差万别,而广大投资者在专业水平、风险承受能力、风险收益偏好等方面都存在很大差异,对金融产品的需求也不尽相同,因此无论从资本市场的长期稳定发展来看,还是从投资者保护角度来看,都需要投资者的专业化程度和风险承受能力与产品相匹配,尽可能避免低风险承受能力的人群购买具有较高风险的投资产品。投资者适当性管理的目标是使金融机构所提供的金融产品或服务与客户的财务状况、投资目标、风险承受水平、投资知识和经验等相匹配。也就是说,要“将适当的产品销售给适当的投资者”。笔者认为,金融机构落实投资者适当性制度尤为重要,主要表现在以下方面:

1. 投资者适当性制度构筑的是投资者进入资本市场的第一道防线,是中小投资者的“保护伞”。成熟资本市场均高度重视适当性管理,经过长期实践经验的积累,建立全面有效的投资者管理制度和机制,取得良好效果。我国证券期货市场成立时间只有20多年,投资者结构以自然人为主,且投资理念和投资心态尚不够成熟。相较经营机构,投资者通常处于信息不对称的相对弱势地位。由于缺少投资者适当性制度,很多高风险产品被销售给对产品不够了解、风险承受力较低的中小投资者,一旦投资失败,往往引发群体性事件,影响社会稳定。因此,在我国资本市场,尤其需要采取针对性措施来保护投资者,特别是中小投资者的权益。

2. 目前很多金融机构在设计金融产品时,并没有充分考虑不同投资者的差异性,忽略产品内在价值的提升,而是将注意力更多地放在如何选择产品、如何吸引客户上。实践中,过度宣传、误导中小投资者等案例屡见不鲜,投资者对此十分反感,影响了行业的信誉。建立投资者适当性制度,有利于规范金融机构行为,引导资本市场健康、有序发展。特别是在金融产品日益丰富、产品结构日趋复杂、交叉销售日益频繁的当今市场,经营机构与投资在信息和风险识别能力方面的差别往往更加明显。投资者适当性制度正是平衡双方利益诉求、约束经营机构短期利益冲动、增强经营机构长期竞争力,同时,提升投资者自我保护意识和能力的一剂良方。

投资者适当性管理制度的主要义务主体是金融机构,金融机构承担的义务依次为:(1)了解投资者并对其进行分类;(2)了解产品或服务并对其进行风险分级;(3)对投资者和产品进行匹配,将合适的产品或服务销售给合适的投资者;(4)告知信息、提示风险并留痕。对于与投资者利益密切相关的规定,应在投资者开户时对其签订的格式合同着重进行具体全面的风险揭示和投资者教育,特别是对与公司自身规定与证监会、交易所规定不一致的部分内容,应重点予以强调,以免在双方之间发生利益冲突时,因证券公司的某些规定比证监会、交易所的规定更加严格,导致投资者不认可证券公司的做法,从而引发纠纷。

(二)加强中小投资者教育

投资者教育工作是投资者保护工作的重要内容,良好的投资者教育是保护投资者利益的关键。由于在参与证券交易的投资者当中,中小投资者人数居多,且大多数中小投资者缺乏对证券投资、融资融券知识的系统性学习,极易出现盲目投资,最终给自己带来巨额损失的情形,因此,投资者教育工作是一项长期性、系统性的大工程。发展资本市场必须保护中小投资者权益。中小投资者权益之所以需要特别保护,其中一个原因就是他们普遍缺乏投资资本市场的专业知识,在信息掌握上处于先天弱势。因此,加强投资者教育从某种意义上讲,也就是保护中小投资者的合法权益,使中小投资者在进入资本市场的时候,知道如何从自己的年龄、收入、所能承担的风险和期待的收益等方面出发,权衡选择适合自己的产品,注重入市时机,进行谨慎投资,有效防范风险。同时,通过投资者教育,使投资者初步掌握必要的新业务、新产品和新市场的知识,为他们争取最佳交易、最佳委托和最佳理财服务。因此,加强投资者教育就是为保护中小投资者权益做实事、做好事,从资本市场的长远来看,就是为资本市场的长期稳定发展做扎扎实实地打基础的大事,决不是软任务、虚任务,决不是可做可不做的工作,必须广泛、深入、持久地做下去,真正把好事做得更实,把实事做得更好。

从投资者的角度出发,在参与证券交易应关注:

1. 养成良好的投资习惯。投资者应加强证券知识学习,可充分利用监管机构、证券经营机构等提供的教育资源,加强对金融产品的了解和认识,熟悉所投资产品的收益风险特征,不参与不熟悉产品和不能承受相应风险的产品的投资,养成良好的投资习惯。例如,本案中,投资者从事证券交易不仅要了解证监会、交易所的相关规则,还要了解代理自己进行证券交易的证券公司的相关交易规则,特别要注意证券公司与证监会、交易所规定不一致的内容。此外,投资者应当理解,绝大多数证券公司都不会实施与证监会、交易所规定完全一致的风险管控措施。为了保障自身权益,证券公司往往会结合自身情况,制定并实施更严格的风控制度。此种做法不仅为证券业相关法律法规所允许,同时也符合证券交易行业的相关惯例。

2. 重视自身合法权益。投资者应了解、重视自己的合法权益,积极履行知情权、监督权等投资者权利。在交易过程中遇到问题时,应理性看待,并及时与经营机构取得联系,耐心沟通,理性表达利益诉求,必要时应积极配合,尽可能在最短时间内解决问题,防止损失扩大。另外,要增强维权意识,当经营机构未充分履行其义务时,当自身合法权益受到侵害时,要敢于拿起法律武器保护自己,但维权时应选择调解、仲裁、诉讼等正规、合法的途径。

证券投资者,是指通过证券公司从事证券交易的机构和个人,他们是活跃证券市场、保证证券市场健康运行的重要群体,在整个证券市场中起着举足轻重的作用。维护投资者的合法权益一直是监管工作的重点,是资本市场持续健康发展的基础。加强投资者保护是稳定金融市场发展的基石,是促进金融市场快速发展的必然要求。

案例6：证券公司转销户业务纠纷案例分析

蔡淑敏* 叶雅芳**

一、引 言

证券纠纷，主要是指在证券发行、交易、代理、登记以及清算等各个环节中所发生的投资者和证券公司之间的纠纷。在诸多类型的纠纷中，最引人注目且涉及范围最广的是个人投资者与证券公司之间的民事纠纷。[①] 证券纠纷的特点是专业性强、争议标的大、证券纠纷主体力量对比悬殊、案件复杂和社会影响广泛。基于证券纠纷的特点，证券纠纷调解机制高效、便捷、成本低、高度的保密性以及和谐性和专业性的优势使调解在证券纠纷中同样能够发挥矛盾化解、定分止争的作用。

为全面落实中国证券监督管理委员会关于证券期货纠纷多元化解机制试点工作的重要举措，探索解决证券期货纠纷新渠道，中证法律服务中心厦门调解工作站（以下简称厦门调解工作站）于2017年7月正式成立。成立后，厦门调解工作站秉承“讲信、修睦、和气、致祥”的调解理念，以保护投资者权益为宗旨，努力化解辖区内证券期货市场纠纷，为投资者解决矛盾纠纷提供了实体平台和创新维权保障机制。

厦门调解工作站通过对近3年来受理的有关纠纷调解申请进行统计分析，发现转销户纠纷尤为突出。2018～2020年，厦门调解工作站共收到纠纷调解申请45

* 厦门证券期货基金业协会副秘书长。

** 厦门证券期货基金业协会主管。

① 刘洪菊：《化解我国证券纠纷的新方式：证券投资者赔偿基金制度》，苏州大学2016年硕士学位论文，第1页。

起,其中,涉及转销户的12起,占比26.7%。笔者从厦门调解工作站近3年来受理的纠纷调解案件中筛选了两个较典型的转销户案例,拟通过对案例的解析,对其存在的问题作进一步的思考,以期为化解相关纠纷提供一些启示。

二、案例描述

(一)案例一

投资者陈先生在A、B证券公司分别开立了账户,且账户下挂的是同一个深圳证券账户。其于2020年1月7日前往A证券公司办理了证券账户销户手续。1月11日,其在B证券公司开立的证券账户无法买入深市股票,才发现其深圳证券账户已被A证券公司注销,要求A证券公司赔偿因不能买入股票而损失的预期收益。

厦门调解工作站收到调解申请后,立即与A证券公司联系。A证券公司反馈:2020年1月7日陈先生至A证券公司营业部办理销户业务,营业部柜台工作人员根据柜台业务标准化流程,将所有材料提交总部,总部相关人员进行了认领、办理、审核、转办执行。1月11日9时17分,该笔销户业务全部处理成功。1月11日9时58分,陈先生致电A证券公司营业部,称其在B证券公司下挂的深圳股东账户被营业部注销,造成其账户无法买入深市股票,要求A证券公司营业部尽快解决。

调解员了解情况后,联系陈先生,耐心听取其诉求,并走访了B证券公司,调取并核实该公司提供的证据材料。经核查,陈先生在B证券公司与A证券公司所开立的账户下挂的是同一个深圳证券账户。2020年1月10日9时40分,A证券公司完成了其深圳证券账户销户手续,而当天10时多陈某通过其在B证券公司的证券账户委托买入深市股票,1月11日陈某欲通过B证券公司的证券账户再次买入深市股票却发现无法交易。根据当前中国证券登记结算有限公司(以下简称中登)与交易所相关业务操作规则,对于T日向中登发起证券账户注销申请的,中登实时返回注销结果。对于注销成功的,日终将证券账户状态(如已注销)发送至交易所。而交易所在接收投资者交易订单后,将对交易所端记录的证券账户状态进行实时校验。由于中登与交易所交互数据存在时间差,故存在T日投资者于A证券公司办理证券账户注销成功后,T日投资者还可以通过B证券公司成功买入股票的情况。

调解员在了解相关情况后,一方面耐心向陈先生解释,另一方面积极与 A 证券公司和 B 证券公司沟通以提出解决方案,督促 A 证券公司做好后续服务工作。同时,调解员还指出 A 证券公司在业务熟练程度及与客户沟通技巧上还存在一定的欠缺,A 证券公司为自己在提醒告知客户方面存在的不足向陈先生表示歉意,双方达成和解。

(二)案例二

投资者林先生于2020 年3 月20 日前往 C 证券公司申请开立账户,柜台工作人员查询到其在中登开立的沪 A 证券账户已满 3 个,告知其要注销其中 1 个沪 A 证券账户,才能在 C 证券公司开立账户进行交易。3 月 23 日上午,林先生前往 D 证券公司申请注销账户,因账户注销涉及结息,D 证券公司告知林先生第二天注销账户的业务才会办理完毕。3 月 24 日早上,林先生告知 C 证券公司其已在 D 证券公司办理了账户注销,C 证券公司工作人员立即通过中登查询到林先生该沪 A 证券账户为未指定状态,便指导林先生通过 C 证券公司 App 将该沪 A 证券账户进行了指定交易操作;随后当天林先生通过该账户买入了沪市股票。第二天,林先生欲将该账户中持有的股票卖出,却发现其沪 A 证券账户被注销而无法卖出股票,要求 C 证券公司营业部赔偿损失。

厦门调解工作站收到调解申请后,立即与 C 证券公司联系。C 证券公司回复称:3 月 20 日,林先生到 C 证券公司开立账户,工作人员查询到其在中登开立的沪 A 证券账户已满3 个,告知其须注销其在任一券商中的1 个沪 A 证券账户。3 月 23 日,林先生告诉 C 证券公司其已在 D 证券公司注销完成,第二天即可生效。3 月 24 日上午,C 证券公司登录中登账户系统查询林先生沪 A 证券账户的信息,系统显示其沪 A 证券账户状态正常且已撤销指定,未指定交易券商。C 证券公司工作人员便指导林先生通过 App 操作下挂了该沪 A 证券账户,并指定交易。随后林先生进行了股票买入的操作。3 月 25 日,林先生反映股票不能卖出。工作人员立即查询中登账户系统,系统显示林先生买入股票的沪 A 证券账户已被 D 证券公司注销。为弄清事情来龙去脉,调解员经实地调查和走访询问,了解到 C 证券公司在办理投资者注销账户过程中先向交易所提交了撤销指定、再向中登提交注销申请,而 D 证券公司刚好在撤指定和注销流程中间指导投资者办理了指定交易,由于中登与交易所交互时间差,两个系统日月终才同步数据,导致持有股票的股东账户被注销。

其间,调解员一方面电话沟通安抚投资者、向其耐心解释;另一方面督促C证券公司尽快帮投资者解决问题。后C证券公司及时按照中登非交易过户流程将持有的股票过户到林先生在E证券公司正常沪A证券账户上,次一交易日便可正常进行卖出交易,尽量减少投资者的损失。调解员指出,投资者明确告知C证券公司其对在D证券公司开立的账户进行注销,C证券公司在中登系统查到投资者账户是撤销指定状态时未再向客户进一步核实确认,却指导投资者将处在注销流程中的沪A证券账户指定交易到C证券公司账户上。在调解员的协调下,双方未能达成一致意见,案件调解失败。

三、案例分析

关于"注销条件",《中国证券登记结算有限责任公司证券账户业务指南(2019年6月)》第5.1.2条中明确,投资者申请注销证券账户,应当满足的条件之一是证券账户持有余额为零;同时,第5.1.1条第5款规定"开户代理机构应当了解投资者注销账户的真实意愿(避免投资者将证券账户销户和资金账户销户混淆),提醒并核实投资者所申请注销的证券账户是否满足注销条件,并采取适当措施防止投资者使用注销账户申报交易"。上述两起案例分别涉及不同的4家证券公司,而这4家证券公司均未能采取有效的措施防止投资者使用注销账户申报交易。通过详细分析上述案例全过程,纠纷形成主要有以下原因。

(一)投资者金融基础知识较薄弱

大多数中小投资者只关注对股票的研究,忽视对证券账户基本知识的学习和掌握。一般普通投资者在开户的时候仅单纯地认为找一家证券公司开了账户就可以买卖股票,并不理解证券账户、资金账户等专有名词,也不清楚其用途,对于销户等具体业务流程更是一知半解。在销户过程中,多数投资者又急于办理销户手续以尽快转至其他证券公司,无暇顾及证券公司柜台人员对销户业务的相关提醒告知,更容易导致纠纷的发生。

(二)证券经营机构投资教育宣传成效尚存不足

近年来,各证券市场主体创新投资教育,开展了一系列投资者教育与保护宣传工作,引导投资者理性投资、防范风险,取得显著的成效。但在日常工作中,有的投资者不重视甚至排斥各机构开展的投资教育宣传。另外,随着网上开户便捷性显现,多数投资者选择网上开户,证券经营机构与投资者间的交流方式也逐渐转变为非现场形式,相关投教宣传产品也大多以短信、微信公众号、邮件等方式推送,证券经营机构难以确保投资者是否真正阅读或了解相关投资者教育知识。

(三)证券经营机构之间业务竞争激烈、缺乏协同

当前市场竞争激励,特别是经纪业务已进入了“白热化”阶段,为抢占市场份额,证券经营机构之间处在紧张的竞争关系中,较难互相协同。个别证券经营机构或营销人员为营销客户怂恿客户投诉甚至是代客户投诉同行业证券经营机构,不仅破坏行业良性竞争环境,也损害了投资者的利益。因此,在实际业务办理过程中,投资者一般不会告知证券公司其销户后的真实想法,加上中登与交易所每日日终才会同步交互数据、存在一定的时间差,证券公司在办理注销账户时除提醒告知外,未能与其他证券公司互相沟通、了解投资者真实意愿,较难采取有效措施来防止投资者使用注销账户申报交易。

四、相关建议

(一)投资者应主动了解证券市场基本知识

投资者进入证券市场需要具备较高的专业知识和一定的风险承受能力。虽然证券纠纷的成因是复杂的,有制度因素、市场因素、经营机构因素等,但是不可否认的是,部分投资者的法律知识匮乏、账户基础知识欠缺和风险意识淡薄也从客观上起到了推波助澜的作用,应当引起广大投资者的重视和反思。在上述两起案例中,两位投资者均对账户知识不熟悉,与证券经营机构沟通时所表达的信息不准确而容易引起误解,导致不同的证券经营机构之间发生信息不对称,进而产生纠纷。因此,通过增强投资者认识证券市场、了解基础知识的主动性,从而夯实投资者有关证券市场投资交易知识储备是减少纠纷产生的关键因素。

(二)证券经营机构应注重投资者教育和专业服务成效

一方面,证券经营机构应充分关注投资者需求,提高投资者服务质量。为保护投资者的合法权益,当前证券市场实行了证券托管和资金第三方存管模式,而这一模式也使证券转销户流程较复杂。一般来说,转销户流程主要包括深市股份转托

管、沪市撤销指定交易、利息结转、交易结算资金银证转账、三方存管账户销户和资金账户销户等流程。如涉及账户规范、在途交易（如未到期逆回购）、新股申购、场外基金份额转托管、融资融券账户销户等业务，流程将更复杂。[①] 证券经营机构应及时准确地掌握客户各方面必要信息，主动向客户解释撤销指定、资金账户销户和证券账户销户等术语的含义，避免纠纷的发生。另一方面，证券经营机构应创新形式、适时评估，不断提升投资者教育与专业服务成效。证券经营机构作为资本市场重要中介机构，扎扎实实做好证券期货知识普及教育，切实做好投资者合法权益服务和保护，既是实现证券行业高质量发展的重要保障，也是证券行业义不容辞的职责。证券经营机构"要将投资者教育纳入开户、交易、服务及营销等各项具体业务规则中，建立以介绍投资产品、业务信息和风险揭示为核心的常态化工作机制。对新入市的中小投资者要开展基础知识培训和投资风险教育，对新推出的产品要作出专门的风险提示，对新出台的政策规则要以通俗易懂的方式进行说明和解释。要将投资者权利维护和自我保护措施作为中小投资者教育的重要内容"[②]，同时积极探索创新形式，增强投资者接受投资者教育的主动性，适时对投资者开展投资者教育效果评估，不断提升投资者教育与专业服务成效。

（三）探索从行业层面统一加强引导与规范

1. 通过行业协会引导，加强行业自律管理，推动证券经营机构业务转型，铸造行业诚信文化，促进不同证券经营机构之间的交流协作；探索从行业层面统一规范证券公司开销户流程，在开销户流程中设置前置条件，以观看投教视频、阅读投教漫画等方式强制要求投资者学习开户、销户知识，确保投资者能明确自身的开户、销户意愿；同时，强化宣传引导，提升投资者自身对开销户等基础知识的重视力度和学习主动性。

2. 交易所与中登交互数据存在时间差问题也容易导致证券经营机构与投资者之间产生有关销户纠纷，因此需从技术层面解决时间差问题，包括对于上海证券账户指定交易环节，证券公司为投资者申请指定交易指令发出后，仍可向交易所查询

---

① 马鸣：《证券转销户纠纷原因分析及处理建议》，载证券时报网，http://news.stcn.com/pl/202006/t20200630_2084639.html。

② 张冀华：《加强投资者保护是证券行业最重要的职责使命》，载经理人网 2020 年 9 月 5 日，https://www.jingliren.org/hyzx/219476.html。

上海证券账户状态;对于证券账户注销环节,证券公司为投资者申请注销账户指令发出后,仍可向交易所查询证券余额。

3. 根据《中国证券登记结算有限责任公司证券账户业务指南》(2019年6月修订)第2.1.2条[①]的规定,深圳证券账户实行“一人三户”的规则,即1名投资者可开立3个不同编码的深圳证券账户。鉴于同一个深圳证券账户可托管在不同的证券公司,因此同一个深圳证券账户下挂不同证券公司或不同的深圳证券账户下挂不同的证券公司的情形确实存在。而普通投资者专业知识较薄弱、容易混淆,其在一家证券公司申请办理注销深圳证券账户时可能导致下挂其他证券公司的同一个深圳证券账户无法交易的情况。因此,建议区分专业投资者和普通投资者,其中普通投资者只允许开立一个深圳证券账户,便于证券公司清楚掌握投资者有关深圳证券账户情况、防止投资者使用注销账户申报交易。

---

① 《中国证券登记结算有限责任公司证券账户业务指南》(2019年6月修订)第2.1.2条规定:“一个投资者只能申请开立一个一码通账户。一个投资者在同一市场最多可以申请开立3个A股账户、封闭式基金账户,只能申请开立1个信用账户、B股账户。”

案例7:从业人员违规交易调解案例分析

赵牧春[*]　于泳志[**]　李天缘[***]

一、案情介绍

2020年10月,"12386"中国证监会服务热线(以下简称"12386"热线)接到投资者李某投诉,称A证券公司B营业部C客户经理在其不知情的情况下,为其购买股票和基金,并造成经济损失30余万元,李某要求C客户经理赔偿其经济损失。同期,热线将投诉直转至A证券公司办理。

A证券公司高度重视,并成立了事件调查小组,责成B营业部安排专人与李某通过面谈、电话等方式积极沟通协调,持续与其保持联系。李某于2007年8月在A证券公司开立资金账户,2015年C客户经理向其推荐X基金,因当时李某不在国内,无法进行基金的认购和赎回交易,故将自己的交易密码告知了C客户经理,自愿委托其代为操作基金买入。2015年7月,李某回国后发现其账户又多出了Y和Z两只股票达数千股,持仓成本40余万元,遂到B营业部找到C客户经理问询情况。C客户经理称公司投资顾问推荐了Y和Z两只股票,其认为这两只股票有上升空间且前景乐观,于是就替李某买入了该两只股票。李某当即要求C客户经理将两只股票卖掉,但C客户经理并未按照要求操作。之后,李某一直持有Y和Z股票,而且还对这两只股票进行过交易。

2020年10月,李某就上述事项拨打A证券公司客服热线投诉,隔月又拨打

---

* 中证资本市场法律服务中心辽宁调解工作站公益调解员。

** 中证资本市场法律服务中心辽宁调解工作站公益调解员。

*** 中证资本市场法律服务中心辽宁调解工作站公益调解员。

"12386"热线进行投诉。

按照李某的叙述,C客户经理是在其本人完全不知情的情况下,操作其账户购买了股票和基金,最终导致其产生较大的经济损失。李某要求C客户经理赔偿其投资损失,但考虑自己把账户密码透露给C客户经理,自身也存在一定过错,因此自愿承担部分损失,要求C客户经理赔偿其投资损失20万元。

李某多次向A证券公司投诉并求偿未果,便向"12386"热线提起投诉,A证券公司处理后,双方未达成一致意见,经征询,李某表示愿意通过调解途径进一步处理争议,该起纠纷转至中证法律服务中心辽宁调解工作站进行调解处理。

二、案件调查与主要争议

调解正式受理后,中证法律服务中心辽宁调解工作站积极组织工作人员和调解员成立调解组,与当事各方及时沟通,进行信息收集、案情分析研判等工作。

(一)案件调查

工作站立即与A证券公司B营业部负责人及投诉专员取得联系,了解公司在接到投资者投诉后开展了哪些调查与核实工作,同时要求公司提供李某的开户资料、存在异议账户的股票和基金交易操作的成交流水、委托流水、资金流水、操作日志、交易站点、MAC地址、交易IP地址等相关数据。

调查过程中,调解员进一步了解到李某和C客户经理之间存在基本信任关系。C客户经理长期为李某提供客户服务,之前也曾在其同意的情况下为其进行基金认购、赎回和新股申购等操作。李某在B营业部基本采用手机炒股和网上交易的非现场委托模式进行股票交易,少量采用现场自助委托等。由于现场交易均为报备机,且时间较远,无法确认相关交易是李某本人还是其他人操作。调解期间,李某向调解员提供了与C客户经理的通话录音,录音资料对话内容表明,一人向另一人告知密码,并委托其进行基金认购和赎回操作,调解员初步分析李某将密码告知C客户经理,并委托C客户经理为其进行基金认购和赎回操作的情况基本属实,调解员与C客户经理求证,后者并未否认。

(二)主要争议

经过对收集的材料和李某提供的录音进行客观分析,调解员认为本案主要围绕三个争议焦点展开：一是C客户经理是否在李某完全不知情的情况下，操作买入Y和Z两只股票；二是李某在知道其持仓多出Y和Z两只股票后，是否第一时间自主操作采取必要措施以挽回经济损失；三是李某与C客户经理之间是否存在全权委托关系。

1. 关于李某是否知晓C客户经理为其购买了Y和Z两只股票。李某称自己确实委托C客户经理代为认购和赎回基金，但从未授权为其购买Y和Z两只股票。而面对调解员的问询，C客户经理含糊其词，表示自己也记不清楚李某是否要求其代为购买股票这些细节。调解员通过查询委托交易站点和IP地址、MAC地址等发现，确实存在营业部现场设备购买股票、基金、申购新股的情况。因此，不能排除C客户经理在未被授权的情况下操作李某账户购买股票的可能。

2. 关于李某是否采取补救措施。李某知晓持仓账户中多出Y和Z两只股票后曾找到C客户经理，要求其卖出两只股票，但C客户经理并未遵照投资者意愿执行。调解员建议李某修改交易密码，遭到李某拒绝，其认为既然客户经理私自购买股票，该股票理应由客户经理操作卖出。调解员认为，投资者对自己的账户应自主管控，根据本案情况，投资者察觉账户股票持仓异常后，首先，应立即找到所在营业部或证券公司如实反映异常情况；其次，投资者应及时修改交易密码，保护资金安全以免遭受其他损失。在本案中，李某发现账户异常后首先联系客户经理本人，在对方未按照要求改正后，仍未及时向营业部或公司反映；在调解员提示其修改交易密码后，依然不配合进行修改。李某的行为存在明显失当，不利于其及时挽回投资损失且有损失扩大的风险。

3. 关于李某与C客户经理之间是否存在全权委托关系。二者并未签订任何委托代理协议，因此调解员认为全权委托关系不成立。且李某与A证券公司签署的《开户协议》中明确规定，“投资者应妥善保管身份信息、账户信息、账户密码等，不得将相关信息提供或告知他人使用。由于投资者的个人原因，导致信息、账户密码泄露、管理不当或使用不当造成的后果、风险、损失，由投资者自行承担”。李某为了交易方便，曾主动将交易密码告知C客户经理，并在其本人不能交易的情况下，以电话等形式要求C客户经理代为进行基金认购、赎回等操作。交易完成后，李某不及时修改密码，存在一定责任；而C客户经理虽自称出于善意，但违规为投资提供便利，后期又在投资者不知情的情况下，擅自操作其账户，对损失应负主要责任。

三、调 解 结 果

(一)事实认定

1. 客户经理存在违规行为。《证券法》第134条明确规定,“证券公司办理经纪业务,不得接受客户的全权委托而决定证券买卖、选择证券种类、决定买卖数量或者买卖价格”。《证券法》第136条规定,“证券公司的从业人员不得私下接受客户委托买卖证券”。熟知《证券法》和其他相关法律法规并树立牢固的法律法规意识是证券从业人员应具备的基本素质要求。本案中,客户经理作为证券公司从业人员,在明知其行为违反《证券法》相关规定的情况下,仍按照投资者意愿代替投资者进行基金认购和赎回操作,并在投资者完全不知情的情况下,代替投资者决定购买的股票名称、数量及其价格,经核算导致投资者直接经济损失20余万元。客户经理合规意识淡漠,存在违规操作,应负本案的主要责任。

2. 投资者存在一定过错。投资者电话委托客户经理进行基金认购和赎回操作,违背了双方签署的《开户协议》要求。根据客户开户时签订的开户合同和相关风险揭示书,依据《证券法》和中国证监会颁布的相关规章及其他有关法律法规,投资者在开立证券账户后,需妥善保管账户信息,不要把证券账户和身份证件出借给他人使用,不要把账户密码等信息告知他人,不得委托给他人管理,包括证券公司员工。在以自己名义开立资金账户及相关证券账户权限后,要及时关注账户使用情况,定期修改账户密码并妥善保管。具有完全民事行为能力的投资者应能够自行承担主要交易结果。李某作为具有完全民事行为能力的自然人,自我保护意识淡漠,不具备风险意识,私下委托客户经理代其认购和赎回基金并向对方透露交易密码,并且不及时变更,进而诱发客户经理私自操作其账户购买股票的后续行为,进而使账户安全处于风险暴露状态,也应承担一部分损失责任。

(二)调解结果

基于以上事实,调解员经过与B营业部负责人、纠纷当事双方进行多次沟通协调,最终各方达成一致。C客户经理违规操作账户,使李某蒙受经济损失,愿意承担本案的主要责任。李某承认由于自身随意行为,违反了与A证券公司签订的《开户协议》,使自己的账户处于密码失控状态,为C客户经理违规行为的发生提供了一定的前置条件,愿意就其自身损失承担一部分责任。双方均表示愿意作出让步,最终在调解员的主持下协商化解了争议并签订了调解协议书,C客户经理赔偿李某经济损失8万元,李某因自身行为失当承担剩余的经济损失。

四、案件启示

(一)强化投资者教育,加强从业人员培训

《证券法》修订以来,投资者保护工作在深度广度上不断推进,已进入了新时期新阶段,证券公司应贯彻《证券法》对投资者保护的要求,不断提升投资者保护工作的水平。中国证券市场正处于飞速发展阶段,中小投资者还是市场的重要组成部分,市场在为中小投资者提供投资机会的同时,利益侵害行为也频频发生。许多投资者投资理念不成熟,不能正确认知金融市场风险,也缺乏专业的技能和知识,签署协议或各种业务表单时,不能认真有效理解条款内容,盲目入市。本案投资者李某存在自我保护意识淡薄、随意将交易密码主动泄露给他人的情况。在产生纠纷后,李某认为C客户经理擅自使用密码进行账户操作,固执地认为如果修改密码会影响自己主张赔偿权利,故其在问题未解决前始终拒绝修改交易密码,直到调解完结,在调解员再三建议下,才放心通过手机端自主修改了交易密码。当投资者发现自己的账户交易与实际不符等情形,应首先尽快修改并妥善保管交易密码,不能委托他人交易,这是投资者应具备的基本常识,投资者应时刻关注账户安全,时刻保持风险防范意识。

另外,证券市场的发展和繁荣对市场服务提供者—从业人员提出了更高的要求,金融行业选人用人要德才兼备、以德为先,要筑牢珍惜职业声誉、恪守职业道德的职业道德底线。近年来,随着证券公司各项业务的发展,营业部一线人才的需求面临巨大缺口。为了让新员工尽快上手,有些机构采取"短平快"的培训方式,并不能培养出券商急需的合格人才。在行业内,从业人员合规和风险意识薄弱,违规操作的现象在行业内也屡见不鲜,加强职业道德建设和开展合规教育一直在路上。中国证券业协会2020年8月发布《证券从业人员职业道德准则》(以下简称《职业道德准则》),《职业道德准则》规范"从业人员应牢固树立风险底线意识,提高风险识别、应对和化解能力,审慎执业,主动履行报告义务,严防执业过程中因不当行为带来的各类业务风险,自觉抵制侥幸心理与短视行为”。加强职业道德建设既是证券公司的责任,也是其软实力和竞争力的体现。各经营机构更应致力于打造一支作风优良、业务精通的高素质从业人员队伍,进而推动形成合规、诚信、专业、稳健的行业文化理念。这也是中国证券业协会推动证券行业文化建设,促进形成健康的价值观、发展观、风险观,为资本市场长期稳定健康发展提供价值引领、精神支撑的主要宗旨。

(二)完善内控制度,强化约束机制,提升合规意识

从业人员个人道德修养缺失是导致风险事件易发的重要原因。此外,证券公司内控机制不强、风险管控缺失,也滋生了从业人员谋求个人利益违规操作的空间,进而提高了风险事件的发生频率,风险事件久控不绝。在实际业务开展过程中,证券营业网点作为服务和产品销售的最前端,以业绩为导向,竞争压力较大,客观上,忽视了投资者教育和从业人员执业行为管理,进而为从业人员的违规行为埋下隐患。本案中,A证券公司虽按照要求对员工开展了大量的教育活动,学习内容、次数和规模均可圈可点,可还是发生违规操作事件,究其原因还是员工教育没有真正深入所有员工的内心深处,少数从业人员的法律观念和合规意识仍然淡薄,缺乏对法律的敬畏之心。从业人员在服务客户过程中,置公司制度和法规于不顾,或抱侥幸心理,或经不住金钱的诱惑,或为实现更多利益铤而走险,甚至丧失道德底线。提高员工教育的有效性,证券公司应在完善内部控制制度与公司治理机制的同时,通过分享业内案例、开展专题警示教育等手段,引导员工树立正确的利益观,引导从业人员自觉遵章守法,对证券行业相关法律法规、监管规定、自律规则以及道德准则心存敬畏,牢固树立合法合规展业理念,自觉抵制违反规则及道德准则的行为。通过不断构建完善约束机制,持续增强员工履职行为的规范性、透明性,以防止发生道德风险。

(三)加强内部管控是做好合规经营的首要前提

员工培训和监控合规建设的这两大抓手,两手都要硬,缺一不可。员工教育的重点在于思想认识的提升,通过法规案例解读,使员工从内心真正理解合规的内生起因和违规的严重后果,在心里树立牢固的合规意识;内部管控的重点在于通过技术手段监控系统,对客户交易进行筛查,通过监控、客户回访对相关疑点进行核查分析认定,确保员工行为最大范围地得到监控,确保员工将合规意识真正落实到日

常业务的各个环节。C客户经理代客操作事件的发生，不仅给投资者带去较大的经济损失，也会使公司面临监管处罚、声誉受损或资产流失等风险。所以，如何筑牢合规意识，防范合规风险，是每个证券经营机构应该着重思考的一个重要课题。

加强内部管控，首先要注意不能限于一事一时，更不能流于形式。本案中，A证券公司向调解站提供了C客户经理入职以来与公司签署《合规培训》百余次，签订《承诺书》数次，包括合规履职承诺书、合规承诺书、投资咨询合规承诺书等工作成果。尽管如此，C客户经理还是逾越红线，最终得到了惨痛教训。这充分表明培训和签承诺这种内部管控方式不是万能的；加强内部管控，要建立健全的内部管理制度，通过有效的制衡机制和先进技术手段加强制约与监督，实现全员、全面、全过程的管控，以达到内部管控无盲点，使制度能够真正有效地得到落实；加强内部管控，要做到赏罚分明。在制度健全的前提下，对违规人员进行严厉的处罚，以“零容忍”态度严肃执纪问责，从经营环境上遏制违规行为的发生。

（四）技术更新是确保合规经营的必要思考

本案由于投资者授权，C客户经理得到了投资者的密码并进行了违规操作，这在技术层面给我们更多的思考。指纹、人脸识别、人工智能等技术均在个人权益和隐私保护上发挥着重要作用，这些技术如何更安全便捷地应用在证券交易终端是值得不断研究和探索的问题。信息技术与金融服务的深度融合，可以促进证券公司不断优化现有业务模式，通过开发实时监测工具，应用新的金融技术手段实施监控，防范道德风险，通过对市场数据、异常行为进行模型监测，将从业人员违规行为管控前移，在开户、交易等各个环节、多角度全方位提升投资者体验，从客户服务、风险预警等多个方面逐步推动行业的智能化转型，挖掘投资者对信息服务的需求，探索新技术在投资者教育方面的多种可能性，对保护投资者有所裨益。

（五）暖心公正是促进调解成功的基本前提

证券行业内的纠纷多涉及经济利益，部分纠纷事项情况复杂，涉及因素较多，且数额巨大，当事双方往往互不相让。开展调解工作，调解员需要向双方传递积极耐心的调解态度，掌握专业的行业知识，熟悉行业的“规则”“规矩”“惯例”“常识”，并在整个调解工程中，秉持公正中立的调解原则，从调解沟通的遣词用语，到纵览全局的问题要点，都应清晰明确、不偏不倚，引导各方认可互相理解、换位思考、适度退让，达成共识。本案调解员在接到纠纷事项后第一时间作出回应，在调解过程中充分听取各方意见、陈述,把控调解节奏,向涉事方梳理了事件过程中的得失、不当,尤其是修正了投资者方的一些投资理念和投资常识,有理有据地让双方认识到各自在争议中应担的责任,使各方能客观公正、依法依规,基于自主意愿解决争端,情、理、法兼顾,最终成功化解了争议。

案例8:充分发挥调解化解资本市场纠纷优势的若干思考

——以交易系统故障纠纷为例

胡旭东*

近年来,随着资本市场改革发展的广度、深度日益增加,证券期货新产品、新业务层出不穷,对承载市场安全稳定运行的交易系统提出了更高要求。与此相应的,因交易系统故障引起的纠纷,也成为目前资本市场纠纷调解工作中的常见类型。前期中证河南调解工作站成功调处一起个人投资者因交易端无法参与创业板盘后交易索赔案例,笔者尝试以此交易系统故障纠纷为例作一探讨。本文主要内容包括:一是如何借鉴司法审判观点以坚持调解原则;二是如何运用当事人自认规则以提高调解效率;三是如何凝聚合力以强化监管调解协同。

一、借鉴司法审查观点,遵循依法和中立原则

调解程序作为解决平等民事主体纠纷的重要渠道,应当适用具有一般性、普遍性的民事基本法律规范。这既是落实调解规则中有关遵循依法、中立原则的具体体现,①也为当事人申请司法确认等方式保障调解协议效力提供了基础性条件。法院相关案例为人们提供了司法审查的关注要点以及法官的认定逻辑。其中,上海市高级人民法院(以下简称上海高院)在上诉人邱某某诉被上诉人鲁证期货股份有

---

* 河南证监局法制处工作人员,中证资本市场法律服务中心调解员。

① 参见《中证资本资本市场法律服务中心调解规则》第5条,载中证资本市场法律服务中心官网,http://lsc.isc.com.cn/tj-html/djzd/20200317/2699.html。

限公司(以下简称鲁证公司)期货经纪合同纠纷一案[(2013)沪高民五(商)终字第1号][①]极具代表性和典型性。该案无论是一审还是二审判决书,归纳争议焦点简明准确,全面回应双方诉求主张,释法说理充分具体。

(一)关于市场机构的合同义务和违约问题

上海高院在该案中认为,诉争期货经纪合同,经双方签字后依法成立并生效,双方均应按约履行。根据合同约定,接受邱某某交易指令为之进行期货交易是鲁证公司的主要合同义务。鲁证公司对之负有通知、协助、保护等合同附随义务,避免因自己提供的软件或服务损害客户的合法权益。所以,即使鲁证公司在提供该软件服务前,并未向客户就该系统的运行安全作出明确保证,其仍负有保证该系统不因故障损害客户权益的附随义务。鲁证公司未经充分测试即将之提供客户使用,以致系统于交易期间发生故障;鲁证公司未经充分测试即投入实际使用的行为违反了其应尽的注意义务,构成违约,应当就此造成的客户损失承担赔偿责任。

(二)关于交易系统提供方的第三方责任问题

虽然恒生交易系统并非鲁证公司设计和维护,但却系鲁证公司提供给客户用于传达交易指令的工具。原《合同法》第121条[②]规定:"当事人一方因第三人的原因造成违约的,应当向对方承担违约责任。当事人一方和第三人之间的纠纷,依照法律规定或者按照约定解决。"鲁证公司有关软件系他人设计、维护,故其不应承担责任的抗辩显然不符合上述法律规定。

(三)关于风险揭示书等合同免责条款的适用问题

上海高院认为,该院充分注意到了鲁证公司援引的涉讼期货经纪合同和风险提示书中有关互联网数据传输可能因通信繁忙等原因导致网上交易出现延迟、中断,鲁证公司无过错时不承担责任等内容。但该院认为,并非一切网上交易出现迟延、中断都可据此免责,只有当期货公司对技术故障无过错时,才有适用上述免责条款的可能。通过互联网方式下达的交易指令由客户的设备终端发送至期货公司

① 《邱某某与鲁证期货股份有限公司期货经纪合同纠纷二审民事判决书》,载爱企查网2013年11月7日,https://aiqicha.baidu.com/wenshu?wenshuId=1312b7309679fdf79605c4d08c57ed335ffddf09。

② 《合同法》已经被2021年1月1日实施的《民法典》废止。《民法典》第593条规定:"当事人一方因第三人的原因造成违约的,应当依法向对方承担违约责任。当事人一方和第三人之间的纠纷,依照法律规定或者按照约定处理。"

接收端，中间存在大量的数据传递，期货公司对其不能控制的设备和线路所出现的故障，自然不应负担责任。反之，如果故障系出现在期货公司所管控的设备，而该故障又系期货公司故意或过失所致，期货公司就应对自己的过错承担民事赔偿责任。双方争议的故障发生于交易指令传递至鲁证公司所设网关服务器阶段，原因是鲁证公司对自己管控的设备怠于进行充分调试，导致存在瑕疵的软件被实际使用，鲁证公司当然应当就其过失承担相应的赔偿责任。所以，鲁证公司援引有关"无责不赔"的合同条款，即使有效，亦不能作为鲁证公司减免责任的理由。至于该合同条款是否属于原《合同法》第53条①规定的无效条款，因此不论其效力评价如何，对本案来说，均不会产生免责效果，故该院不再予以评判。

（四）关于不可抗力等法定免责条款的适用问题

除上述约定免责条款外，该院亦考虑了法定免责事由有无适用之余地。原《合同法》第117条②规定："因不可抗力不能履行合同的，根据不可抗力的影响，部分或者全部免除责任，但法律另有规定的除外。当事人迟延履行后发生不可抗力的，不能免除责任。本法所称不可抗力，是指不能预见、不能避免并不能克服的客观情况。"首先，由于不可抗力属于有利于鲁证公司的抗辩事由，故应当由其负担向法院主张并予以证明的责任。但鲁证公司于一审、二审期间并未提交证据证明此次事故属于不可抗力，自然应当承担不利后果。其次，故障发生后通过软件的更新，瑕疵被弥补和修复。按通常人的理性判断，该故障显然属于可以通过软件测试在事先预测，也可以通过软件更新加以避免，故不属于不可抗力。据此两点理由，本案亦不能适用法定免责事由。

（五）关于系统故障风险负担是否适用公平原则问题

由于技术之局限，目前尚无办法确保任何期货交易系统达到百分之百的无故障或瑕疵。此种系统故障所产生风险最终应由谁负担，应考量控制风险发生的能力，以及承受、分散风险的能力。以一般投资者与期货公司作比较，期货公司作为交易系统的控制人、运行人，在技术能力上明显处于绝对优势地位；一旦发生损失，

---

① 《民法典》第506条规定："合同中的下列免责条款无效：（一）造成对方人身损害的；（二）因故意或重大过失造成对方财产损失的。"

② 《民法典》第590条规定："当事人一方因不可抗力不能履行合同的，根据不可抗力的影响，部分或者全部免除责任，但是法律另有规定的除外。因不可抗力不能履行合同的，应当及时通知对方，以减轻可能给对方造成的损失，并应当在合理期限内提供证明。……"

资本较雄厚的期货公司通常不会因此陷入财务困境,而一般投资者却极有可能陷入财务困境,期货公司在承受和分散风险的能力上也优于一般投资者。所以,即使从公平角度考虑,系统故障此种小概率事件的风险也应当较多地分配于期货公司,而非交由一般投资者负担。

(六)关于交易系统故障与投资者损失之间的因果关系问题

交易系统故障与邱某某损失之间存在相当的因果关系。但上述交易系统故障既不会直接导致邱某某所持合约或资金发生减损,也不会导致邱某某所持合约的价格发生变动。该故障直接导致的只是邱某某在上述故障时间段使用该系统进行交易的机会丧失。恰逢当时期货合约价格大幅波动,邱某某又持有大量合约,交易机会的丧失引发了最终的交易亏损。鲁证公司理应对其违约行为导致的机会损失进行赔偿。

(七)关于赔偿金额如何确定问题

关于赔偿金额的确定,由于受损的交易机会并未实际发生交易,故该院只能采取估算方式,酌情予以确定。机会损失的发生存在一定的盖然率,在计算最终损失金额时,还需根据机会发生的概率、采取减损措施等因素综合加以确定。鲁证公司主张存在其他下达交易指令渠道、邱某某投资判断失误等抗辩,该院已在确定赔偿金额时酌情考量。

需要说明的是,该案所适用的《合同法》已经废止。《民法典》有关不可抗力(《民法典》第590条)、因第三人原因造成违约时的责任承担(《民法典》第593条)等法律规定,与原《合同法》的规定是基本一致的。"他山之石,可以攻玉",该案例所体现的裁判要点,值得调解人员学习借鉴。

二、运用调解程序当事人自认规则,促进调解成功率提升

纠纷双方当事人在调解过程往往存在矛盾心态:一方面抱有希望,愿意利用调解程序低成本高效率的优势求同达成一致;另一方面心存顾虑,一旦调解不能成功,担心对方将在其他程序中加以援引,自己反而因调解阶段的自认导致后续的被动。例如,交易系统故障纠纷调解中,投资者大多主张损失原因主要是由交易系统

造成，而市场机构基本不会明确或留痕认可。① 因此，调解人员应当向纠纷双方当事人阐明当事人自认规则，促使当事人自愿达成调解协议。

（一）调解程序中当事人自认的证据归属

当事人自认，是指一方当事人陈述的于己不利的事实，或者对于己不利的事实明确表示承认。理论界民法学者大多认为，自认是当事人陈述的一种特殊形式。实务界最高人民法院出台了《关于民事诉讼证据的若干规定》，明确将当事人自认的证据种类归属于当事人陈述。调解规则虽未规定调解程序中当事人自认的概念和证据归属，但仍可加以借鉴相关民事诉讼证据规则。

从不同角度按照不同标准，可以对当事人自认进行不同分类。按自认作出的时间和场合的不同，可分为调解程序中的自认和调解程序外的自认。两者主要区别是在免除举证责任的效力上。诉讼上的自认经审查可具有免除举证责任的效力，诉讼外的自认则不然。② 根据自认主体不同，可分为当事人本人或其代理人自认和诉讼代理人的自认。根据自认的范围和程度不同，分为完全自认和限制自认。

（二）调解程序中审查自认时的考量因素

当事人自认作为证据是调解人员必须认真对待的问题。若将当事人自认作为纠纷调处的唯一依据，或者没有综合整体情况审查认定，并不符合化解民事纠纷的证据规则。调解人员要始终保持高度的职业敏感度，充分听取当事人的陈述，认真讲解有关法律法规和其他业务规则。审查当事人自认材料应主要把握以下三点：

1. 审查是否存在相反材料。在民事诉讼中，法庭可以对众所周知的事实等五项事实予以直接认定，但是当事人有相反证据足以推翻的除外。③ 直接认定事实尚

① 证监系统近年来对于信息安全事件的监管力度正在逐步加强。中国证监会及其派出机构在对证券基金经营与服务机构信息技术管理及服务活动的监管过程中，可以采用渗透测试、漏洞扫描及信息技术风险评估等方式，开展现场检查及非现场检查。监管力度的提升也促使更多的违规行为得到警示和纠正。易董数据显示，最近三年至少有10家券商因信息安全问题遭遇监管处罚，其中2018年4家、2019年4家、2020年2家。参见王蕊：《重大信息安全事件未报告，这家头部券商接罚单！信息安全勿大意，这些券商也曾被罚》，载证券时报网，http://m.stcn.com/zqsbapp/tj/202011/t20201126_2567804.html。

② 最高人民法院《关于民事诉讼证据若干问题的规定》第3条规定：在诉讼过程中，一方当事人陈述的于己不利的事实，或者对于己不利的事实明确表示承认的，另一方当事人无须举证证明。

③ 最高人民法院《关于民事诉讼证据若干问题的规定》第10条规定：下列事实，当事人无须举证证明：(1)自然规律以及定理、定律；(2)众所周知的事实；(3)根据法律规定推定的事实；(4)根据已知的事实和日常生活经验法则推定出的另一事实；(5)已为仲裁机构的生效裁决所确认的事实；(6)已为人民法院发生法律效力的裁判所确认的基本事实；(7)已为有效公证文书所证明的事实。前款第2项至第5项事实，当事人有相反证据足以反驳的除外；第6项、第7项事实，当事人有相反证据足以推翻的除外。

且需要排除相反证据,那么对于不属于法定五项事实的当事人自认证据,更是需要通过全案审查方可采纳。此外,自认证据具有较大的主观性或倾向性,因此尽管存在当事人自认证据,调解人员仍然应对案件全部证据进行逐一审查,进行全面、客观和公正的分析判断,准确认定案件事实。自认的事实与已经查明的事实不符的,应当不予确认。①

2. 审查自认证据是否构成孤证。民事诉讼适用"谁主张,谁举证"的一般原则,即使一方当事人对另一方当事人的陈述表示认可,也不能必然免除对方的举证责任,提出主张的当事人仍然可以对其提出的主张负有举证责任。调解程序具有简便高效灵活的特点,在当事人自认成为孤证的情况下,调解人员应当平衡程序便捷性与调查充分性的关系,鼓励和支持当事人提出佐证以加强证据。

3. 审查当事人权利是否得到保障。当事人自认作为诉讼证据制度的重要组成部分,在三大诉讼法中所起的证明效力有所不同。原因在于三种法律责任性质的不同和双方举证责任的分配等因素。自认制度在民事诉讼中运用较多,证明效力相对较高;②而在行政诉讼和刑事诉讼中运用时受到较多限制。③ 主要原因在于,过分看重当事人在行政程序中自认的拘束力。在纠纷调解程序中,调解人员应当确认当事人自认是基于自身意愿,且不违反国家、集体或第三人的合法权益,且要保障当事人享有申请回避等调解程序性权利。

(三)调解程序中自认证据的运用方法

关于如何正确认识资本市场纠纷调解程序中当事人自认规则的应用,应以民事诉讼法、最高人民法院相关司法解释和相关调解规则为依据。具体应把握以下三个方面:

1. 保持调查的充分性,循序渐进促成共识。调解过程中,调解人员可以采取现场、书面等途径开展工作,通过查阅当事人提交的调解申请书、答辩意见书及其他

---

① 最高人民法院《关于民事诉讼证据若干问题的规定》第7条规定:一方当事人对于另一方当事人主张的于己不利的事实有所限制或者附加条件予以承认的,由人民法院综合案件情况决定是否构成自认。

② 最高人民法院《关于民事诉讼证据若干问题的规定》第3条规定:在诉讼过程中,一方当事人陈述的于己不利的事实,或者对于己不利的事实明确表示承认的,另一方当事人无需举证证明。

③ 《刑事诉讼法》第51条规定,公诉案件中被告人有罪的举证责任由人民检察院承担。第55条规定:对一切案件的判处都要重证据,重调查研究,不轻信口供。只有被告人供述,没有其他证据的,不能认定被告人有罪和处以刑罚。

纠纷材料,通过询问当事人及其他调解参加人等多种方式调查纠纷的事实。调解人员应充分听取当事人的陈述,讲解有关法律法规和其他相关规则,引导当事人在平等协商、互谅互让的基础上达成共识。对于调解程序终结时,当事人未达成调解协议的,调解员在征得各方当事人同意后,可用书面形式记载调解过程中没有争议的事实,并由当事人签字确认。①

2. 审查自认的合理性,综合情况予以采信。一是审查同一当事人就同一问题的多次表述之间的一致性。是否同时存在自认证据和否认证据;若存在,审核采纳的理由是否明确充分。同一当事人就同一问题表述前后不一致的,应当要求其作出解释,并视情况要求其提供相关客观证据。二是审查自认证据与其他纠纷材料是否一致,尤其对当事人有利的证据。对当事人有利的证据,应重点关注,充分思考,妥善回应,审查其是否达到足以推翻自认的程度。如处理不当,极有可能成为之后调解协议予以司法确认的最大风险点。三是形成证据链条,防止孤证定案。当事人陈述存在主观性大、确定性差、稳定性弱的特性,应尽量得到一定主客观证据予以佐证加强,达到数个种类不同、内容一致的证据优于一个孤立证据的证明效力。

3. 宣讲自认规则的法律效力,因势利导打消顾虑。民事诉讼当事人自认的构成条件是,该自认必须发生在民事诉讼过程中。《中证资本市场法律服务中心调解规则》作出了与《民事诉讼法》制定精神一致的类似规定。该规则第 36 条规定,当事人不得在之后的司法程序、仲裁程序或其他任何程序中,援引对方当事人、代理人或调解员在调解过程中的任何陈述、意见、观点、建议以及书面材料,作为其请求、答辩或反请求的依据。为最大限度发挥调解程序方式灵活、程序便捷的特点,调解人员可以一方面比较分析向监管部门投诉、向司法机关诉讼以及仲裁组织仲裁等纠纷化解方式的利弊所在;另一方面引导当事人互谅互让,疏导纠结顾虑,劝解双方"面子"与"里子"并重,过程与结果兼顾,从思想上打消自认的顾虑,从调解协议的文字表述上适当予以处理。

此外,调解人员应依据《调解规则》第 12 条之规定,要求当事人在调解过程中,履行对调解过程、内容和调解协议等保密义务,防止因当事人自认外溢调解程序之外节外生枝,导致不当后果。

---

① 参见《中证资本市场法律服务中心调解规则(试行)》第 36 条。

三、凝聚三家共建合力,强化监管协同机制

纠纷调解是监管工作的有效延伸,是投资者保护工作的重要抓手。中证资本资本市场法律服务中心在各地证监局的大力支持下,通过与辖区所在地的行业协会及纠纷调解中心开展合作,已经形成了覆盖全国的纠纷调解网络。凝聚三方共建合力,完善监管协同机制,充分发挥调解化解资本市场纠纷的优势,能够有效促进监管转型,节约行政成本,能够确保行政监管、自律监管、调解与投资者保护要求的有机统一。

同时也要看到,监管工作也面临一些新的问题。主要表现在:一是投资者维权模式日趋复杂化。近年来,随着投资者法律意识的增强,投资者与市场机构之间发生纠纷后,往往在申请调解的同时也向监管部门投诉举报。此类交叉维权模式存在多方当事人、多种法律关系,损失调解和机构违规查处相互关联,具有多发性、民事争议行政化,行政查处工具化等特点。二是调解与监管协调机制有待加强。首先,调解与行政处罚、行政和解衔接机制有待加强。调解成功的民事纠纷,受害人也不再投诉的,属于《行政处罚法》第 27 条可以从轻、减轻或免除处罚的情形,但这类情形鲜见于监管实践。其次,行政监管对调解工作开展有效支持不足。对于当事人无故拒绝调解,或者达成调解协议但又拒绝履行的,调解工作容易陷入困境。最后,缺乏调解与监管系统信息共享机制,导致调解机构在解纷过程中信息掌握不充分,降低工作效率。三是纠纷化解宣传力度不足。调解程序灵活的方式方法便于调解方案的达成,成本低廉、程序简便的特点帮助专业知识薄弱的中小投资者降低了维权门槛,节省了维权成本;保密高效的特点能有效保障上市公司等机构方的权益。然而,现实情况是资本市场上只有极少部分的群体性纠纷通过调解结案,大部分机构和中小投资者对通过调解化解纠纷的优势还不了解、不认同[①]。

如何从监管层面创新,加大对侵害中小投资者合法权益的违法违规行为的打击和惩罚力度,更多地保护中小投资者的合法权益,这是摆在我们面前的一道长期课题。

---

① 连环、魏亭玮:《资本市场群体性纠纷化解的实证分析》,载郭文英主编:《纠纷调解案例评析 2020 年》,法律出版社 2020 年版,第 241 ~243 页。

1. 更加注重做好当事人疏导工作，从源头上减少类案发生。监管人员在接待和处理投诉举报事项时，应与当事人充分沟通，对因其自身投资决策导致损失的投资者进行正确的情绪疏导。明确告知监管部门的职权范围和对其举报事项的调查处理情况，避免提高当事人不合理预期，尽力从源头上避免矛盾激化。

2. 更加注重做好监管向调解组织引流。对于以公益为主的投诉举报，监管应当重视发挥其提高违法违规发现能力的作用，组织查处市场机构违法违规行为，防范复议诉讼风险。而对于以自益为主的投诉举报，可在征得当事人同意的基础上，将民事纠纷处理引流至资本市场纠纷调解组织，支持调解组织积极发挥将调解“挺在前面”的职能作用。同时，积极督促市场机构积极发挥内在合规内控机制作用，履行“了解你的客户”“服务你的客户”的职责，推动监管压力向经营机构传导。

3. 更加注重做好监管回复与调解方案有机衔接。一是监管决定与调解方案应相向而行，协调推进，避免出现重大矛盾。作出两者的先后时机也需一并考虑。二是妥善回复投诉举报。评估不同回复形式（书面、口头、短信、邮件、电话等）的相互差异及其利弊影响，避免回复形式“一刀切”、简单化采用书面回复的做法。三是维护回复意见严肃性。回复意见一经生效，不仅对当事人产生约束力，同时也对监管部门产生约束力，非经一定程序不得变更。监管人员要处理好正式回复和口头（电话）沟通的关系，口头（电话）沟通不得与正式回复口径不一致，尽量不要与当事人发生非正式程序之外的联络接触，防止言多必失，落以口实，给调解工作造成不必要的被动。

4. 更加注重做好监管与调解协调联动。一是强化调解成功的结果运用。对于调解成功的民事纠纷，投资者自愿撤回投诉举报的，符合《行政处罚法》第 27 条可以从轻、减轻或免除处罚的情形的，监管部门可以依法减免处罚。二是加大失信惩戒力度。对于市场机构违反法定强制调解义务，或是拒不履行调解协议的，依规记录当事人的诚信信息。三是支持监管系统专业人士兼任公益调解员，优化覆盖全领域的专家调解员队伍结构。四是积极发挥公权力机关特点，主动出面建立健全证券期货纠纷多元化解机制，与调解组织一道与辖区相关法院建立诉调对接合作，推动示范“判决 + 纠纷调解”机制落地。

5. 更加注重做好社会氛围营造。进一步加大调解、解纷的宣传力度，进一步扩大纠纷调解工作的社会影响力，增强社会对纠纷调解工作的知晓度和关注度。

Cases
Review of Dispute
Mediation

第二篇

债券专题

案例1:证券公司参与债券业务的多重角色与利益冲突防范

江翔宇* 马永刚** 王 洋***

我国的债券市场近年来风起云涌,其发展之快令人瞩目,其规模也在世界前列。但以往我国《证券法》长期以股票市场为主,对规模远超股票市场的债券市场重视程度相对不足,加之债券市场在机构监管为主的原则下长期分割为三个市场,监管规则未能统一,直到2022年方开始债券市场规则统一化的进程。一方面,自"11超日债"①违约事件后,债券违约事件的处理,逐渐以行政干预为主转变为以司法方式为主,在17年后债券相关民事纠纷有高发的态势。另一方面,较薄弱的债券法律法规难以应对层出不穷的债券违约、欺诈发行等方面的问题。而且我国证券虚假陈述法律制度与司法实践以股票市场为预设模型,难以解决债券领域相关问题。据此,立法、司法和执法部门对此进行了一系列应对举措。2020年修订的《证券法》中,新增与完善了包括债券受托管理人、债券持有人会议等若干债券方面的制度与规则,而最高人民法院于2020年7月15日发布的《全国法院审理债券纠纷案件座谈会纪要》(以下简称《债券纪要》),在司法层面与《证券法》中债券方面的修改相协调,对于现实中与债券案件相关的若干突出问题进行了回应。

---

* 上海市协力律师事务所合伙人,法学博士,律师;上海市法学会金融法研究会理事、上海金融业联合会金融法治研究会理事。

** 上海证券有限责任公司合规总监。

*** 中国海洋大学法学院讲师,法学博士。

实习律师张玉燕对本文亦有帮助。

① 深圳证券交易所上市公司*ST超日于2012年3月7日发行"11超日债",5年期,发行规模为10亿元,票面利率为8.98%,付息方式:按年付息。2014年3月7日因无法按期付息宣告违约,并成为国内首例违约的公募债券。

在这一背景下,涉及债券业务的证券公司将迎接新的机遇与挑战。证券公司在债券业务中往往扮演着承销商、受托管理人或债券持有人等多种角色,根据其扮演的角色不同,具有不同的权利和义务。随着近年来债券业务纠纷由内部处置、行政处置逐渐转向市场化处置的方式,证券公司在债券业务中发挥的作用也越发重要。不久前,作为新《证券法》下全国首例公司债券欺诈发行案件,"五洋债"案件一审判决承销商甲证券公司对投资者的债务本息承担全部连带赔偿责任,二审亦维持原判,引发各方对包括券商在内的中介机构责任的关注与讨论。因而,在债券规则大修且存在券商担责判决的情况下,对证券公司债券业务的多重角色背后的法律问题进行持续分析,从内部合规应对以及外部争议解决两方面入手应对各类纠纷具有重要现实意义。

一、债券业务中券商的多种角色

(一)证券公司在债券发行中担任承销商的角色

承销商在债券发行的过程中扮演着最重要的"守门人"角色,以其专业信誉作保证,向投资者提供核查服务,按照法律法规要求开展信息披露,并且阻止不合格的主体进入市场。根据《证券法》第85条的规定,如果"信息披露义务人未按照规定披露信息,或者公告的证券发行文件、定期报告、临时报告及其他信息披露资料存在虚假记载、误导性陈述或者重大遗漏,致使投资者在证券交易中遭受损失的",那么作为承销商的证券公司及其直接责任人员若不能"证明自己没有过错",则往往需要承担相应的连带责任。

(二)证券公司担任债券受托管理人的角色

《证券法》第92条规定,公开发行公司债券的,应当聘请债券受托管理人。同时,根据《公司债券发行与交易管理办法》(2021年修订)第58条的规定,债券受托管理人由承销机构或其他证监会认可的机构担任,实践中一般为主承销商。根据《公司债券发行与交易管理办法》第59条、第60条及《银行间债券市场非金融企业债务融资工具受托管理人业务指引(试行)》第10条的规定,受托管理人的职责包括召集持有人会议、监督资金使用情况、持续督导发行人履行信息披露义务等。作为受托管理人,在债券发生违约时,还可以接受全部或者部分债券持有人的委托以自己名义代表持有人向债券发行人提起诉讼。此外，作为债券受托管理人的证券公司如果未能根据证券法之规定，依照受托管理协议“勤勉尽责，公正履行受托管理职责”之规定，使债券持有人之利益受到损害，则受托管理人可能会被债券持有人起诉，要求其赔偿相关损失。

（三）证券公司还有可能作为债券持有人投资相关债券

证券公司作为债券持有人投资相关债券包括数种情况，最简单的情形自然是证券公司买入了相关的债券。其他的情况包括证券公司在承销的过程中采用了包销的模式而成为债券持有人，或证券公司承诺在债券违约时回购债券而成为债券持有人。其中一种比较特别的情况是证券公司作为资管产品的管理人，当资管产品所投资的债券违约时，证券公司作为管理人起诉债券发行人要求偿付本息。

二、券商作为承销商的中介机构职责与责任

《证券法》以注册制下的信息披露与投资者保护为核心，强调包括券商在内的中介机构作为市场前端的“看门人”功能，交易所相关配套实施的规则进一步落实中介机构的责任承担。在债券业务领域中，券商也存在作为中介机构的职责与违反义务后承担的法律责任，具体如下：

（一）券商作为中介机构的法定职责

根据《证券法》第 29 条、《公司债券发行与交易管理办法》（2021 年版）第 5 条、《银行间债券市场非金融企业债务融资工具管理办法》第 10 条的规定，为债券发行提供承销服务的专业机构和人员应当勤勉尽责，严格遵守执业规范和监管规则，按规定和约定履行义务，对公开发行募集文件的真实性、准确性、完整性进行核查。虽然根据债券种类的不同适用不同的法律法规，但券商在债券发行上市的过程中皆负有勤勉义务，要求其对承销的债券以其专业信誉作保证，阻止不合格的主体进入市场，保证发行文件的真实、准确和完整，以防止和避免发行文件存在虚假记载、误导性陈述和重大遗漏。以公司债发行为例，《公司债券发行与交易管理办法》第 41 条要求主承销商按照合理性、必要性和重要性原则，对公司债券发行文件的真实性、准确性和完整性进行审慎核查，并有合理谨慎的理由确信发行文件披露的信息不存在虚假记载、误导性陈述或者重大遗漏，对公司债券发行文件中证券服务机构

出具专业意见的重要内容存在合理怀疑的,应当履行审慎核查和必要的调查、复核工作,排除合理怀疑。因此,券商作为债券承销商时,其首要且必要职责为核查发行信息不存在虚假陈述,履行其信息核查的义务。

(二)券商作为中介机构的法律责任

为保护证券市场投资者的利益并合理发挥中介机构在证券市场的"看门人"功能,中介机构在未能尽职尽责履行其勤勉义务的情况下,将面临投资者起诉、监管部门处罚与自律处罚等多种责任,以下就券商在债券承销的过程中可能面临的法律责任作出简要分析。

1. 关于民事责任。首先,券商可能就发行人的欺诈发行或虚假陈述等违法行为承担连带赔偿责任。根据《证券法》第24条及第85条的规定,券商对债券发行承销过程中的欺诈发行行为承担连带赔偿责任,对信息披露义务人虚假陈述行为承担连带赔偿责任;《债券纪要》同样认为,债券承销机构对其专业相关的业务事项未履行特别注意义务,对其他业务事项未履行普通注意义务的,应当判令其承担相应法律责任。其次,连带赔偿责任认定方式为过错推定,当券商无法举证证明自身已勤勉尽责履行信息核查等义务的情况下,法院将认定券商存在过错。根据《债券纪要》第29条的规定,债券承销机构的行为导致信息披露文件中的关于发行人偿付能力相关的重要内容存在虚假记载、误导性陈述或者重大遗漏,足以影响投资人对发行人偿债能力判断的,人民法院应当认定其存在过错,具体包括:(1)协助发行人制作虚假、误导性信息,或者明知发行人存在上述行为而故意隐瞒的;(2)未按照合理性、必要性和重要性原则开展尽职调查,随意改变尽职调查工作计划或者不适当地省略工作计划中规定的步骤;(3)故意隐瞒所知悉的有关发行人经营活动、财务状况、偿债能力和意愿等重大信息;(4)对信息披露文件中相关债券服务机构出具专业意见的重要内容已经产生了合理怀疑,但未进行审慎核查和必要的调查、复核工作;(5)其他严重违反规范性文件、执业规范和自律监管规则中关于尽职调查要求的行为。

而2022年1月最高人民法院发布的《关于审理证券市场虚假陈述侵权民事赔偿案件的若干规定》则更进一步,规定了作为承销机构、保荐机构的证券公司若提交的尽职调查工作底稿、尽职调查报告、内部审核意见等证据能证明其已经按照法律、行政法规、监管部门制定的规章和规范性文件、相关行业执业规范的要求,对信息披露文件中的相关内容进行了审慎尽职调查；对信息披露文件中没有证券服务机构专业意见支持的重要内容，经过审慎尽职调查和独立判断，有合理理由相信该部分内容与真实情况相符；对信息披露文件中证券服务机构出具专业意见的重要内容，经过审慎核查和必要的调查、复核，有合理理由排除了职业怀疑并形成合理信赖，则可被认定为无过错。

此外，关于虚假陈述行为造成投资者损失的因果关系认定因素，《债券纪要》比最高人民法院《关于审理证券市场因虚假陈述引发的民事赔偿案件的若干规定》更细致，发行人或券商等责任主体只要能够证明债券持有人、债券投资者的损失部分或者全部是由于市场无风险利率水平变化、政策风险等与欺诈发行、虚假陈述行为无关的其他因素造成的，法院在确定损失赔偿范围时，应当根据原因力的大小相应减轻或者免除赔偿责任。而《关于审理证券市场虚假陈述侵权民事赔偿案件的若干规定》则更进一步，规定被告能够举证证明原告的损失部分或者全部是由他人操纵市场、证券市场的风险、证券市场对特定事件的过度反应、上市公司内外部经营环境等其他因素所导致的，对其关于相应减轻或者免除责任的抗辩，人民法院应当予以支持。

2. 关于行政处罚、行政监管措施或自律处罚。根据《证券法》第 184 条的规定，证券公司违反承销证券相关规定存在虚假或误导投资者广告宣传等行为的，责令改正，给予警告，没收违法所得，可以并处 50 万元以上 500 万元以下的罚款，情节严重的，暂停或者撤销相关业务许可，同时，相关责任人员也可能受到警告与罚款的行政处罚。此外，由于我国债券种类的多样性，债券监管机构可能是中国人民银行、证监会或国家发展和改革委员会，券商受到的行政处罚或自律处罚取决于相关监管机构或自律组织的监督范围。以乙证券为例，该证券公司因帮助债券发行人进行结构化发行实现自融，受到中国银行间市场交易商协会（以下简称交易商协会）予以警告的自律处罚。另外，随着债券市场统一监管的发展趋势，中国人民银行、国家发展和改革委员会及证监会于 2020 年 12 月颁布《公司信用类债券信息披露管理办法》，对企业公开发行的企业债券、公司债券以及银行间债券市场非金融企业债务融资工具的发行及存续期信息披露进行规定，给予证监会依照《证券法》对公司信用类债券信息披露违法违规行为进行认定和行政处罚，开展债券市场统一执法工作的权力。

3. 关于刑事责任。2020年12月底,《刑法修正案(十一)》经第十三届全国人大常委会第二十四次会议表决通过,该修正案强化了对欺诈发行、信息披露造假等虚假陈述行为的刑事惩戒力度,将《刑法》第160条"在招股说明书、认股书、公司、企业债券募集办法"改为"在招股说明书、认股书、公司、企业债券募集办法等发行文件",隐瞒重要事实、编造重大虚假内容的载体据此扩大至包括募集说明书、发行人关于公司债券发行的申请报告、发行人董事会决议、股东会或股东大会决议、主承销商核查意见、发行人律师出具的法律意见书等;将《刑法》第229条"承担资产评估、验资、验证、会计、审计、法律服务等职责的中介组织人员"改为"承担资产评估、验资、验证、会计、审计、法律服务、保荐、安全评价、环境影响评价、环境监测等职责的中介组织的人员",扩大了刑事责任的入罪主体范围;同时,还提高《刑法》第161条违规披露、不披露重要信息罪的刑罚责任。因此,未来包括券商在内的中介机构在参与证券市场经营活动的过程中,将面临更加严格的刑事责任风险。

三、券商作为受托管理人的职责与法律责任

《证券法》《公司债券发行与交易管理办法》《银行间债券市场非金融企业债务融资工具受托管理人业务指引(试行)》等法律法规与自律规则对受托管理人的职责作出了明确的规定,要求债券受托管理人应当勤勉尽责,公正履行受托管理职责。根据《债券纪要》第一部分的规定,"保障受托管理人和其他债券代表人能够履行参与诉讼、债务重组、破产重整、和解、清算等债券持有人会议赋予的职责",这些法律法规事实上确立了债券受托管理人在债券违约处置中的核心地位。在此之前,虽然债券受托管理人具有代替持有人行使权利的职能,但是其一方面常常难以承担相关职责,另一方面也可能怠于行使相关职权。因此,受托管理人不再只是一个发行人与持有人之间的"桥梁"这样消极的角色,而更多成为积极行使职权的角色。

受托管理人的权利来自债券持有人并非由法律赋权,具体而言,债券持有人通过债券募集书、债券受托管理协议等合同的约定,或通过债券持有人会议决议的授权,概括地将部分权力让与了债券受托管理人,并规定其相关的职责。对此,《证券法》第92条认为,公开发行债券的,应当"订立债券受托管理协议",且"债券受托管

理人可以接受全部或者部分债券持有人的委托”,方能以自己名义代表债券持有人提起、参加民事诉讼或者清算程序。故无论是持“委托关系说”还是“信托关系说”,至少债券持有人和债券受托管理人具有广义上的委托—代理关系,债券持有人赋予了受托管理人相关权利。根据《债券纪要》的规定,受托管理人拥有以下权利:以自己的名义代表债券持有人提起、参加民事诉讼,或者申请发行人破产重整、破产清算;债券设定的担保物权登记在受托管理人名下时,为债券持有人整体利益主张担保物权;依照债券登记机关出具的债券持仓登记文件代表全体债券持有人集中申报破产债权等。当然,债券受托管理人的权利并非只有前述几项集中于债券违约后受托管理人的相应职责,实际上其在债券违约前也具有广泛的权利,但在每个受托管理协议中均有不同体现。根据中国证券业协会颁布的《公司债券受托管理人执业行为准则》第三章“受托管理人权利与义务”中的规定,债券受托管理人的职责主要分为两类:一是债券违约前的持续信息披露义务;二是可能违约情况下的追偿义务。持续信息披露义务包括:受托管理人应当持续关注发行人的资信状况;持续关注公司债券增信机构的资信状况、担保物价值和权属情况以及内外部增信机制、偿债保障措施的实施情况;对发行人指定专项账户用于公司债券募集资金的接收、存储、划转与本息偿付情况进行监督,在募集资金到位后一个月内与发行人以及存放募集资金的银行订立监管协议;持续监督并定期检查发行人募集资金的使用情况是否与公司债券募集说明书约定一致;真实、准确、完整、及时、公平地披露信息,不得有虚假记载、误导性陈述或者重大遗漏;建立对发行人的定期跟踪机制,监督发行人对公司债券募集说明书所约定义务的执行情况,并每年向市场公告上一年度的受托管理事务报告;在特定情况下,发布临时受托管理事务报告;持续督促发行人履行信息披露义务等。可能违约情况下的追偿义务包括:预计发行人不能偿还债务时,应当要求发行人追加担保,或者依法申请法定机关采取财产保全措施;发行人不能偿还债务时,受托管理人应当督促发行人、增信机构和其他具有偿付义务的机构等落实相应的偿债措施。

总体而言,对作为债券受托管理人的券商来说,成为债券受托管理人意味着忠实勤勉义务的履行,及无法尽责履行义务情况下的法律责任承担。《证券法》第92条明确规定债券受托管理人应当勤勉尽责,赋予了债券受托管理人忠实勤勉义务:一方面,券商行使受托管理职责应当为债券持有人最大利益,不能损害债券持有人的利益,需要公平对待债券持有人;另一方面,债券受托管理人应以审慎投资人的角度,对待债券持有人的利益。

然而,若受托管理人未能尽责履行其义务,受托管理人也将面临被持有人起诉承担责任的法律风险。《债券纪要》第 25 条规定:"受托管理人未能勤勉尽责公正履行受托管理职责,损害债券持有人合法利益,债券持有人请求其承担相应赔偿责任的,人民法院应当予以支持。"该条对《证券法》第 92 条的规定加以明确和深化,债券受托管理人若违反证券法所规定之勤勉义务,则应承担相应的赔偿责任。现实中,存在部分受托管理人怠于行使其相关职权的情况,此前债券持有人很少会以债券受托管理人未能尽职履责,起诉其偿还相关损失,盖因法律没有具体规定相关权责,这一规定的出台,无疑起到了督促受托管理人积极行使相关受托职权的作用。

四、券商作为持有人的场景

(一)券商直接单独作为持有人

券商自营业务持有相关债券是十分常见的情形,故可能出现券商和券商"对簿公堂"的情况,即作为债券持有人的券商甲起诉作为承销商或受托管理人的券商乙,要求其承担相应责任。例如,安信证券股份有限公司与广州证券股份有限公司等证券虚假陈述责任纠纷二审民事判决书中,安信证券是债券持有人,广州证券是受托管理人、承销商及转让服务推荐人。该案发行人存在重大虚假陈述的行为,致使安信证券所投资之债券遭受重大损失,安信证券将广州证券作为共同被告提起诉讼。此种情形下,券商的角色事实上等于一般意义上的债券投资者,有权以自己的名义代表自己的利益起诉债券发行人、受托管理人、承销商或其他中介机构。

(二)券商作为以债券为投资对象的资管产品管理人

券商作为资管计划的管理人参与诉讼并不少见。此前券商作为资管产品的管理人起诉发行人债券违约的案件中,发行人常常会主张该管理人的诉讼地位不适格,因债券持有人名册上显示的债券持有人是资管产品而非该券商,这不代表该券商已经获得实际投资人的委托;或主张券商受委托人的委托对于资管产品进行管理,仅代表其内部的合同关系,根据合同相对性的原理无法对合同以外的当事人产生法律约束力。

对此《债券纪要》第7条确认了资产管理产品管理人的诉讼地位,“通过各类资产管理产品投资债券的,资产管理产品的管理人根据相关规定或者资产管理文件的约定以自己的名义提起诉讼的,人民法院应当依法予以受理”,给予资产管理产品管理人诉讼地位的正当性。不过,当券商作为资产管理产品的管理人时,仍应当在资产管理文件中,明确地约定券商作为资管产品的管理人,可以以自己的名义代表投资者进行诉讼,从而证成其诉讼地位的适格性。

五、证券公司在债券业务多重角色中可能存在的利益冲突

证券公司在债券业务中扮演受托管理人、承销商、债券持有人等多种角色,该多种身份极易造成利益冲突的情况。承销商的职责集中于“承销”,在债券发行阶段向不特定对象销售证券,并负有对公开发行募集文件的真实性、准确性、完整性进行核查的职责,发现有虚假记载、误导性陈述或者重大遗漏的,不得进行销售活动;已经销售的,必须立即停止销售活动,并采取纠正措施。相反,受托管理人的职责则集中于“受托管理”,是在债券存续期内,基于债券持有人的委托管理债券,维护债券持有人权益,处理债券持有人与发行人之间的谈判或诉讼事务,持续关注发行人的资信情况等。

在券商参与债券业务的过程中,担任多种身份导致的利益冲突并非一个仅存在于理论上的问题。

一是债券受托管理人与发行人、债券持有人建立双重委托关系可能形成的利益冲突。根据《公司债券发行与交易管理办法》,债券受托管理人由发行人为债券持有人聘请,且由发行人与受托管理人签署《债券受托管理协议》,一般均为承销商。同时,募集说明书等文件通常会载明,通过合法途径取得并持有债券的投资者,均视为同意《债券受托管理协议》的条款和条件,并由债券受托管理人按《债券受托管理协议》的规定履行其职责。因此,可以理解为债券受托管理人与发行人、债券持有人均建立了委托关系,即债券受托管理人通过《债券受托管理协议》及其他发行文件与作为交易对手的双方——发行人与债券持有人建立起了双重委托关系。受托管理人与发行人、债券持有人建立双重委托关系,且从发行人处收取受托

管理报酬,这就令其可能难以平衡证券交易各方复杂的利益冲突,受托管理人与发行人之间的利益关系对其正常履职可能产生影响,例如,受托管理人如何更好地代表债券持有人向发行人追究相关责任。

二是券商作为同一债券的承销商和受托管理人,可能存在责任承担下的利益冲突。在实践中,债券的受托管理人往往是由承销机构兼任,而承销机构的利益与债券持有人的利益未必始终是一致的,最终兼任受托管理人的券商为保护债券持有人利益会产生内部利益冲突。如果债券存在虚假陈述、欺诈发行等违法行为,代表债券持有人的受托管理人如何起诉发行人及包括自身在内的中介机构承担责任是一个问题,因此间存在主体身份矛盾的利益冲突。如果受托管理人未能及时向债券持有人披露该等利益冲突并采取适当的方式予以解决,则也可能构成对管理人义务的违反,并存在向债券持有人承担赔偿责任的风险。

三是券商同时作为承销商、受托管理人和持有人的情形,即券商既作为承销商、受托管理人,又在发行中认购了相关债券,这种情况更加复杂,实践中已经出现了这样的案例。一般情况下,作为承销商的券商担任受托管理人能够实现债券发行监督的持续性及完整性,由承销商担任受托管理人也能够正向激励其在发行承销中尽责履职。但是券商作为债券持有人,其也有权就虚假陈述、欺诈发行造成的损失,要求作为承销商的券商承担连带责任,券商此时又作为受托管理人,代表全体债券持有人的利益,存在与个体的债券持有人利益相悖的情况,难免对于其他债券持有人的行权产生不利。换言之,若券商作为承销商应对虚假陈述、欺诈发行行为负责,其又如何能作为受托管理人代表或持有人对自己追责呢?

四是在发行人或会计师事务所、律师事务所有过错时,券商同时作为承销商、受托管理人和持有人的情形,其以何种身份向发行人或会计师事务所、律师事务所追究责任提起诉讼具有不同法律后果,券商理论上既可以作为债券持有人身份,也可以受托管理人身份,这种选择权对于保护券商以外的其他持有人的利益显然是不公平的。一方面,券商若仅以持有人身份起诉有损其他持有人利益;另一方面,如券商作为债券受托管理人代表债券持有人向发行人主张相关权利时,是否可能优先清偿自己持有的债券?

五是其他同发行主体相关的利益冲突。例如,券商持有某一发行人的股票或其他批次的债券,此时券商既作为本批次债券的受托管理人,又作为同一发行人其他批次债券的承销商；或者券商既作为受托管理人，又为发行人的其他业务提供其他证券服务等。

六、证券公司债券业务利益冲突的防范

从上述分析，券商在债券市场的多重角色使其很有可能在利益冲突中无所适从。而防止利益冲突（conflict of interest）是证券公司忠实义务履行的基石。忠实义务强调专一的忠实（undivided loyalty），其中的核心因素就是是否存在利益冲突。利益冲突的情况下存在典型的“委托—代理”的风险，于是需要通过事前的说明义务事先防范这种风险。这就是忠实义务设置的初衷，“防微杜渐”地让受托人只为受益人利益服务。

在实践中，若不防止利益冲突，那么券商在多重身份下提起相关诉讼的身份就可能会被质疑。例如，在太合汇公司诉众富公司一审判决书中，上海市高级人民法院即认为“原告除系持有人的管理人外，还接受众富公司委托作为推荐方进行代销。该代销行为，可能使原告对众富公司享有发行费用、委托费用等债权。原告也可能因为自己的不当销售活动，对持有人的损失承担民事赔偿责任。准许原告为持有人的实体权利直接提起诉讼，法院就必须考虑如何确保原告的自认、调解、撤诉、上诉等诉讼行为都是有利于持有人的，不与原告自身享有的民事权利和可能承担的民事责任发生冲突”。如果不能确认券商的诉讼行为均有利于持有人，则无从谈起其诉讼地位的正当性来源，这一点的确令人忧虑。

因而，从忠实义务的角度出发，券商在担任债券受托管理人时，若其会因其自身利益，或因代表发行人的利益，可能损害债券持有人利益，此种利益冲突即违反了忠实义务，这种损害债券持有人利益的行为，就可能导致被债券持有人追责的后果。对于如何防止利益冲突，在保护投资者的维度上已经有如下意见与建议。

（一）证券公司建立利益冲突防范机制

根据中国人民银行、国家发展和改革委员会、证监会在2020年7月发布的《关于公司信用类债券违约处置有关事宜的通知》，要“建立利益冲突防范机制。主承销商、受托管理人等参与债券违约处置的机构要做好利益冲突防范工作，建立健全相应的防火墙机制，制定并完善内部控制制度及业务流程。存在潜在利益冲突的，

中介机构要及时采取措施并予以披露,可能严重影响投资者权益的,中介机构还要履行回避义务”。而根据交易商协会《银行间债券市场非金融企业债务融资工具受托管理人业务指引(试行)》(以下简称《业务指引》)的规定,债务融资工具的主承销商、持有金融许可证的金融资产管理公司、已取得债务融资工具承销商业务资质的信托公司、具备债务融资工具业务经验的律师事务所及其他专业机构可以向交易商协会备案成为受托管理人,但也存在相应的受托管理人适当性及利益冲突防范的要求。需要明确的是,虽然《业务指引》适用于非金融企业债务融资工具,但事实上《公司债券发行与交易管理办法》第58条已明确指明受托管理人可能存在的利益冲突及相关风险防范机制应在募集说明书、信息披露文件及受托管理协议中载明,故公司债相关利益冲突的风险防范机制,也可借鉴于《业务指引》,具体如下:

1.受托管理人存在适当性要求。为债务融资工具提供担保的机构,以及为发行人提供法律服务的律师事务所,不得担任该期债务融资工具的受托管理人。因此,券商同时担任债券受托管理人与承销商的角色在此《业务指引》下并不被禁止。

2.受托管理业务要求建立风险隔离机制。受托管理业务应当由专门团队和人员负责,对其他各项业务活动中可能与受托管理业务存在的利益冲突的情况应当进行识别、评估,并通过完善内部控制、建立“防火墙”等措施进行管理和防范;受托管理业务应当与债券承销、债券交易、投资业务在组织架构、人员设置、业务操作流程等方面进行有效隔离。因此,券商应当建立合理的内部审查机制,对于是否可能存在利益冲突的情形,应当及时进行审查。当券商担任多重角色时,应当在券商内部建立完善的“防火墙”制度,对于利益冲突的风险进行充分的隔离。一方面,券商内部不同业务的部门之间,若存在潜在的利益冲突问题,应当在人员、财务、信息等各方面进行“隔离”;另一方面,在承接相应的业务前,券商通过相应的利益冲突检索机制,及时发现是否存在与之存在利益冲突的项目,如果进行的业务存在较大的利益冲突可能,则应进行回避。据此,判断利益冲突是否可能造成对投资者权益的损失,必要时应当主动向债券持有人提出更换受托管理人,从而可有效避免因利益冲突造成债券持有人之权益损失而导致的诉讼。

3.相关主体应当及时充分地披露利益冲突信息。根据《业务指引》第8条的规定,若机构已经采取相关措施仍难以避免利益冲突,相关方应当在受托协议中载明受托管理人的利益冲突情形、利益冲突风险防范和解决机制,并在发行文件和存续期信息披露文件中予以披露，难以避免的冲突情况包括但不限于受托管理人同时担任发行人相关债券的中介机构。因此，券商应对于同时担任承销商与受托管理人的情况应进行充分的披露，充分的信息披露既有利于投资者及时、有效地作出相应的判断，对券商而言也是其对自身相关义务的充分履行。从信托法忠实义务发展的角度看，忠实义务也从原先非常严格的“undivided loyalty”进化到若信托当事人同意则可豁免部分忠实义务。不难看出，忠实义务并不是一味地要求信义义务人避免一切可能致使利益冲突的情形，其效果也不在于单纯禁止自我交易，而在于确保透明度，即受托人对受益人行使忠实义务的最佳方法，是“毫不隐瞒地提供消息”，由受益人自主选择如何处置。这就需要将一切可能致使利益冲突的情形向受益人进行充分的信息披露，由当事人进行判断。

（二）证券公司将受托管理人与承销商角色分离，推进承销商与受托管理人的分离制度

为避免潜在的利益冲突，最好的方式是明确禁止承销商同时担任受托管理人。这才可能真正解决自己难以追究自己责任的困境。实现这一点，建议可以考虑扩大受托管理人的范围，以解决实践中中介机构担任受托管理人动力不足的问题。

《公司债券发行与交易管理办法》规定，债券受托管理人由承销机构或其他证监会认可的机构担任，并未排除券商以外的机构，但是何种机构具备准入资格有待进一步界定。从银行间市场来看，2020 年 5 月 22 日，交易商协会公布首批获准备案的受托管理人名单。银行间债券市场受托管理人在具有承销商资格的金融机构之外，允许并积极实践“金融资产管理公司、律师事务所”等专业机构担任受托管理人。根据交易商协会公布的非金融企业债务融资工具受托管理人名单，截至 2021 年 11 月 24 日，已有 30 多家律师事务所、4 家金融资产管理公司、10 家信托公司成功备案受托管理人资格。

就证券公司自身而言，如果实现受托管理人和承销商角色的分离，则成功避免了绝大多数的利益冲突。但是面临的新挑战是无论担任哪个角色，都将在尽职履责方面受到更多的期望和监督。

案例 2:中介机构在证券虚假陈述纠纷中的责任承担

——以某纠纷调解为例

周秦达*

一、案情提要

某上市公司(以下简称发行人)公开发行公司债券,A 基金管理公司管理的资管计划购买、持有了该债券。后因发行人经法院裁定进行破产重整,A 基金管理公司的资管计划所持债券剩余本息无法实质兑付,因此遭受巨额损失。A 基金管理公司随即以中介机构构成债券欺诈发行及虚假陈述为由,向中证法律服务中心申请调解。

二、双方诉求

A 基金管理公司认为,发行人债券《募集说明书》等相关债券声明资料中与其债券发行人的资产偿付能力直接相关的重要信息或内容,同时存在虚假记载、重大信息遗漏等事实情况,构成债券欺诈发行及虚假陈述,B 证券公司作为该债券的主承销商,C 会计师事务所、D 律师事务所作为该债券的审计及法律服务机构,E 某作为该项目签字会计师,应当对由此造成的 A 基金管理公司的损失承担赔偿责任。

B 证券公司等中介机构认为,A 基金作为管理人持有的相关债券已经通过破产

* 中证资本市场法律服务中心高级经理、专职调解员。

重整程序全部处置完毕，相关债权债务已经了结，A 基金管理公司不应就已清偿债权继续主张权利；E 某认为其仅为签字项目负责人，且已被事务所解聘，更是无力负担 A 基金管理公司的损失。

三、调 解 经 过

纠纷受理后，中证法律服务中心调解员根据当事人提供的《债券募集说明书》、破产裁定等法律文书、微信聊天记录截屏等证据材料以及各方当事人陈述，迅速展开案情研判。

经了解，发行人于 2016 年面向合格投资者公开发行债券，发行利率为 6.77%，债券发行期限为“3 +2”年。A 基金管理公司以其设立的 4 个资管产品持有本期债券。2017 年年中，发行人主营业务和财务指标呈现负面变动，2018 年发行人出现现金流紧张，并于 2018 年 8 月举行了债券持有人大会，会议审议表决通过本期债券提前至 2018 年 9 月底前全额到期的建议，该债券遂提前到期开启回售。同月，某公司 F（以下简称 F 公司）提出代发行人偿付部分债券的方案，并于 2018 年 10 月与 A 基金管理公司签署了《债务和解协议》。A 基金管理公司在提前回售中获得了 20% 的本息偿付。

2018 年 11 月，某中级人民法院裁定受理发行人、F 公司等企业破产重整申请，并为发行人指定破产管理人。在后续重整进程中，上述企业及其关联方等 50 余家公司合并重整。2019 年 11 月 25 日，发行人、F 公司等 50 余家公司债权人会议召开，会议对重整方案进行了表决，A 基金管理公司通过将 80% 未清偿债券本息全额转股的方式，获得重整后新公司的股权。2019 年年底，该中级人民法院依法批准重整计划，相关主体遂按照《重整计划》约定有序推进执行清偿。

另经调查发现，监管机构向发行人、F 公司及两家企业实际控制人分别出具了警示函，认定两家企业及其实际控制人均没有在其相关债券的《募集说明书》和《年度报告》中完整地披露与其他相关方之间的关联关系。同时，监管机构向 B 证券公司出具了警示函，认定 B 证券公司作为债券承销机构，未审慎地调查债券发行人的关联方及其关联关系、对外提供担保等重大事项，违反《公司债券承销业务尽职调查指引》和《公司债券发行与交易管理办法》的要求。此外，监管机构还对 C 会计师事务所、D 律师事务所出具警示函,认定其在相关审计工作、法律尽调工作中存在违规情况。

在初步确认了基础事实后,调解员确定了以“卖者尽责、买者自负”为原则,“背靠背”与“面对面”相结合的调解方案,并沟通、商定时间进行现场调解。现场调解严格依照调解程序开展,数小时的调解谈判中给予双方充分表达意见的机会,并结合大量证据材料确认重大争议事实。谈判中,当事人主要就以下问题展开了激烈的争论。

(一)违约责任与侵权责任的关系

B 证券公司首先提出,A 基金管理公司作为管理人持有的相关债权已经通过破产重整程序转为股权,A 基金管理公司不应就已清偿债权继续主张权利;但 A 基金管理公司对此并不认同。A 基金管理公司认为,其系代表资管计划以债券投资者的身份对发行人以外的虚假陈述行为实施主体提起侵权赔偿请求,A 基金管理公司在本纠纷中的侵权赔偿请求权并不受发行人破产程序终结的影响。

调解员指出,一方面,破产程序处理的是债权人与发行人之间的债权债务关系,即便破产程序终结,也仅代表债权人与发行人之间的债权债务纠纷得到解决;而本纠纷中 A 基金管理公司并非基于债权债务关系提起违约赔偿之请求,而是基于因相关主体的侵权行为(欺诈发行、虚假陈述)所遭受的投资损失提起的侵权赔偿之请求,并且请求对象为发行人以外的主体,A 基金管理公司与本纠纷各被告之间的法律关系尚未经过任何司法程序处理,因此,A 基金管理公司当然有权提起本纠纷之请求。

此外,杭州市中级人民法院对于“五洋债案”的一审判决中同样支持了此种观点。杭州市中级人民法院在一审判决中认为,虽然一些原告已就债券违约事实向仲裁机构申请仲裁并获得生效裁决,部分原告已就债券违约损失向五洋建设破产管理人申报债权并获得确认,但即便该两部分原告与五洋建设之间的还本付息债权债务关系已经在法定程序中得以认定,也只代表着对该两部分原告驳回其对五洋建设的请求。而该两部分原告与陈某樟、德邦证券、大信会计、锦天城律所、大公国际之间的争议并未得到有效法律文书的确认,因此原告仍有权向法院提起诉讼。[①]

① 浙江省杭州市中级人民法院民事判决书,(2020)浙 01 民初 1691 号。

另一方面,本纠纷中A基金管理公司主张的是投资损失,也即A基金管理公司认为购买债券时所投入的资金与债权消灭时取得的资金之间存在差额损失。2020年最高人民法院发布的《全国法院审理债券纠纷案件座谈会纪要》(以下简称《债券纪要》)的相关规定能佐证上述理由的合理性,《债券纪要》将债券欺诈发行、虚假陈述侵权之诉的原告分为"持有人"与"投资者",并且对请求前已经卖出债券情况下的损失计算方式作出了详细规定,显然,最高人民法院也认为即便不再持有债券或享有债权,债券投资者提起侵权之诉的权利仍然应当得到充分保障。

(二)关于行政处罚前置

C会计师事务所提出,监管机构未对中介机构作出任何实质意义上的行政处罚,A基金管理公司此时要求赔偿违背了行政处罚前置原则。调解员指出,行政处罚前置仅为诉讼阶段的笼统概念,并不影响调解阶段当事人的权利行使。但为了彻底纠正当事人对政策的错误理解,调解员全面、系统地阐述了行政处罚前置的历史渊源与内涵外延,指出在《债券纪要》中规定"欺诈发行、虚假陈述行为人以债券持有人、债券投资者主张的欺诈发行、虚假陈述行为未经有关机关行政处罚或者生效刑事裁判文书认定为由请求不予受理或者驳回起诉的,人民法院不予支持"。《债券纪要》明确反映了最高人民法院对于前置程序的态度倾向,说明至少对于债券虚假陈述纠纷不适用前置程序,具有划时代的重要意义。随着《债券纪要》的出台,越来越多的法院在中介机构未受到行政处罚的情况下作出了要求中介机构连带赔偿的判决。[①] 中介机构也应当直面问题,不再抱有对所谓前置程序的不切实际幻想。

(三)中介机构是否存在侵权行为

部分中介机构认为,监管机构没有出具行政处罚,足以说明中介机构不存在虚假陈述的侵权行为。调解员指出,监管机构出具警示函并不意味着后续就不会再出具行政处罚了,且监管函属于监管机构通过执法调查后给出的结论,不能据此构成不存在侵权行为的依据。

B证券公司作为债券的主承销商,在《募集说明书》中均已明确承诺已经对

① 上海金融法院民事判决书,(2019)沪74民初1049号;上海市高级人民法院民事判决书,(2020)沪民终666号。在监管机构未对中介机构做出行政处罚的前提下,判决中安科公司赔偿投资者损失,中安消技术、招商证券、瑞华所对中安科的付款义务承担连带及部分连带责任。

内容及其摘要进行了全面、完整、审慎的核查,并对其真实性、准确性和完整性承担相应的法律责任。C会计师事务所、D律师事务所作为该债券的审计及法律服务机构,在《募集说明书》中明确承诺已阅读募集说明书及其摘要,确认募集说明书及其摘要与其出具的报告不存在矛盾,确认不致因所引用内容而出现虚假记载、误导性陈述或重大遗漏,并对其真实性、准确性和完整性承担相应的法律责任。

然而,根据监管部门调查后出具的监管函,中介机构对于债券的《募集说明书》等文件及整个发行、信息披露过程等没有尽到最基本的注意义务,未对发行人的实际控制人、关联关系、关联交易、对外担保等重要情况进行审慎核查,直接导致《募集说明书》等文件中存在前述极为严重的虚假记载、重大遗漏等情况,既完全违背了相应的义务与承诺,更严重违反了相关法律法规的规定,所以应当认定中介机构存在虚假陈述侵权行为。

虽然在现有规定下,会计师的审计行为、律师的鉴证行为等在法律上均属于职务行为,该行为对外产生的民事责任本应由事务所承担,但由于在证券市场上,中介服务机构的执业人员具有相对专业的知识和经验,具有较高的权威性,故其通过作出的审计报告、法律意见书、评估报告等参与证券的发行、上市工作,相较其他的中介业务而言,影响应更广泛,所以执业人员应该负有较其他中介业务更大的民事责任。正基于上述理由,《证券法》、最高人民法院《关于审理证券市场因虚假陈述引发的民事赔偿案件的若干规定》(以下简称《若干规定》)也均有条款明确要求中介机构人员承担责任。

(四)虚假陈述行为与损害结果之间是否存在"因果关系"

中介机构普遍认为,即便可能存在某些信息披露瑕疵,仍不足以充分影响投资者判断,即虚假陈述行为与损害结果之间不存在因果关系。调解员根据双方当事人提供的证据材料,通过大量的走访排查、电话访谈等方式,发现A基金管理公司并不是该债券的原始持有人,而是在发行人已经发生交叉违约的情况下,才在二级市场上购买的。在评级连续下调的情形下,A基金管理公司多笔购入并大量接手了这个债券,且A基金管理公司和发行人有密切关系,是发行人各项债券购买最多的机构。但是,中介机构指出的其私下可能存在"结构化发行""返费"等利益输送的情况并无证据支持。

调解员指出，A基金管理公司对高风险债券投资经验丰富，与发行人本身有大量的合作，本期债券发行材料仅属于A基金管理公司进行投资的依据之一。作为一个专业投资机构，A基金管理公司具备丰富的高风险收益债券投资经验。据裁判文书网显示，A基金管理公司投资了较多的高风险收益债券。一个成熟的债券市场，风险与收益是对等的，在追求高收益的同时，理应正视其中可能存在的风险。A基金管理公司除上述可查明的诉讼情况外，还在发行人所在地区投资了大量同类公司债券，可见其投资定位为追求发行人所属特定领域债券的高收益属性。所以发行人在本期债券募集说明书中存在的披露瑕疵，并非影响A基金管理公司从二级市场购入本期债券的唯一原因，并应在损失赔偿金额计算中对上述情况作出充分考虑。双方当事人均表示认可，协商后达成一致解决方案，本纠纷调解成功。

四、案件启示

截至2021年5月28日，我们通过互联网数据检索到全国法院系统涉及证券虚假陈述的裁判文书46,406份。通过数据可视化分析可以看到，证券虚假陈述纠纷多发生在沿海经济发达地区，近年来有明显地向其他地域蔓延的趋势，这和我国法治环境日益健全、投资者维权意识不断增长有关(详见图2－1)。

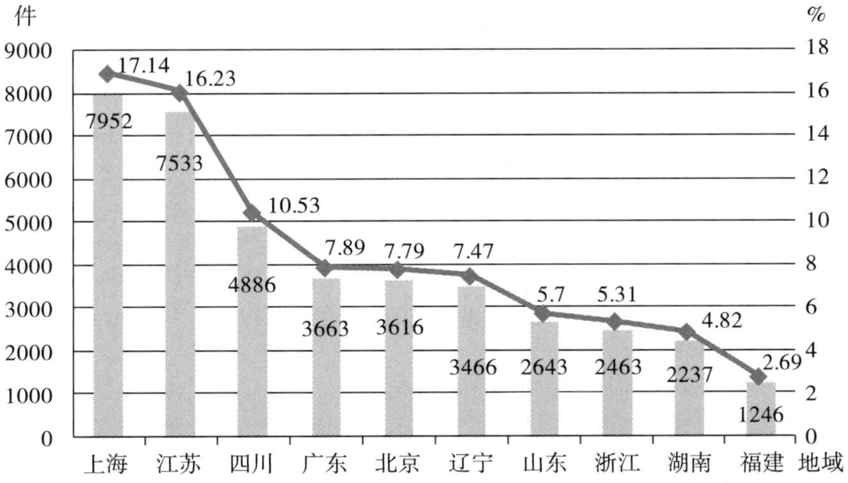

图2－1 证券虚假陈述案件数量前十地域分布情况

法律是社会现实的反映,也是社会发展的助推器。数据反映2019年以来投资者适当性诉讼增长趋势明显(详见图2-2)。

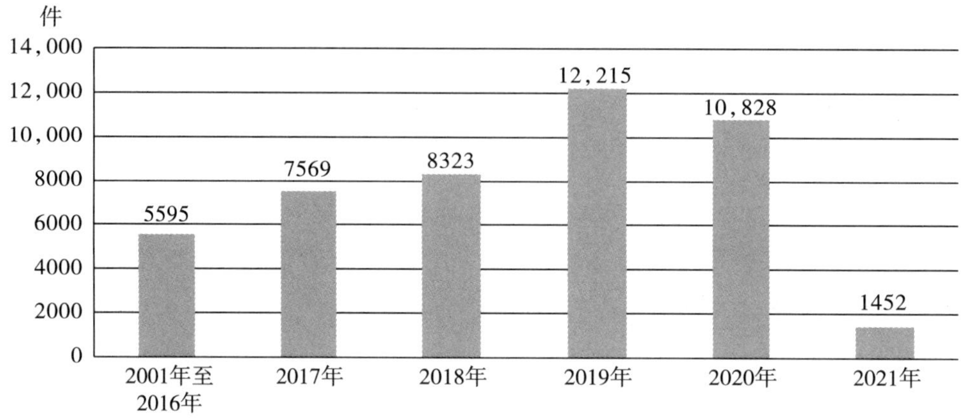

图2-2　2001~2021年投资者适当性诉讼审判案件数

分析法院二审、再审比例可以发现,证券虚假陈述纠纷上诉比例高、纠纷多反复,这和《全国法院民商事审判工作会议纪要》(以下简称《九民纪要》)发布前审判尺度、审判理念相对不明确有关。分析审理时长、标的额数据不难发现,证券虚假陈述纠纷近半数要经过半年以上的审理周期;标的金额也有近半数在50万元以上(详见图2-3、图2-4、图2-5)。

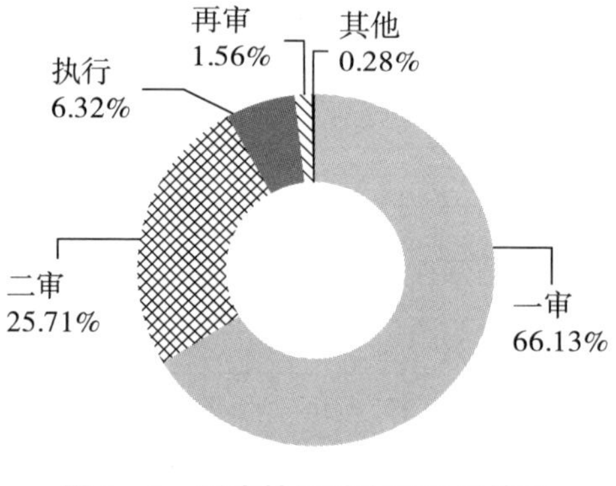

图2-3　适当性诉讼审理级别情况

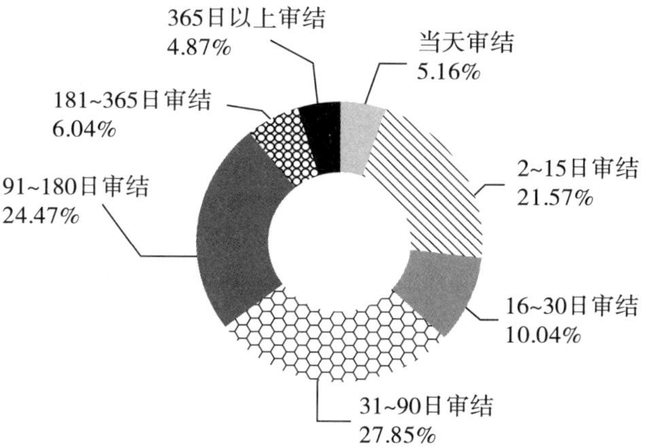

图2－4　适当性诉讼审理时长情况

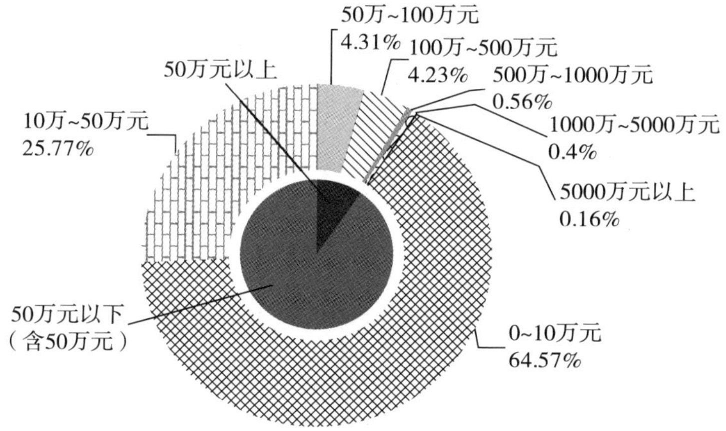

图2－5　适当性诉讼审理标的额情况

上述判决涉及公开发行或非公开发行债券的判决占比2.51%，涉及要求中介机构承担连带责任的判决占比4.88%，且在数量上呈现逐年增长的态势（详见图2－6）。

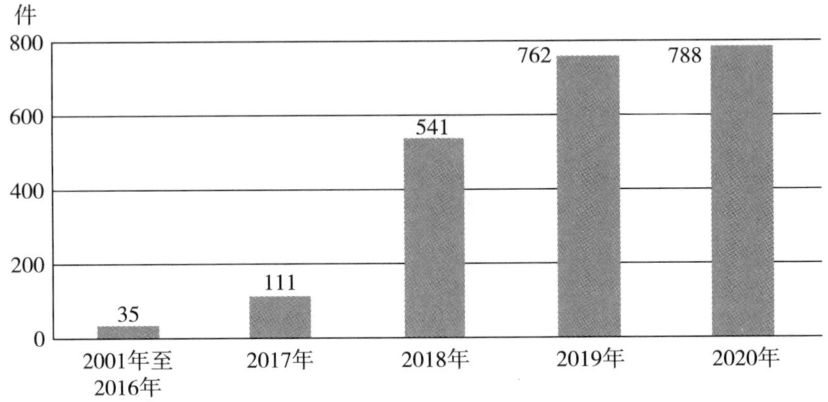

图 2－6　2001～2020 年判决中介机构承担连带责任的案件数分布

综上,以证券虚假陈述为由要求赔偿损失的案件无论是数量还是类型都呈现爆发性增长,而相关权益保护理论仍在形成过程中,法院审理相关纠纷案件标准各异且争议较大。实务中,急需将纠纷争议关键问题的裁判尺度加以明确,给市场明确的预期;而社会发展也需要司法层面进一步落实理念,注重实质平等、责任分配,为资本市场长远的健康平稳发展打下根基。透过现象看本质,结合调解工作实际,我们对调解反思梳理如下。

(一)责任承担不应以行政处罚为前提

前置程序最早规定于 2002 年 1 月 15 日最高人民法院发布的《关于受理证券市场因虚假陈述引发的民事侵权纠纷案件有关问题的通知》第 2 条,要求所有虚假陈述民事赔偿案件在法院受理案件前,必须由监管机构对虚假陈述行为调查并作出生效处罚决定。

2003 年 1 月 9 日《若干规定》第 6 条又新加入了刑事处罚作为前置程序的一种情形之规定,自此,凡是具备相关监管机构的行政处罚决定或者司法系统的刑事裁判文书的,法院方可受理投资者提起的证券虚假陈述民事赔偿案件,此即市场上所谓的行政处罚前置原则。

至于为何设计前置程序,即主要考虑日益增长的证券市场虚假陈述侵权行为与有限司法资源之间的矛盾,如果没有前置程序作为一道过滤机制,案多人少的情况不仅会加剧恶化,还可能会出现滥用诉讼权利的现象。而前置程序则可以缓解原告在起诉阶段取证难的尴尬境地。同时,虚假陈述所涉信息的重大性问题已经在前置程序中予以认定，可降低《若干规定》实施初期法院在认定虚假陈述行为重大性方面现实存在的专业能力不足、实践经验不够等难题。可以说，前置程序制度是在特定背景下产生的，其目的在于避免证券虚假陈述民事赔偿案件数量激增、解决原告举证难和降低法院认定重大性的潜在困难。

但必须指出，前置程序制度限制了投资者的诉讼权利，一段时间以来饱受争议。2015 年 4 月 15 日，最高人民法院《关于人民法院推行立案登记制改革的意见》规定禁止在法律规定之外设定受理条件。① 随着立案登记制的实施，2015 年 12 月 24 日，最高人民法院以“工作性文件”，即《关于当前商事审判工作中的若干具体问题》再次明确，案由涉及虚假陈述、内幕交易以及操纵市场的民事案件，立案受理时不再以职能部门出具行政处罚或者司法审判机关生效的刑事裁判文书为前置条件。

立案登记制为前置程序制度带来了改变，但《若干规定》第 6 条并未根据立案登记制进行相应修改或宣布不再适用。现行有效的司法解释和最高人民法院其他文件之间的“冲突”，导致个案中法院对于前置程序的态度各异（详见表 2－1）。

表 2－1　个案中法院对于前置程序的态度

案名	理由	结果
“数码视讯案”	根据《若干规定》第 6 条，投资者以自己受到虚假陈述侵害为由，依据有关机关的行政处罚决定或者人民法院的刑事裁判文书，对虚假陈述行为人提起的民事赔偿诉讼，符合民事诉讼法规定的，人民法院应当受理。该司法解释现依然有效，故本案不符合受理条件，裁定不予受理符合相关规定	法院以不具备前置条件为由不予受理
“弘高创意案”	法院认为，投资者提起虚假陈述证券民事赔偿诉讼，应提交针对被告存在虚假陈述的行政处罚决定或者人民法院的刑事裁判文书。因投资者未能提交上述证据，其起诉不符合《若干规定》规定的证券虚假陈述责任纠纷案件的受理条件，故裁定驳回起诉	法院受理后以不符合受理条件为由裁定驳回起诉

① 《关于人民法院推行立案登记制改革的意见》规定有直接利害关系的公民、法人和其他组织提起的民事诉讼，有明确的被告、具体的诉讼请求和事实依据的，属于人民法院主管和受诉人民法院管辖的，法院应当立案，禁止在法律规定之外设定受理条件。

续表

案名	理由	结果
“水晶光电案”	法院认为,根据2015 年5 月1 日起施行的最高人民法院《关于人民法院登记立案若干问题的规定》,人民法院对依法应该受理的一审民事起诉实行立案登记制,此前有关立案的规定与此不一致的,按照该规定执行。本案投资者起诉有明确的被告、具体的诉讼请求和事实、理由,属于人民法院受理民事诉讼的范围,原审法院驳回起诉不当。后法院对该案进行了审理和判决,认为投资者提交的证据不能证明被告存在虚假陈述,应由投资者承担举证不能的不利后果,最终驳回了原告诉讼请求	受理案件并进入实体审理程序

但随着 2020 年《债券纪要》规定的出台,债券领域的虚假陈述、欺诈发行前置程序已被彻底废除。在股权领域,越来越多的法院在中介机构未收到行政处罚的情况下作出了要求中介机构连带赔偿的判决。在法院审判经验不断丰富、专业知识迅速提升以及配套机制建设逐步完善、资本市场快速发展等因素的驱使下,相信会出现越来越多的类似判决,所谓的行政处罚前置也将成为历史,彻底在司法实践中消失。

(二)不宜机械适用“推定因果关系”

长期以来,《若干规定》一直是审理、解决虚假陈述纠纷的重要依据。诚然,该规定对规范证券市场民事行为,保护投资者合法权益起到了积极作用,但由于金融市场发展迅速、创新多元,实践中已经出现了很多规定与实践脱轨的新问题、新难点。《证券法》所界定的证券虚假陈述民事赔偿责任,本质上仍是侵权责任。侵权责任的成立,必须具备违法行为、损害事实、因果关系和主观过错四个要件,四者缺一不能构成侵权责任。

具体到证券虚假陈述侵权责任中的因果关系,实践中普遍认为包括交易上的因果关系①和损失上的因果关系②。

如何判断侵权行为与损害结果之间是否具有因果关系?《若干规定》第 18 条采用列举的方式作出了界定,③即只要相关规范性文件设定的有关基础事实(投资者买入证券、卖出或持有证券的时间点)得到证明,就可以认定因果关系的存在。

① 又称“事实上因果关系”,即虚假陈述行为是否引起了投资者的交易行为。

② 又称“法律上因果关系”,即虚假陈述行为是否导致了投资者的全部或者部分损失。

③ 即只要投资者购买的标的证券是与虚假陈述有直接关系,且购买时间为虚假陈述实施日至揭露日(更正日)之间,投资者在揭露日(更正日)卖出或一直持有产生的亏损即被认为与虚假陈述存在因果关系。

只要投资者是在规定的特定时间段内买入债券，人民法院即可以推定因果关系存在，无须投资者另行举证交易因果关系。

但上述推定并没有充分考虑实践发展的实际情况。举例说明，证券市场投资者分为专业投资者与普通投资者，二者的投资专业知识与风险承受能力存在显著差别。专业投资者进行投资决策时往往有严格于普通投资者的内部决策程序，且专业投资者具有更强的专业判断能力以及更加丰富的知识与经验，故而，专业投资者应当适用高于普通投资者的注意义务标准。在这种情形下，专业投资者举证证明其对案涉债券投资进行了充分调研，严格依据决策程序，尽到充分的审核注意义务；在专业投资者充分论证后，司法审判机构再采信专业投资者的投资行为系处于“合理信赖”，才是一种更合理的做法。

（三）信息重大性是虚假陈述导致民事责任的前提

上市公司、证券公司以及有关的中介机构等信息披露义务人需及时、完整、准确地披露信息，不适当履行这一法定义务，即构成虚假陈述行为。但必须明确，只有具备“重大性”的信息进行了虚假陈述，才会导致相关主体承担民事赔偿责任。在“行政处罚前置”时代，重大性问题的认定并不构成一个真问题，因为相关民事赔偿诉讼的受理以行政或刑事处罚为前提，重大性的认定已经有相关职能部门作出。但随着前置程序的取消，重大性问题的判断在当前阶段成了必须面对的重点问题。

投资者需要及时获取上市公司的信息，因为法律要求上市公司等信息披露主体满足投资者的上述信息需求。但如果为了让投资者最大限度地了解上市公司，从而要求信息披露主体事无巨细地披露信息，将导致披露成本陡增，成本的提高势必导致利润的降低，最终只会使投资者的利益受损；此外，还会引起信息泛滥问题，市场充满琐碎无意义的信息是一种变相的“劣币”驱逐“良币”，被垃圾信息淹没的投资者无法筛选价值信息，进而损害其自身利益。

重大性标准，即要在投资者信息需求和披露义务者信息供给之间找到平衡点。在美国，重大性标准的评价主要从投资者的决策影响及市场效应标准方面对信息重大性加以界定。在欧盟国家，信息重大性是以其对市场价格的影响力确定的。具体到我国司法实践当中，界定重大性至少应包含两个层次：一是对投资者的决策影响，即如果该信息的披露将会实质性影响投资者交易决策，那么该信息具有重大性;二是对证券市场价格影响方面,即倘若该信息披露将会对相关证券价格产生实质影响,那么该信息具备重大性。

在“五洋债案”的一审判决中,法院认为资信评级机构未根据“沈阳五洲房地产出售事项”(以下简称沈阳五洲事项)下调评级行为系虚假陈述,即法院认为沈阳五洲事项构成重大信息。资信评级机构按照一定的证券资信评级专业标准,专门对证券市场政府债券以外的所有其他证券和证券从业机构的资产质量、可信任程度或者偿还能力,进行客观、公正的评判。其作出的专业评判是投资者决策所必需的且会影响证券价格的,所以资信评级机构对案涉证券的评级的确构成重大信息。

但实践中遇到的问题更加复杂。虽然资信评级机构的评级本身构成重大信息,但对于该事实是否能够影响案涉债券的信用等级,应当由资信评级机构依法、独立地开展评级活动。债券评级是在综合市场多种因素的基础上作出的信用评判,成熟的资信评级活动包含了所有对投资者决策所必需的市场信息,同时对显著影响债券价格的市场因素进行综合评估。综上,重大性的论证问题转化为“是否应下调评级”这一新问题,不同法院对该问题的不同认定,直接导致了相关机构是否承担责任,充分说明对该问题的立法还有相对完善的空间。

(四)调解是化解该类型纠纷的最佳方案

解决当事人纠纷的方法,不外乎采取诉讼解决机制和非诉讼解决机制两种。调解作为低成本、高效率的一种非诉讼纠纷解决机制,是解决证券虚假陈述纠纷中最优的一种解决方案。证券市场是除储蓄市场外社会参与程度和集中程度较高的市场,调解能尽可能迅速、彻底地解决该领域纠纷,无论对经济和社会的稳定发展都具有相当积极的意义。证券市场的社会参与程度,决定了只有调解才能迅速、彻底地解决纠纷。证券市场侵权民事赔偿制度的复杂性也决定了调解才是保护各方当事人的最佳方式。虽然现有的示范判决机制、代表人诉讼机制、支持诉讼机制等制度推陈出新,但证券纠纷的涉众性、金额大、跨区域、时间长等特征决定了再精巧的诉讼制度都不能完美平衡程序正义与实际解决纠纷之间的差距,诉累本身就是一种对各方当事人利益的二次伤害。

为落实习近平总书记“坚持把非诉讼纠纷解决机制挺在前面”的指示,深入贯彻中央全面深化改革委员会第十八次会议“坚持和发展新时代‘枫桥经验’”的精神,中证法律服务中心长期以来深耕证券期货纠纷多元化解领域,已经成为资本市场纠纷尤其是虚假陈述纠纷化解的主渠道。未来,中证资本市场法律服务中心将全力打造全国证券期货纠纷调解的承办中心、创新中心、示范中心,将纠纷调解工作做精做细、做深做实,为构建一个规范、透明、开放、有活力、有韧性的资本市场作出新贡献!

案例3:公司债券欺诈发行中承销机构民事赔偿责任纠纷调解案例

——全国首例投资人诉公司债券欺诈发行民事责任纠纷暨普通代表人诉讼调解案例

王　铮*　王沥平**　沈　颖***

一、引　　言

随着经济形势的日益复杂,债券违约以及虚假陈述纠纷案件不断增加。根据相关统计,2019年债券市场违约事件共涉及发行人51家、145只违约债券,总计债券金额1073.11亿元。① 2020年,债券市场违约事件共涉及发行人36家、新增违约债券113只,总计新增违约规模1253.75亿元。2020年新增违约或展期债券以中高等级债券为主,评级在AAA级、AA+级的违约或展期债券规模分别为731.16亿元和457.94亿元,合计占比超83%。② 当债券发生兑付危机时,往往也伴随证券虚假陈述违法行为。

由于债券投资人的专业判断能力、信息获取能力以及风险承担能力均不相同,基于债券投资人人数多、较分散的特点,我国新修订的《证券法》加大了对投资人的

* 浙江证券业协会副秘书长、中国证券业协会证券纠纷调解员、中证资本市场法律服务中心有限公司公益调解员、浙江证券业协会调解员。

** 北京中伦(杭州)律师事务所合伙人、中国证券业协会证券纠纷调解员、中证资本市场法律服务中心有限公司公益调解员、浙江证券业协会调解员。

*** 北京中伦(杭州)律师事务所律师、浙江证券业协会调解员。

① 新世纪评级信息研究部:《2019年债券市场违约概况》,载新浪财经网,http://finance.sina.com.cn/roll/2020-01-26/doc-iihnzhha4739486.shtml。

② 中央结算公司统计监测部:《2020年债券市场统计分析报告》,载新浪财经网,https://finance.sina.com.cn/money/bond/2021-01-21/doc-ikftpnny0063148.shtml。

保护力度。同时,随着投资人维权意识的提高,投资人开始通过诉讼来维护自己的合法权益,要求发行人及相关中介机构等承担违约或赔偿责任。大量的案件给法院的司法裁判提出了新的挑战,同时,投资人之间不同的诉求也加剧了纠纷处理的难度。

同时,债券还本付息的性质也使债券虚假陈述赔偿的认定与股票有所不同。最高人民法院于2003年发布的《关于审理证券市场因虚假陈述引发的民事赔偿案件的若干规定》(以下简称《若干规定》)并不能解决现有债券纠纷。2020年7月15日,最高人民法院印发《全国法院审理债券纠纷案件座谈会纪要》(法〔2020〕185号,以下简称《债券纪要》),对债券纠纷中的审理原则以及债券欺诈发行、虚假陈述案件中侵权行为、因果关系、归责原则、损害后果等都作出了不同于《若干规定》的规定,解决了一部分法律问题,但对于中介机构责任如何承担仍有很多争议。

本文将从某债券欺诈发行所引发的证券虚假陈述责任纠纷出发,就债券市场调解案件遇到的中介机构责任承担问题进行分析,并提出调解可行性的意见或方式。

二、案情简介

2015年,某集团股份有限公司(以下简称发行人)发行公司债券约13亿元,其中,B证券股份有限公司(以下简称B公司)为承销商及受托管理人。2017年,公司债券因无法按期兑付本息,构成违约。此后,中国证监会对发行人作出行政处罚,认定其通过将所承建工程项目应收账款和应付款项"对抵"的方式,同时虚减企业应收账款和应付账款,导致上述年度少计提坏账准备、多计利润,构成以虚假申报文件骗取公开发行公司债券核准;对B公司作出行政处罚,认定其未充分核查发行人应收账款问题、对于投资性房地产未充分履行核查程序、未将某投资性房地产出售问题写入核查意见,构成未严格遵守执业规范和监管规则,未尽勤勉尽责义务。与此同时,发行人进入破产程序,实际无履行能力,投资人通过各种途径进行维权。

部分投资人依法向杭州市中级人民法院(以下简称杭州中院)提起诉讼,要求就B公司因前述证券虚假陈述行为导致的投资损失向投资人进行赔偿。2020年2月,杭州中院通过浙江证券期货纠纷智能化解平台(以下简称智能化解平台)指派浙江证券业协会(以下简称协会)对首个机构投资人 A 与 B 公司之间的证券虚假陈述责任纠纷进行调解。随着案件量的增多,2020 年 3 月,协会统一建立调解团队,进一步开展了针对全部机构投资人以及部分个人投资人的调解工作,通过协会现场集中办公、电话沟通约调、引导投资人通过浙江证券期货纠纷智能化解平台线上申请立案、调解、司法确认,建立"线上调解为主,线下调解为辅"的调解工作方式,处理了调解案件数百件,极大提高了疫情期间调解的工作效率,有效地开展调解工作。

三、调解的过程及结果

(一)双方当事人诉求及争议焦点

投资人 A 认为,B 公司的证券虚假陈述行为已经被中国证监会行政处罚,B 公司应当承担赔偿责任。但是债券类虚假陈述案件由于没有相关的案例支持,中介机构如何担责存在争议。诉讼程序流程长、耗时持久,投资人希望尽快获赔,愿意考虑承担一部分损失。

B 公司认为自己虽有中国证监会处罚,但尚未有任何生效裁判文书认定证券公司应当承担责任,为减少诉讼与负面舆情,同时基于调解保密优势,愿意按照债券票面价值或投资差额损失的一定比例向投资人支付和解金,取得投资人基于该债券享有的全部权利,同时要求投资人不得再另行向发行人及全部中介机构追索。

由于债券类虚假陈述纠纷此前并无相关的案例,中介机构如何担责存在争议。调解案件争议焦点为:B 公司是否应当承担赔偿责任、赔偿范围多少?

(二)调解过程

首先,调解团队认为案涉债券系在证券市场上公开发行的公司债券,因此从《证券法》、《若干规定》、《全国法院民商事审判工作会议纪要》(以下简称《九民纪要》)以及当时的《全国法院审理债券纠纷案件座谈会纪要(征求意见稿)》(以下简称《债券纪要征求意见稿》)出发,对本案纠纷的侵权行为、损失计算、因果关系等进行充分论证。

其次,调解中结合虚假陈述行为调查以及行政处罚的认定,以及《若干规定》与《债券纪要征求意见稿》对于实施日、揭露日、基准日的认定,以债券公开发行之日为实施日，以发行人证监会调查通知书公告日为揭露日，对投资人范围进行确定。由于发行人证监会调查通知书公告日起，案涉债券发生停牌，且至调解时仍未恢复交易，故核算假设揭露日至基准日每个交易日收盘价的平均价格为 0 元，并以此计算投资损失。

再次，从《九民纪要》第 85 条关于虚假陈述重大性及信赖要件的规定出发，重大性，是指可能对投资人进行投资决策具有重要影响的信息；信赖要件，是指信息披露是否足以影响投资人的投资决策或市场交易价格。但是由于债券还本付息的特殊性，《债券纪要征求意见稿》明确债券纠纷中以足以影响投资人对发行人偿债（偿付）能力判断作为重大性的判断基准。结合上述规定以及 B 公司行政处罚认定的结果，B 公司的侵权行为成立。

最后，根据《若干规定》与《债券纪要征求意见稿》中以投资差额损失为基础，考虑债券还本付息的性质，最终确定投资人的损失。考虑发行人本身的经营不善、资金运用不规范等因素，及经济下行、市场不景气等大环境背景对本案的影响，平衡双方权益协商确定调解比例。考虑双方诉求并基于法律规定，作出如下调解方案："B 公司按照双方认可的投资人损失数额及比例向投资人支付和解金，并以此为对价取得投资人对债券享有的全部权利，同时约定投资人不得再另行向发行人及全部中介机构追索。"

（三）调解结果

在整个调解项目中，调解团队通过多轮电话联系，协会现场集中办公近 2 个月，建立微信调解群等方式推进，共拨打调解电话 1000 余次，有调解意向的投资人 60 余名。根据首案调解确定的调解思路，双方就本案争议的损失赔偿金额，赔偿后的债券归属、向发行人以及其他中介机构的权利主张等争议事项均达成一致并签订调解协议后，通过智能化解平台引导双方当事人提交材料进行线上视频调解，确定细节并在线签署调解笔录、确认调解协议，直接线上点击司法确认。司法确认后，B 公司及时履行了相关付款义务，投资人 A 与 B 公司对于调解结果以及调解协议履行情况均非常满意。

投资人 A 与 B 公司的调解案件是 2020 年新冠肺炎疫情期间全国首批通过证券期货纠纷在线化解平台成功进行在线调解的证券纠纷案件，投资者在智能化解平台提交申请后，人民法院与调解组织经过在线配合衔接，使投资人"足不出户"参与在线调解。在疫情形势严峻的特殊环境下,不仅保障了投资人的权利行使,便利投资人维权,而且降低了投资人维权的风险和成本。纠纷的化解有利于资本市场健康平稳运行和社会和谐稳定,具有良好司法效益、经济效益和社会效益。

此外,该调解案件也是杭州中院首次适用独任制审理证券纠纷司法确认案件。首案的成功调解为协会后续开展大规模调解提供了经验和标杆,确定了调解思路与调解方案。后续协会接受杭州中院委托,承担了一系列投资者与 B 公司纠纷的调解工作,调解案件、司法确认基本通过线上方式进行,依托智能化解平台极大提高了疫情期间调解的工作效率,使整个调解项目最终取得较好的调解结果。

四、中介机构责任承担的认定难点

本案调解经历了从《若干规定》《债券纪要征求意见稿》到《债券纪要》的过程,而其中关于中介机构责任承担范围的问题,不仅是调解案件当事人所关心的问题,也是债券行业发展所关注的问题。

(一)从侵权责任构成来看中介机构承担的责任范围

1. 债券纠纷审理原则

《债券纪要》明确坚持“卖者尽责、买者自负”原则,因发行人经营与收益的变化导致的投资风险,依法应当由投资人自行负责;因欺诈发行、虚假陈述等侵权案件中中介机构的责任应当与中介机构的注意义务、注意能力和过错程度相结合。

在本案中,从卖者尽责出发,对于发行人不论是否构成侵权责任,其还本付息义务不会因此免除;对于中介机构,则应当充分考虑其侵权行为,作出与其过错程序一致的判决。从买者自负出发,投资人当中有专业的机构投资人,其与个人投资人在风险识别能力和风险承担能力方面均有所不同。在开展调解过程中,个人投资人与机构投资人对于调解方案的接受程序也有较大的差异。

因此,在案件审理或调解过程中可以充分考虑中介机构的过错程度以及投资人之间不同情况,尽可能贯彻“卖者尽责、买者自负”的原则,引导当事人之间达成更平衡各方权益的调解协议。

2. 侵权行为

中介机构侵权行为的认定应当审查虚假陈述是否具有重大性及信赖要件。

《债券纪要》明确债券纠纷中以足以影响投资人对发行人偿债(偿付)能力判断作为重大性的判断基准。

不少中介机构从业人士指出,债券虚假陈述案件中存在虚假陈述风险以及投资的固有风险。但在发行人无法按时兑付进入破产危机时,投资人的债券无法兑付本息的损失并非均是由于虚假陈述所致,而是具有多方面的因素。根据债券发行条件,债券发行必须满足最近3年平均可分配利润高于公司债券1年的利息。以公司债券1年的利息以1亿元为例,若虚增利润前最近3年平均可分配利润为8000万元,虚增利润后最近3年平均可分配利润为1.1亿元。一方面,投资人认为虚增利润导致了全部损失的产生,即如果债券不发行投资人根本就不会购买;另一方面,中介机构认为发行人并不是虚增了全部的利润,投资人不得要求中介机构对于全部发行的公司债券无法兑付部分承担责任。在本案中,证监会认定发行人系涉嫌虚增利润导致欺诈发行,虚增部分利润与最终发行金额之间是否应该按比例来承担责任等问题也有待考虑。

3. 因果关系

债券纠纷中的推定因果关系,即投资人在欺诈发行、虚假陈述行为实施日及之后、揭露日之前在交易市场上买入即可认定。同时,根据《债券纪要》第24条的规定,若因非系统性风险导致的其他因素也应当排除,人民法院在案件审理时,可以委托市场投资人认可的专业机构确定欺诈发行、虚假陈述行为对债券持有人和债券投资人损失的影响。

近年来,股票虚假陈述领域的司法实践逐渐开始支持非系统风险的扣除,法院通常通过发行人案涉期间是否发布重大业绩亏损等重大利空公告来判断非系统风险的存在。债券虚假陈述案件中非系统性风险也应予以考虑。需要被剔除的非系统性风险可能包括:发行人严重投资决策失误导致责任财产减少或债务增多;行业发展的重大不利因素导致发行人的偿债能力降低等。在量化相关风险因素时需着眼于其对发行人偿债能力产生的影响程度来具体认定所需剔除的范围。发行人违约、破产的原因是多方面的。由于此前并无案例对债券纠纷中的非系统性风险进行判决,本案调解过程中,也适当考虑了非系统性风险,并从中对调解方案进行了撮合。

4. 归责原则

结合《债券纪要》第29~31条规定的债券承销商、债券服务机构的过错认定和债券承销商的免责抗辩，以及债券纠纷审理原则中规定“将责任与过错程度相结合”，在确定债券中介服务机构的权利和义务时，根据专业和非专业事项区分特别注意义务和普通注意义务，区分故意、过失等不同情况，分别确定其应当承担的法律责任。

在本案中，各个中介机构承担责任的范围也颇有争议。例如，B公司认为发行人虚减企业应收账款和应付账款，导致上述年度少计提坏账准备、多计利润，属于会计师事务所应当特别注意义务的范围，而B公司作为承销商，即使履行了应收账款核查工作也无法发现发行人存在财务造假行为。作为仅需要尽到普通注意义务证券公司，B公司享有免责事由。但是，投资人认为作为承销商，应当查阅有关明细资料，咨询注册会计师，调查企业的应收款项形成原因、收回可能性等。

5. 损害后果

《债券纪要》第22条改变了《债券纪要征求意见稿》对于损失认定的计算方式，确定在一审判决作出前仍然持有该债券的，债券持有人有权请求按照“支付当期利息或者到期本息，并支付逾期利息、违约金、实现债权的合理费用”的规定计算损失赔偿数额的；债券持有人请求赔偿虚假陈述行为所导致的利息损失的，人民法院应当在综合考量欺诈发行、虚假陈述等因素的基础上，根据相关虚假陈述内容被揭露后的发行人真实信用状况所对应的债券发行利率或者债券估值，确定合理的利率赔偿标准。

《债券纪要》采取以债券本息损失确定虚假陈述基础损失，因此，债券虚假陈述基础损失认定的范围非常广阔，相当于让承销商等被告承担全部的债券清偿责任，但债券违约这一结果往往不完全由虚假陈述所涉事实导致。因此，债券虚假陈述的赔偿范围十分依赖于因果关系的限缩，因此，应当充分考虑此类案件的因果关系以及过错的认定。

（二）从行业发展需求来看中介机构承担的责任范围

根据债券项目的收费标准，所有参与的中介机构中，从律师事务所、信用评级机构到会计师事务所，收费一般在几万元至几十万元不等，承销商相对较高。但由于最近券商之间的激烈竞争，收益率保持在较低水平。若要求承销商承担全部责任，此后中介机构为避免承担收益数十倍或百倍的风险，可能会不再为民营企业提供信用债市场发债服务，从而导致资质相对较弱的民营企业将被排除在服务对象之外，不仅影响债券市场的平衡发展，更有可能进一步加重民营企业融资难、融资贵的现状。厘清责任不是让所有的中介机构远离这个业务和市场，根本目的还是促进市场发展、促进民营企业信用债市场的发展。当然，债券市场的健康发展也依赖于有力的监管措施以及程度适当的责任承担。因此，如何在调解过程中充分考虑投资者利益保护与行业健康发展之间的平衡也尤为重要。

五、调解案例的启示

（一）债券纠纷案件的调解方法

在对于债券欺诈发行、虚假陈述无参考先例的情况下，协会有效地在证券纠纷领域引入专业调解力量，从以下三个方面开展调解工作：

1. 依法专业研判。由于本案调解时《债券纪要》并未正式颁布，案件需要调解员从当时有效的法律规定出发，同时充分研判债券虚假陈述与股票虚假陈述的区别，论证中介机构承担虚假陈述责任的担责要件、赔偿范围，并结合双方当事人的诉求和各项因素作出解释说明，最终形成调解方案，促成调解。

2. 统筹调解策略。整个调解项目涉及数百名投资人，想法各不相同，因此针对此类群体性案件调解用“以点带面”的方式开展：当发行人、中介机构等虚假陈述责任人提出初步调解方案，调解团队研判后，可以先尝试以个别调解的方式开展调解工作，后续随着调解的深入再尝试进行集体调解。

3. 保证调解效率。由于首个调解案件发生在疫情严峻时期，协会充分运用信息化技术手段，建立智能化解纷机制，提高了调解效率。在集体调解过程中，协会开展与投资者保护机构的充分合作，提高损失计算的精确性；与此同时，调解团队及时将调解诉求向中介机构反馈，尽快开启双方交流，特别是其中影响力较大的投资人，达到沟通效益的最大化，尽可能避免引发较大冲突，妥善化解风险。

（二）涉中介机构的债券纠纷调解优势

若法院要求中介机构对于债券虚假陈述承担连带赔偿责任，中介机构承担远超股票虚假陈述责任的民事赔偿责任，对后续类似违约的处罚的示范效应以及对行业的发展影响巨大。同时，由于涉及过重的责任承担，中介机构往往会穷尽所有的诉讼途径，这导致投资人无法及时、快速地获得赔偿。相较诉讼判决这一刚性处理方式,采取柔性的和解方式更有利于化解债券纠纷案件风险,及时满足投资人的需求,也可避免对行业造成过大冲击。

得益于前期调解工作良好的沟通,本案债券纠纷一审判决后,有部分投资人询问过调解进展,希望调解组织能够作为其与发行人或中介机构沟通的桥梁,使投资人能否尽快取得款项,解决纠纷。同时,B 公司也向协会表达了承担相应责任的态度,并希望继续通过和解方式解决纠纷,避免刚性判决对证券行业造成的不良影响,真正实现"案结事了"的社会效果。

通过以上努力,本次债券虚假陈述责任纠纷调解不仅让投资人和中介机构十分满意,还减轻了法院的诉累,降低群体性事件的风险,并为此后债券虚假陈述责任纠纷调解、集体调解树立了标杆、总结了经验,切实依法维护证券市场秩序及投资人合法权益。

Cases
Review of Dispute
Mediation

第三篇

投资咨询专题

案例1:投资者L与甲证券公司可转换债券投资纠纷调解案例

陈　彬*

一、案情基本事实及投资者诉求

L 2017年于甲证券公司X营业部开立了证券账户,并于2018年开始交易可转换债券。2020年12月4日起,L持续进行龙蟠转债(代码为113581)交易,并于2020年12月10日再次买入30张龙蟠转债。2020年12月11日,投资者发现其证券账户内持有的50张龙蟠转债已被上市公司强制赎回,账户内只剩下现金,且发生相当数额的亏损。投资者致电"12386"中国证监会服务热线(以下简称"12386"热线)进行投诉,认为甲证券公司在发行人强制赎回前从未通过短信或电话的方式向其告知该可转换债券即将退市的事项,未有效履行通知投资者的义务,是造成其亏损的核心原因,就此要求甲证券公司X营业部赔偿可转换债券被强制赎回造成的损失。

二、证券公司反馈意见

2020年7月24日,上海证券交易所和深圳证券交易所分别发布了《向不特定对象发行的可转换公司债券投资风险揭示书必备条款》及相关事项的通知,要求投资者在通知实施后参与向不特定对象发行的可转换债券申购、交易的,应当以纸面或者电子方式签署《向不特定对象发行的可转换公司债券投资风险揭示书》。2020

* 华福证券有限责任公司厦门分公司漳州延安北路证券营业部合规运营部总经理。

年 10 月 26 日,投资者已通过证券公司的网上营业厅认可并签署了《向不特定对象发行的可转换公司债券投资风险揭示书》内“第十七条　可转换债券在存续期内满足募集说明书约定的赎回条件时,发行人可以行使赎回权,按照约定的价格赎回全部或者部分未转股的可转换债券。可转换债券赎回价格可能与二级市场交易价格差异较大,可转换债券存在质押和冻结情况的可能无法赎回。您应当关注募集说明书中约定的赎回条款以及强制赎回相关风险”、“第二十一条　您应当特别关注发行人发布的可转换债券相关公告,及时从交易所网站、上市公司网站、巨潮资讯网或者其他符合中国证监会规定条件的信息披露媒体、我公司网站等渠道获取相关信息”以及“请特别注意:本风险揭示书的揭示事项仅为列举性质,未能详尽列明可转换债券交易的所有风险,您在参与交易前,应当认真阅读有关法律法规、交易所和登记结算机构业务规则等相关规定和本风险揭示书的全部内容,对可转换债券所特有的规则必须了解和掌握,自愿遵守,对其他可能存在的风险因素也应当有所了解和掌握,并确信自己已做好足够的风险评估与财务安排,避免因参与可转换债券交易遭受难以承受的损失。您在本风险揭示书上签字,即表明已经理解并愿意自行承担参与可转换债券交易的风险和损失”等条款内容。一方面,条款约定投资者应了解交易规则、关注相关公告并自行承担参与可转换债券交易的损失;另一方面,并未对证券公司在信息告知方面的义务作出要求。投资者不应当以未详细阅读条款内容就签署风险揭示书作为要求证券公司赔偿投资损失的理由。

经查询适当性调查问卷结果,该投资者风险测评等级结果为积极型,符合参与可转换公司债券交易的适当性匹配原则。证券公司并未违反提供产品或服务适当性管理的要求为投资者开通可转换债券交易权限。

2020 年 11 月 30 日,上海证券交易所、甲证券公司官网投资者教育园地和甲证券公司“投教基地”公众号中的风险提示模块均对“龙蟠转债将于 12 月 10 日在上海证券交易所摘牌”一事项进行风险提示。甲证券公司于公告当日向截至 11 月 29 日收盘后持有龙蟠转债的投资者发送了短信进行风险提示,该投资者因彼时未持有该可转换债券故未收到短信通知。

龙蟠转债于 2020 年 11 月 19 日发布《江苏龙蟠科技股份有限公司关于“龙蟠转债”提前赎回的提示性公告》,决定行使公司可转换债券的提前赎回权,对赎回登记日登记在册的“龙蟠转债”全部赎回,并于 2020 年 11 月 27 日发布《江苏龙蟠科技股份有限公司关于可转换公司债券终止上市的公告》,明确告知上海证券交易所其将于2020年12月11日终止可转换债券的上市交易和转股。之后,龙蟠转债于2020年11月29日至12月9日,连续发布可转换债券赎回的公告。

可转换债券交易具有T+0回转交易属性,准入门槛较低,上市交易的可转换债券数量较多,参与交易的投资者人数众多。证券公司向持有特定可转换债券的投资者群体通过短信、电话等方式进行风险事项通知属增值服务而不属于应尽义务。

三、协调过程与处理结果

中国证监会"12386"热线受理该投资者的投诉后,转办至甲证券公司总部。甲证券公司X营业部接到直转投诉后,迅速与投资者取得联系,并邀请投资者于2020年12月14日下午至营业部现场面谈。面谈过程中,X营业部员工向投资者详细讲解了《向不特定对象发行的可转换公司债券投资风险揭示书》的内容、可转换债券强制赎回的条款和规则等,并希望与投资者达成和解。投资者不接受营业部员工的说法,认为营业部有绝对义务通知投资者可转换债券赎回的风险,强烈要求营业部赔偿损失。双方在沟通后,投资者不同意和解。

甲证券公司向中国证监会"12386"热线回复投资者不同意和解。经征询各方调解意愿,中国证监会"12386"热线将案件转办中证法律服务中心调解。

在基本了解双方的意愿后,为进一步开展调解工作,调解机构调解员进行了反复的说服工作,并提出多种解决方案供双方参考。最终,调解员认为双方在案件的多个方面存在较大分歧,难以达成和解,建议双方通过仲裁、司法诉讼等渠道解决争议。截至目前,投资者最终并未申请仲裁或提起司法诉讼。

四、案件争议的焦点

(一)证券公司在提供可转换债券交易服务的过程中,是否有通知持仓投资者可转换债券强制赎回公告信息的义务?

总体而言,证券公司就可转换债券强制赎回公告信息并无事先告知义务,依据

如下:

1. 证券公司对投资者不负有可转换债券信息披露的法定义务。根据《可转换公司债券管理办法》(中国证监会令第178号),可转换债券信息披露义务人为发行人,证券公司并非可转换债券的信息披露义务人。同时,证券公司在为投资者提供代理服务过程中,负有不得利用传播媒介或者通过其他方式提供、传播虚假或者误导投资者的信息之义务,即使证券公司未在可转换债券强制赎回最后交易日前在自己的官方网站、公众号、投资者教育园地中刊登可转换债券强制赎回的风险提示公告,亦未违反法律规定。

2. 证券公司对投资者不负有可转换债券信息披露的合同义务。根据证券公司与投资者签订的《证券经纪业务协议书》的约定,证券公司负有"应本着勤勉尽责的精神如实地向原告提供信息、资料"之义务,而该条款的本意系禁止证券公司在提供代理服务过程中向投资者提供虚假或误导性信息的欺诈行为;同时,根据L签署的《向不特定对象发行的可转换公司债券投资风险揭示书》,原告应当特别关注发行人发布的可转换债券相关公告,及时通过交易所网站、上市公司网站、巨潮资讯网或者其他符合中国证监会规定条件的信息披露媒体、证券公司网站等渠道获取相关信息,亦即投资者不应完全依赖证券公司电话、短信等人工通知,而应主动关注发行人通过公开途径发布的可转换债券的强制赎回公告信息。

3. 投资者L签署的《向不特定对象发行的可转换公司债券投资风险揭示书》中明确提示了可转换债券交易中存在的强制赎回相关风险,其作为具有多年证券交易经验,尤其是可转换债券交易经验的投资者,应对可转换债券交易中可能存在的"当满足募集说明书约定的赎回条件时,发行人可以行使赎回权"的交易风险有合理认知,在进行可转换债券的投资交易前更应审慎收集可能影响交易决策的重大信息。

(二)证券公司在其官网公告、投资者教育园地和"投教基地"公众号中的风险提示模块所进行的可转换债券强制赎回信息公示及风险揭示是否属于已履行投资者适当性管理义务以及投资者教育和权益保护等社会责任?

《证券法》和《证券期货投资者适当性管理办法》中对投资者保护和举证责任倒置的相关规定确认了证券公司向投资者销售证券、提供服务时,应当如实说明证券、服务的重要内容,充分揭示投资风险,未提供充分告知导致投资者损失的,证券公司应当承担相应的赔偿责任。在本案中，甲证券公司证明已通过多途径、多形式向投资者L揭示了参与可转换债券投资可能存在的交易风险及龙蟠转债存在满足约定条件开展强制赎回的事项，已尽到告知义务，因此不应对投资者L持有的龙蟠转债被强制赎回所产生的直接经济损失负责。

投资者L所要求的证券公司提供短信、电话等人工形式告知可转换债券强制赎回的服务事项，属于证券公司"增值服务"范畴，而非必须履行的义务内容。

五、案件调解的法律依据

《证券法》、中国证监会发布的《可转换公司债券管理办法》、《证券经纪业务管理办法》、上海证券交易所和深圳证券交易所发布的《向不特定对象发行的可转换公司债券投资风险揭示书必备条款》，以及其他关于可转换债券业务的实施细则等相关规定。

六、案件调解的经验启示

本案虽未能调解成功，但仍有诸多值得借鉴之处。

1. 证券公司作为证券经纪业务服务商与投资者签订服务协议书，两者之间为委托代理合同关系。《民法典》第162条规定，代理人在代理权限内，以被代理人名义实施的民事法律行为，对被代理人发生效力；第164条规定，代理人不履行或者不完全履行职责，造成被代理人损害的，应当承担民事责任。证券公司提供证券经纪业务服务过程中与投资者签订证券经纪服务协议，根据投资者的委托指令以投资者身份代理进行证券买卖，在证券公司不存在违反合同约定行为的情况下，投资所产生的收益或亏损由投资者享有或承担，证券公司不承担连带责任。

2. 在证券公司与投资者签署的《证券经纪业务协议书》未对告知相关证券公告信息义务作出特别约定的情况下，获取相关证券产品的公告信息系投资者自身的责任与义务。为体现投资者利益至上的原则，证券公司应当充分做好各类证券产品风险提示工作，清楚告知投资者可以准确获取信息披露文件的各类途径、方式，提示投资者作出委托买卖前，仔细分析相关证券产品的风险，并确信自身已做好足够的风险评估与财务安排,避免因参与相关证券产品交易而遭受难以承受的损失。

3. 证券公司作为金融市场内重要的中介机构,应当通过持续深入开展投资者教育工作、切实维护投资者合法利益、避免和有效化解投资者纠纷与投诉来实现公司与投资者的互利共赢。在互联网金融技术突飞猛进的时代,证券公司应当更多地利用公司官网、投资者教育园地、微信公众号以及交易软件等对各类证券产品尤其是高风险产品进行风险提示,帮助投资者全面深入地了解参与不同类型证券投资所需要的金融知识,使投资者的专业能力不断提升,帮助投资者更加理性地参与投资。

4. 证券公司应当加强建立健全各类证券产品的风险应急处理机制,对风险事件和风险隐患进行全面剖析,指派专人落实相关投资者风险揭示事项,尤其是在对融资融券、期权、可转换债券等较复杂的产品和业务进行信息告知和风险揭示时,应当将投资者视为“专业知识弱势群体”,从为投资者防范和化解风险、全面有效地履行自身通知义务的角度出发,以“最大善意”为落脚点,将投资者可能发生误解的潜在风险隐患、账户操作流程、业务交易规则等细节问题一并进行提示,不能以相关法律法规没有作出明确规定为由,只履行简单的告知义务,仅就单一业务品种以简单的概括性话术进行事项通知和风险揭示。

同时,对于风险事项告知,要进一步优化服务意识,拓宽通知渠道,丰富通知方式,切实注重通知时效性,提前对持有风险证券的投资者进行排查,及时告知投资者证券产品风险,为投资者处置风险留足时间。尤其对于老年投资者,应当更多一些耐心和换位思考,尽可能提供更便捷、更容易接受的服务,进而提高投资者获得感。只有多管齐下,多措并举,才能从源头上最大限度地避免可能导致的投资者纠纷,提高投资者满意度,保护投资者权益。

5. 广大投资者尤其是中小投资者,在从事证券交易、投资活动时,不应过于依赖证券公司提供的事项告知和风险揭示服务,自身也应当尽到必要的注意义务,对相关交易活动和产品所涉及的基本法律法规,操作流程以及交易、结算、转换等业务规则要有必要的了解和掌握,实时关注所参与证券产品的交易动态及相关公告,避免因必备技能的缺乏和对交易动态的关注不足、疏忽误解给自身造成不必要损失。与此同时,投资者应当与证券公司建立起顺畅的沟通关系,不断加深对彼此的信任,这样才能构建互利共赢、共同成长的和谐关系。

案例2:证券公司投资顾问业务纠纷调解案例分析

林　歆[*]

一、引　言

随着证券行业竞争的加剧,佣金费率的不断下滑,不少证券公司已加速向财富管理业务转型。在转型过程中,投资顾问的作用举足轻重。根据《证券投资顾问业务暂行规定》(2020年修订)(以下简称《投顾业务暂行规定》)的规定,证券投资顾问业务(以下简称投顾业务),是证券投资咨询业务的一种基本形式,是指证券公司、证券投资咨询机构接受客户委托,依约向客户提供涉及证券及证券相关产品的投资建议服务,辅助客户作出投资决策,并直接或者间接地获取经济利益的经营活动。投资建议服务内容包括投资的品种选择、投资组合以及理财规划建议等。

目前,不少证券公司为了谋求投顾业务的发展,提出了"全员投顾化"的要求,以进一步扩大投顾团队。然而,部分证券公司在注重投顾业务发展的同时,忽视了合规管理和风险控制,业务风险不断增加,违法违规行为时有发生,从而引发矛盾纠纷甚至遭到监管处罚。通过查阅中国证监会各派出机构网站的《监管措施》栏目,监管部门在2019年至2021年6月就证券公司投顾业务的违规行为开出了十余张罚单,主要涉及荐股人员未符合相关从业条件、代客交易、未进行风险提示、合规管理不到位等违规行为。可见,各地监管部门对于证券公司及员工的投顾业务持续关注并对违规行为依法打击。本文选取了中证资本市场法律服务中心广东调解

* 广东中证投资者服务与纠纷调解中心职员、中证资本市场法律服务中心广东调解工作站调解员。

工作站(以下简称广东调解工作站)所受理的两个典型案例进行分析,尝试为此类纠纷的化解、预防以及证券公司投顾业务的合规管理提供参考。

二、韦某与A证券公司营业部之间的纠纷

(一)案情简介

投资者韦某反映,其是A证券公司营业部(以下简称A营业部)的客户,其未购买A营业部的荐股服务且未缴纳任何费用。然而,A营业部员工孙某从2019年起多次通过微信、电话等方式主动向其推荐个股,并承诺收益。韦某听从孙某的建议进行相应的股票交易操作,最终亏损严重。因此,投资者韦某向广东调解工作站提起调解申请,要求A营业部赔偿其相应损失。

(二)主要争议

本纠纷的争议焦点在于:(1)A营业部员工孙某的执业是否合规?(2)投资者韦某的损失应由谁承担?

(三)调解过程及结果

广东调解工作站调解员向双方收集有关材料,并确认如下事实:(1)经查询中国证券业协会从业人员信息公示栏目,孙某未注册登记为证券投资顾问。(2)孙某曾通过微信向韦某转发个股信息,微信截图显示,孙某多次使用“包赚”“这股票肯定能涨”等不当表述。基于此,调解员对A营业部员工孙某的行为进行法理分析,促使A营业部深刻认识自身存在的问题,在后续的调解过程中能正确对待投资者韦某提出的诉求,并重视投诉处理的纠纷调解机制和渠道。同时,调解员向韦某指出其亦存在一定的责任:首先,未主动核实孙某是否已注册登记为投资顾问;其次,在未缴纳服务费情况下就欣然接受孙某的荐股服务并听信孙某一面之词;最后,所有股票交易委托均由其本人亲自下单。在调解员的多次利弊分析后,A营业部及时对员工孙某作出了相应的问责,同时孙某也向韦某表示歉意,并愿意以个人名义向韦某作出经济补偿。最终韦某和A营业部协商一致,本纠纷得以妥善解决。

(四)案件评析

根据本案当事人提供的证据,A营业部员工孙某执业行为不规范,而该等不规范是导致投资者韦某损失产生的主要原因。首先,孙某非投顾人员却私下向客户

荐股。《投顾业务暂行规定》第7条设置了从事投顾业务的人员资质要求。[①] 本案中,孙某在未依法取得证券投资顾问资格的情形下,多次以微信的方式给客户发送荐股信息,其行为显然违反了前述第7条之规定。其次,其违规向客户承诺收益。《证券经纪人管理暂行规定》第12条逐一罗列了证券经纪人不得从事的行为,其中包括向客户承诺收益。[②] 本案中,孙某通过微信的形式多次向韦某表达"包赚""这股票肯定能涨"等不当表述,误导投资者韦某相信根据其建议进行股票交易将肯定获得收益,显然构成了承诺收益。

然而必须指出的是,本案中A营业部亦未能严格根据《证券公司监督管理条例》(以下简称《管理条例》)第27条之规定,建立完善的风险控制与内部控制制度,其对员工的合规管理不到位,使员工未能形成正确的执业风险意识。[③]

三、关某与B证券公司营业部之间的纠纷

(一)案情简介

投资者关某是B证券公司营业部(以下简称B营业部)客户经理许某开发的客户。2019年年底,关某与许某约定,许某指导关某进行股票操作,为此关某向B营业部申请将股票交易佣金费率从0.3‰提高至3‰,以便许某从中获取增量佣金收入。双方合作过程中,关某根据许某推荐的个股及指示的具体买卖时点进行操作,最终造成严重亏损。2020年5月,许某因个人原因从B营业部离职,至此关某后续未接收任何荐股服务,其佣金费率仍为3‰。事后,关某向B营业部反映该事项,但经多次沟通后无果。因此,关某向广东调解工作站申请调解,要求B营业部应以0.3‰作为佣金费率,退还2019年年底至今多收取的佣金,并赔偿相应损失。

---

① 《证券投资顾问业务暂行规定》(2020年第二次修订)第7条规定:"向客户提供证券投资顾问服务的人员,应当符合相关从业条件,并在中国证券业协会注册登记为证券投资顾问。证券投资顾问不得同时注册为证券分析师。"

② 《证券经纪人管理暂行规定》(2020年修订)第12条规定:"证券经纪人应当在本规定第10条规定和证券公司授权的范围内执业,不得有下列行为……(三)与客户约定分享投资收益,对客户证券买卖的收益或者赔偿证券买卖的损失作出承诺……"

③ 《证券公司监督管理条例》第27条第1款规定:"证券公司应当按照审慎经营原则,建立健全风险管理与内部控制制度,防范和控制风险。"

(二)主要争议

本案争议在于B营业部是否应对员工许某私下给客户关某违规荐股所造成的亏损承担赔偿责任。关某认为,其作为普通投资者无法判断许某的行为是个人行为还是代表B营业部的行为。B营业部采用差别佣金的方式向客户收取荐股服务费用,却没有尽到管理职责,切实维护客户的合法权益。许某任职期间的不规范荐股及其离职后B营业部未及时安排人员对接导致投顾服务中断等问题,B营业部理应对之承担相应的责任,不能以不知情为由脱责。B营业部则表示一直规范经营,定期对员工进行合规培训,对客户经理许某与客户关某私下约定提供投资建议服务的行为并不知情,且目前已无法联系上离职员工许某,无法了解事情缘由,因此不应承担相应的赔偿责任。

(三)调解过程及结果

在受理此案件后,调解员认真了解案情,针对双方争议的焦点问题进行分析,并采取“背靠背”的方式与双方沟通。一方面,问询关某是否留存了许某之前违规荐股的证据,建议其收集整理后及时提交。随后关某提供了其与许某沟通的相关微信截图。另一方面,调解员也向B营业部调取了关某的调佣录音、对账单及许某的提成明细表,并通过中国证券业协会官网查询许某是否注册登记为证券投资顾问。经核实:一是纠纷期间内,许某已经注册登记为证券投资顾问并持续有效;二是关某提供的微信截图显示许某曾多次对其推荐的个股价格涨跌作出确定性判断,并提供具体的买卖时点及仓位;三是关某的调整佣金比例的录音中,B营业部工作人员并未主动问询关某调高佣金的缘由;四是结合关某对账单及许某的提成明细表来看,关某在服务期间一直交易频繁,许某从中获取了不菲的提成。

调解员厘清案件事实后,一方面,指出B营业部的内部控制不完善,未能有效防范员工的违法违规行为;另一方面,也向关某明确,作为投资者不应过分依赖投顾人员提供的投资建议。经过调解员多番耐心劝导,B营业部愿意将多收取的佣金退还给关某,关某自身也认识到“买者自负,风险自担”,不再要求B营业部赔偿其亏损。最终关某接受了B营业部的解决方案,调解成功。

(四)案件评析

本案主要存在以下问题:一是B营业部合规管理不到位,违反了《证券公司和证券投资基金管理公司合规管理办法》第6条、[①]《投顾业务暂行规定》第3条[②]及第8条[③]的相关规定，未能及时发现并有效处理投顾人员的违规行为。由此可见，B营业部在调解前期一直以自身不知情为由推脱责任是站不住脚的。B营业部怠于对客户关某申请调高佣金费率这一异常行为进一步关注和核查；若当时能主动向关某及许某了解情况，则很大程度上将有效制止许某通过私下向客户荐股获利这一不当行为。二是投顾人员许某的执业行为不规范。本案中，许某虽为投顾人员，但私下通过微信向关某发送荐股信息，对具体的下单时点、价格及数量给予明确的建议，构成了《管理条例》第34条、[④]《证券期货投资者适当性管理办法》第22条[⑤]明令禁止的代客户作出交易决策的情形，并以让关某调高佣金的方式获取不当利益。三是关某未谨慎投资、未尽到必要注意义务。关某未与许某或B营业部就投资顾问服务签署任何协议。在此情况下，关某实际上无法准确了解投资顾问服务的内容和方式，亦无法确定其购买的投资顾问服务与其自身风险承受能力是否相匹配。同时，关某也承认股票账户都是其本人操作，并未交由许某代为下单交易，因此关某作为具有完全民事行为能力的投资者，相应的投资风险和损失应由其本人承担。

四、案例思考和启示

鉴于近年来投资咨询业务违规行为多发、频发，相关法律法规相对滞后，中国证券监督管理委员会于2020年4月发布了《证券基金投资咨询业务管理办法（征求意见稿）》［以下简称《投资咨询管理办法（征求意见稿）》］，为全面规范投资咨询

---

① 《证券公司和证券投资基金管理公司合规管理办法》第6条规定："证券基金经营机构开展各项业务，应当合规经营、勤勉尽责，坚持客户利益至上原则，并遵守下列基本要求……（四）严格规范工作人员执业行为，督促工作人员勤勉尽责，防范其利用职务便利从事违法违规、超越权限或者其他损害客户合法权益的行为……"

② 《投顾业务暂行规定》第3条规定："证券公司、证券投资咨询机构从事证券投资顾问业务，应当遵守法律、行政法规和本规定，加强合规管理，健全内部控制，防范利益冲突，切实维护客户合法权益。"

③ 《投顾业务暂行规定》第8条规定："证券公司、证券投资咨询机构应当制定证券投资顾问人员管理制度，加强对证券投资顾问人员注册登记、岗位职责、执业行为的管理。"

④ 《管理条例》第34条规定："证券公司向客户提供投资建议，不得对证券价格的涨跌或者市场走势做出确定性的判断。证券公司及其从业人员不得利用向客户提供投资建议而谋取不正当利益。"

⑤ 《证券期货投资者适当性管理办法》第22条规定："禁止经营机构进行下列销售产品或者提供服务的活动：……（二）向投资者就不确定事项提供确定性的判断，或者告知投资者有可能使其误认为具有确定性的意见……"

业务走出了关键的一步。待《投资咨询管理办法(征求意见稿)》立法完成后,这将是自1997年颁布并实施《证券、期货投资咨询管理暂行办法》将投资咨询业务纳入监管体系、2011年实施《投顾业务暂行规定》及《发布证券研究报告暂行规定》确立证券投资咨询两种基本形式及业务规范之后,投资咨询业务领域的又一重要法规。《投资咨询管理办法(征求意见稿)》将基金投资顾问业务整合为证券基金投资咨询业务,从而更好满足客户的财富管理需求;同时,强调保持"双向平衡"及确保"风险匹配",对证券公司的合规内控要求、人员行为规范及适当性管理提出了更高的要求。结合《投资咨询管理办法(征求意见稿)》及当前投资咨询纠纷的特点,提出相关建议:

(一)证券公司业务开展全过程应强化合规

1. 切实承担"卖者尽责"的主体责任,强化适当性管理要求。了解客户情况并做好风险评估及风险揭示,确保投资者购买的服务与其风险承受能力相匹配。对于高风险资产投资顾问服务应审慎提供,做好普通投资者的特别保护,只有真正做到"卖者尽责",方能实现"买者自负"。同时,应积极引导投资者理性投资,通过证券投资顾问提供的服务让投资者找到证券投资合适的分析方法,理性看待证券市场的波动。

2. 重视投资咨询业务的合规管理,加大合规检查频率及力度。对投顾人员及业务活动实行集中统一管理,严格投顾人员资质管理,杜绝非投顾人员违规向客户提供证券买卖建议。对投资咨询业务的各环节实行留痕管理,尤其是提供投资建议。目前,很多投顾人员都喜欢借助朋友圈或建群等方式提供服务。日常在与客户互动交流的过程中,言语稍有不慎就容易埋下风险隐患,因此证券公司应统一要求投顾人员使用公司总部指定渠道开展投顾服务,以便日常监控和证据留存。同时认真梳理、排查投顾业务的风险点,明确处罚机制,做到及时发现问题、及时制止并纠正,避免检查流于形式。一旦发现投顾人员对证券价格的涨跌、市场走势作出确定性判断或与客户约定分成的行为,应立即严肃处理。

3. 加强员工合规培训和宣导,提高员工合规执业意识。员工自身的合规执业意识,是预防违法违规行为的根本性、决定性因素。证券公司应定期组织员工学习相关法律法规,开展典型案例教学,要求员工应当遵循客户利益优先的原则,诚实守信、谨慎勤勉地履行职责,不断强化员工"合规执业、珍惜职业生涯"的理念。

（二）投资者投资全过程应保持理性

1.做好自我评估及相关辨识工作。接收投顾服务前除听取证券公司的适当性意见，理性选择适合自己的服务外，还应主动通过中国证券业协会网站查询核实提供服务的人员是否已注册登记为投资顾问；在签订投顾协议时，应认真核实协议的条款内容，遇到争议条款时应及时与证券公司沟通咨询，在未了解条款含义时不要急于支付钱款和签署协议；对于服务费的交纳，投资者应把资金转到公司账户，切忌将资金转至任何个人账户，防止上当受骗，避免投资损失，同时，切忌未签协议就支付服务费。

2.提高自身的风险意识，树立理性的投资理念及维权意识。主动通过学习证券投资知识，增强独立判断能力及心理承受能力。根据自身能力审慎决策，独立承担投资风险，不要相信“天上掉馅饼”“一夜暴富”的美梦。在接受服务过程中，不应过分依赖投资咨询服务，更不应盲目听从从业人员私下提供的投资建议，提高风险防范意识，并提前做好证据的收集和保留，如通话记录、微信聊天记录、合同文件等，以便纠纷发生后能有力证明自己的主张。遇到纠纷时，也应保持冷静，先厘清纠纷的来龙去脉，有理有据地提出自己的诉求。

Cases
Review of Dispute
Mediation

第四篇

期货专题

案例1:期货居间业务纠纷调解案例

张莹琦*

一、引　　言

原《合同法》第424条规定:“居间合同是居间人向委托人报告订立合同的机会或者提供订立合同的媒介服务,委托人支付报酬的合同。”此处的“居间”是指纯粹的订约中介。《民法典》第961条将原《合同法》规定的“居间合同”改为“中介合同”,“居间人”改为“中介人”,但依然是指纯粹的订约中介。

最高人民法院《关于审理期货纠纷案件若干问题的规定》第10条规定:“公民、法人受期货公司或者客户的委托,作为居间人为其提供订约的机会或者订立期货经纪合同的中介服务的,期货公司或者客户应当按照约定向居间人支付报酬。居间人应当独立承担基于居间经纪关系所产生的民事责任。”由此可见,最高人民法院也倾向将居间理解为纯粹的中间介绍业务。

我国期货行业中惯称的“居间人”一直以来既可以从事客户与期货公司之间的订约中介,又可以成为客户的代理下单人,实际上已经超出了“居间”一词所能指代的语义范围。

期货居间人是伴随我国期货行业的诞生而出现的,经过近30年的发展,目前仍是期货市场参与者中的一部分,是部分期货公司重要的外部营销力量。因居间人诚信、道德风险引发的跨区套利、侵害投资者合法权益等问题屡见不鲜。据中国期货业协会披露,协会处理的各类投诉中,涉及居间人的投诉占比由2017年的5%上

* 中证大连调解工作站工作人员。

升至 2020 年的 33%，呈现逐年增长趋势。上述投诉 90% 以上系因居间人诱导开户、喊单指导交易等超越居间本身的行为引发。2020 年期货业首个《期货公司居间人管理办法(试行)》(以下简称《办法》)①面向社会公开征求意见，这意味着，后期期货公司居间人的管理和规范将有所依据。

二、案 件 简 介

某期货营业部客户张女士向中证法律服务中心反映，其于 2019 年 12 月通过添加微信的方式与自称专家投资人的王某建立联系，王某称通过专家授课、名家喊单、承诺收益的方式可协助张女士实现账户资金翻倍的目标。经王某的推荐，张女士通过网络开立了期货公司账户，在毫无期货相关操作经验的情况下，先后投入 30 万资金进行期货交易。

在王某的操作指导下，张女士不仅没有盈利还亏损严重，经与期货营业部沟通才知晓王某并非营业部员工，而是居间公司人员，交割单据显示账户亏损 6 万多元，手续费 4 万多元。张女士认为，期货公司和居间公司通过欺诈方式，引诱客户开户入金，赚取高额手续费，要求期货营业部和居间公司共同承担期货交易造成的损失并返还多收取的手续费。

张女士称整个期货交易过程由居间公司工作人员对自己进行操作指导，但她并不知道其不是期货营业部工作人员，要求期货营业部与居间公司共同承担赔偿责任。期货营业部认为，在网络开户过程中，营业部已进行了相关的期货交易风险揭示、居间人身份信息及禁止性行为等内容的告知，张女士通过网络进行的每一步操作视为已知晓相关事宜。居间公司认为，每一笔交易都是由投资者自己操作的，工作人员只是向投资者提出交易建议，不应该为投资者损失承担责任。

三、调 解 过 程

首先，中证法律服务中心调解员介入该案调解后，耐心聆听张女士对事情经过

① 本文供稿后至本书出版期间《期货公司居间人管理办法(试行)》已正式发布，自 2021 年 9 月 10 日起实施，自施行之日起至 2022 年 9 月 9 日为过渡期。

的详细叙述并仔细查阅其证明材料，向张女士解释居间人和期货公司的关系。根据最高人民法院《关于审理期货纠纷案件若干问题的规定》第10条的规定，居间人应当独立承担基于居间经纪关系所产生的民事责任。因此，本纠纷中若是居间公司有过错，其应该独立承担法律责任。具体到期货公司的行为，根据期货营业部提交的相关证据材料，调解员认为在开户过程中期货营业部已向张女士介绍居间人情况，在风险提示方面也已履行了告知义务，期货公司的行为没有瑕疵。

其次，调解员向期货公司释明纠纷发生当时对居间人的管理尚缺乏相关的法律规定，期货公司与期货居间人也没有隶属关系，但期货公司在发展居间人的时候，与居间人之间是有合同关系的，应当基于合同关系对居间人进行合规管理。

最后，调解员向居间人阐明：第一，根据《期货公司监督管理办法》第75条的规定，期货公司及其从业人员从事期货投资咨询业务不得向客户做获利保证，而本纠纷中居间公司工作人员的部分言语有向张女士承诺收益的倾向，容易对张女士产生误导；第二，根据《上海期货交易所违规处理办法》第20条的规定，禁止期货公司会员诱导、强制客户按自己的意志进行交易，从投资者提供的聊天截图来看，居间公司工作人员的部分言语有引导投资者按其意志交易的倾向。因此，居间公司工作人员部分行为有违职业规范，居间公司应承担主要责任。

经过调解员的耐心调解，最终三方达成一致意见。期货公司承诺加强对居间人的业务监督，居间公司表示愿意承担相应责任并对张女士进行补偿。张女士心结得以打开，纠纷最终圆满解决。

四、实践分析

（一）期货居间人存在的必要性

1. 自然人居间人存在的必要性

目前，期货市场的实际状况决定了在今后的一段时期内，自然人居间人仍有存在的必要。期货市场是资本市场的重要组成部分，发达期货市场中为投资者服务的不仅有期货佣金商，还广泛存在介绍经纪人、商品交易顾问、商品合资基金等多种形式，涵盖了期货市场的众多方面。目前，我国公众投资者对期货品种和期货交易制度的了解程度远远不如股票、债券和基金，期货经营机构在网点数量、规模和覆盖面上也远不及证券公司、银行等机构。鉴于自身相对较弱的市场开发力量,很多分类评级中属于 BBB 级以下的期货公司力图寻找覆盖面广且成本低的业务拓展模式,自然人居间人无疑是首选。

自然人居间人在协助期货公司进行广告宣传和业务拓展方面起着一定的作用,有效缓解了期货市场上期货公司与投资者之间信息不对称的矛盾。长久以来,由于经济实力等原因,期货公司对投资者的宣传、推介力度并不大,许多投资者获得期货公司和期货市场的信息相对有限,对期货行业并不了解,使双方很难缔结期货合约,而期货居间人的存在能为交易双方提供优质服务,在期货公司与投资者之间斡旋,传达双方意思,起着搭桥、牵线的作用,这就有效地缓解了期货公司与投资者之间信息不对称的矛盾,缩短了投资者与期货公司之间选择的时间成本,提高了双方合约的缔结成功率。居间人辐射面广,利用自身的资源代期货公司宣传期货品种、开发客户,从而形成多层次的市场开发网络,为期货公司提供了大量的客户资源,并在投资者中树立公司的品牌。

自然人居间人丰富了期货市场的投资者服务体系,可以更好地为客户提供个性化的服务。期货公司可以为所有客户提供一系列标准化的后续服务,但由于法规约束、公司实力等方面原因,大多数期货公司为投资者提供服务的形式单一,不能满足投资者的个性化投资要求,而居间人在此方面则能更灵活、贴身地为客户提供此类服务,“一对一”的方式更适合期货市场中小资金规模的客户。个性化服务为自然人居间人留下了广阔的活动舞台。从而使期货公司可以集中人力、物力用于系统维护、研究发展、咨询服务、风险管理等工作,从而有利于期货市场效率的提高和结构的优化。

2. 机构居间人存在的必要性

相对自然人居间人,机构居间人掌握着更广阔的信息资源,具有更强大的市场开发能力和客户维护能力,在高度分工的金融市场中具有较强的竞争优势。尤其是在有关法规对机构居间人进行确认和规范的情况下,成熟的机构居间人比自然人居间人在抗风险能力和诚信度上更具有优势,也更利于期货市场的平稳运行。

机构居间人制度有利于期货市场自律体系建设及诚信体系的完善,催生期货评价公司的成立。期货评价公司由于其独立的中介地位,客观评价期货交易所、期货公司和期货交易品种的竞争力,可以为投资者了解期货市场、揭示期货风险、发现期货市场投资机会、参与期货交易提供帮助,通过客观、公正地评价扮演“善意第三者”的角色。一方面,引导投资者与资信好、运作规范、管理经验丰富的期货公司缔结合约;另一方面,向投资者提供资信差、运作不规范、管理混乱的期货公司名单,为投资者提供预警系统,降低投资者的期货风险。这有利于加强对期货交易所、期货公司的监督和期货行业自律体系的完善,建立期货业的诚信文化。

(二)对自然人居间人的研究

1. 自然人期货居间人存在的主要问题

实行开户实名制后,居间人通过订立虚假合同从而实现洗钱等非法目的的情形得到了很大程度上的遏制,现阶段自然人居间人在实践中主要存在如下问题:

(1)隐瞒身份,误导客户。在开发客户时,一些居间人私自印制名片,谎称其为期货公司工作人员,甚至以期货经营机构的名义在当地设立非法网点,聚集客户进行期货交易,混淆了客户对其真实身份的认知。尤其是一些居间人在期货经营机构拥有办公场所,这样更容易造成客户对其身份的误解。一旦客户亏损严重,或居间人对其的获利承诺未实现,客户极易向期货经营机构而非居间人提出诉讼,公司将承担表见代理等诉讼风险。

(2)恶意交易,侵害客户利益。居间人的主要报酬来源于按客户手续费额度返还的佣金。在居间人被客户指定为代理下单人的情形下,部分居间人为了自身利益,在客户不知情的情况下频繁交易、恶意炒单,致使客户利益受到侵害。

(3)引发佣金恶性竞争,损害期货行业整体利益。随着期货行业竞争的加剧,很多期货公司的经营方针由开发客户转向开发经纪人,由手续费竞争转变为返佣竞争。拥有较多客户且成交量大的居间人,其佣金比例甚至能占到期货公司手续费净收入的80%以上,大大影响了期货公司的盈利情况,出现公司“增产不增收”的现象,导致公司无力改善设施、储备人才、提高服务水平等不良后果,从而影响了期货行业的整体发展。

2. 自然人居间人由居间身份向客户代理人身份转化的问题

在期货经纪合同中,有相当比重的指令下单人为客户的居间人。即使今后法规禁止居间人成为客户代理人,在实践中,也仅能从期货经纪合同层面,而非在实际运作层面杜绝这一现象的发生。在网上交易已成为期货主要交易方式的今天,客户委托他人代理交易,仅需将交易密码交予他人。而对于此种非期货经纪合同载明的授权,期货公司和监管部门均无从知晓。

3. 自然人居间人的业务形态

在实践中,自然人居间人主要的业务形态为订约居间和代理交易。在开户实名制实施之前,一些居间人可能通过某种形式代理客户开户。此外,还可能存在居间人私下与客户签署获利承诺或收益分配协议的情形。期货公司的新合同往往约定期货公司将交易结果发送到保证金监控中心即完成通知义务,客户只要将交易密码、资金调拨密码都告知居间人,则居间人实际上就构成了全权代理。

4. 自然人居间人与从事客户开发工作的公司员工的定位区别

在完全采取公司开发模式及采取公司开发模式和居间人开发混合模式的期货公司中,从事市场开发的公司员工与居间人是相区别的。这些员工与期货公司签订劳动合同,每月从公司领取基础工资(底薪)。而居间人与公司之间不存在劳动合同,其从期货公司领取的资金全部为佣金。当然,期货公司从事市场开发的工作人员也会获得与其开发客户的累计交易情况挂钩的奖金,但其在很大程度上低于居间人的佣金比例。而且大多数期货公司对其员工市场开发奖金按档次分配,而非直接按比例分配。

5. 自然人居间人的利益构成和来源方式

据调查,居间人不会仅因介绍客户开户而获得佣金。只有当客户发生交易,期货经营机构才会按照客户的手续费净收入的一定比例向居间人支付佣金。在佣金的支付方式上,期货经营机构或是以工资名义入账,或是以费用的形式进行处理,或是将上述两种做法结合。

(三)对居间人法律责任的建议

1. 自然人居间人的法律责任

自然人居间人不隶属于任何机构,应以自己的名义开展居间业务,向委托人如实报告,并独立承担基于居间等行为产生一切法律后果。

(1)民事责任

一是违约责任。自然人居间人违反其与期货公司签订的居间合同中的有关内容,应当向期货公司支付违约金或赔偿公司由于其违约行为而遭受的损害。

二是侵权责任。当自然人居间人从事以下违规行为时,应承担侵权责任:客户由于自然人居间人故意隐瞒重要事实或者作出虚假陈述而形成错误判断,并基于该错误判断从事开户或交易等行为并遭受损失的，自然人居间人应承担赔偿责任；自然人居间人从事除单纯居间业务以外的其他业务（代理等），应取得相应的资格。超越资格限定业务范围执业给客户造成损失的，应承担赔偿责任。

具有代理交易资格的居间人，在代理客户从事期货交易时，违反诚信、谨慎、勤奋、为客户利益等原则，而给客户利益造成损失的，应承担相应的赔偿责任。

（2）行政责任

自然人居间人若违反有关法律、法规、规章中对其资格管理、监管要求及执业准则等方面的规定，在符合法定条件和程序的情况下，证监会应对自然人居间人进行行政处罚。

（3）刑事责任

若自然人居间人的违法行为已触犯刑法有关规定，则应承担相应的刑事责任。

2. 机构居间人的法律责任

机构居间人法律责任可参考自然人居间人，但应存在如下区别：一是在民事责任方面，须明确机构居间人工作人员的违规行为在何种情况下可归责于机构，以及赔偿与追偿方面的细节问题；二是在行政责任和刑事责任方面，应根据机构居间人违法、违规行为的性质，明确何时采取单罚（只追究机构或工作人员的责任），何时应采取双罚（同时追究机构和工作人员的责任）。

五、结　　语

期货居间人的产生最初是为了活跃期货市场，引进更多的期货投资者。但随着期货市场的发展，更专业的投资人或特殊法人加入之后，居间人的作用从最初的活跃市场转变为维稳管理，也就必须纳入相应的监管。调解作为最平和、高效的维权手段，对维护中小投资者合法权益具有重大意义。在金融法律制度和监管措施不断完善的情况下，充分发挥调解自身优势，进一步助力资本市场的和谐健康发展。

案例2:投资者A、B期货公司与居间人C公司期货交易纠纷

康　丽*

一、引　言

期货市场是保证金交易,风险更高,投资者与期货公司粘合度更高,对中介服务需求也更多。我国期货市场纠纷主要集中于全权委托、跟单交易、强行平仓、透支交易、居间展业等方面,更多地体现个性化、分散化、专业性强等特点。近年来,通过反复的探索和实践,我国证券期货投资者教育和保护工作取得了长足进步,已经在知识普及、维权渠道、推广宣传等方面,持续将投资者教育和保护工作推上新台阶,保障了投资者能够更便捷、高效、低成本地维护自身合法权益。

目前,我国期货投资者中,投资金额低于100万元的中小投资者居多,该类投资者大多缺乏专业的期货投资知识,投资依赖他人指导,同时"买者自负"的意识淡薄。另外,在期货公司竞争"白热化"的背景下,合格投资者的有效开发也存在一定瑕疵,甚至在某种程度上开发了不适当的投资者。我们清醒地认识到,随着金融衍生品的陆续推出,产品设计嵌套复杂,加上投资者适当性制度执行不足,以及期货交易规则诠释不到位,投资者的认知程度越来越差。缺乏专业知识的投资者,在利益的诱惑下,进行超出自身风险承受能力的投资,但又无法承担相应的损失,这类投资者一旦出现超预期的亏损,便试图希望通过"闹""告""访"等途径获取赔偿,维权缺乏理性。

* 中证资本市场法律服务中心陕西调解工作站主任,陕西证券期货业协会会员部主任。

期货市场纠纷解决主要有三种途径：仲裁、诉讼和调解。我国仲裁委员会大多是改革开放以后根据国际贸易大量增长的需要而设立的，并没有专业的证券期货仲裁委员会，且绝大多数仲裁委员会中都缺乏熟悉证券、期货交易的仲裁员。在司法审判系统，法院规模对案件数量的承载已经趋于饱和，同时诉讼周期长、对专业性要求更高，这对通过诉讼维权造成一定的障碍。所以，由于受法律和各种客观条件的限制，目前仅通过仲裁和诉讼解决期货市场纠纷的成效并不显著。

近年来，中国证监会着力推动投资者权利保障和救济赔偿机制建设。最高人民法院《关于证券纠纷代表人诉讼若干问题的规定》正式出台，普通代表人诉讼已有案件宣判；首例特别代表人诉讼已经落地，这是资本市场发展历史上的一个标志性事件；①投资者保护的“工具箱”不断丰富，2020 年各调解组织共受理调解案件 6100 余件，调解成功 4900 余件，涉及金额超过 8 亿元。截至 2021 年 4 月底，累计已有 5 万多名投资者通过纠纷多元化解、支持诉讼、先行赔付、示范判决等各类维权机制挽回损失。中国证监会“12386”服务热线累计处理投资者诉求 60 余万件。

综上所述，在期货市场纠纷解决三种途径中，各调解组织的调解相较诉讼、仲裁等方式，周期更短，调解形式灵活多样，可以通过电话、网络、面谈等多种方式进行，调解不成功不影响再选择诉讼、仲裁等其他纠纷解决途径。

（一）期货账户的开立与交易

1. 期货账户的开立

期货账户是客户进行期货交易的前提条件，期货公司接受客户申请，为符合开户条件的客户开立期货账户，申请交易编码。期货账户由客户本人保管、使用，期货公司工作人员不得私下接受客户委托进行期货交易。

《期货交易管理条例》第 29 条规定了期货公司应当为每一个客户单独开立专门账户、设置交易编码，不得混码交易；第 26 条明确了客户可以通过书面、电话、互联网或者国务院期货监督管理机构规定的其他方式，向期货公司下达交易指令。客户的交易指令应当明确、全面。

《期货公司监督管理办法》第 59 条规定了期货公司应当按照规定为客户申请、注销交易编码。客户与期货公司的委托关系终止的，应当办理销户手续。期货公

① 数据来源：阎庆民副主席在 2021 年“5 · 15 全国投资者保护宣传日”活动上的致辞。

司不得将客户未注销的资金账号、交易编码借给他人使用。第56条明确了期货公司应当进行客户交易指令审核。期货公司应当在传递交易指令前对客户账户资金和持仓进行验证。

《期货市场客户开户管理规定》第3条规定了期货公司接受客户委托,为其申请境内期货交易所交易编码、修改客户资料、注销交易编码,以及期货公司管理客户资料、对账户进行规范和休眠管理等行为,应遵守本规定。

2. 期货账户的异常交易

(1)指令错误的类型化分析

第一,投资者自身原因造成的指令下达错误造成的损失,由投资者自行承担。

第二,期货公司原因造成的损失:一是期货公司工作人员的失误行为导致损失,由期货公司承担;二是期货公司交易系统发生故障导致,期货公司应承担损失;三是期货公司系统与交易所系统信息不同步导致,期货公司发布信息仅作参考,投资者应根据法定信息平台的信息作出决策,期货公司无责任。

第三,第三人原因造成的损失:若期货公司已尽到正常的维护义务,则期货公司无责任;若相反,则期货公司应承担相应责任。

(2)应对错误指令的措施

为防控风险,必须提高交易系统的安全性,做好系统运维,做好客户交易过程监测和预警机制,做好系统防护,提高工作人员素质。

(二)期货经纪业务中的客户关系

经纪业务中的客户关系,是指投资者在期货公司开立期货账户,期货公司受"委托"从事期货交易产生的期货公司与客户之间的法律关系。

《期货交易管理条例》第18条规定了期货公司从事期货经纪业务,接受客户委托,以自己的名义为客户进行期货交易,交易结果由客户承担;第24条明确了期货公司接受客户委托为其进行期货交易,应当事先向客户出示风险说明书,经客户签字确认后,与客户签订书面合同。期货公司不得未经客户委托或者不按客户委托内容,擅自进行期货交易。

由此可以看出,期货经纪业务中,期货公司与客户之间的关系是建立在"委托"基础上的,期货公司接受客户的"申请",为客户开立期货账户,客户通过其期货账户向期货公司发出交易指令,期货公司通过其在期货交易所的交易席位执行客户的交易指令。

(三)居间业务中的客户关系

1. 居间业务介绍

《期货公司监督管理办法》第72条规定,期货公司可以按照规定委托其他机构或者接受其他机构委托从事中间介绍业务。最高人民法院《关于审理期货纠纷案件若干问题的规定》(法释〔2003〕10号)第10条明确了公民、法人受期货公司或者客户的委托,作为居间人为其提供订约的机会或者订立期货经纪合同的中介服务的,期货公司或者客户应当按照约定向居间人支付报酬。居间人应当独立承担基于居间经纪关系所产生的民事责任。

由此可以看出,期货公司可以依规委托符合条件的个人、法人机构从事居间介绍业务,为期货公司提供订立期货经纪合同的中介服务。在此关系中,居间人作为介绍人,按照与期货公司的《居间合同》提供介绍客户服务,期货公司按约定支付报酬,客户开户后,即成立客户与期货公司之间的委托关系,居间人则不再参与。

2. 居间人与客户的关系现状

(1)客户与居间人之间的介绍、服务关系

期货作为一个小众投资市场,大多数投资者并不完全了解期货交易的相关知识,因此,在经居间人介绍开户后,投资者基于对居间人的信任,往往会寻求居间人给予指导,希望居间人继续向其提供服务。

(2)居间展业中存在的问题

居间人介绍客户为的是获取介绍报酬,但基于客户对居间人的信任及对期货交易服务的需求,居间人往往在客户开户后,私下向客户提供交易指导,进而埋下了纠纷的隐患。

(3)针对居间展业问题的应对措施

加强居间人准入管理和展业行为的监督、加强对客户的投资者教育和风险防范意识培养。

(四)期货业务纠纷特点

1. 涉及主体分散,投资者专业程度不高

期货行业本身属于一个专业性很强、风险较高的小众行业,期货产品属于金融衍生品,其对投资者的专业知识、风险承受能力都有较高的要求,更适合机构和实体企业参与。

但从实际数据来看,机构和实体企业在期货市场的参与度并不高,而是以自然人投资者为主,且大多数都是投资金额低于100万的中小投资者,该类投资者风险承受能力差,趋利性强,分布区域广且散,缺乏专业的期货投资知识,风险防范意识淡薄。

2. 期货纠纷案件的专业性强

期货纠纷涉及期货的交易、系统等环节,具有很强的专业性和技术性,与其他民商事争议相比,对期货纠纷案件作出判断不仅需要具备法律知识,还需要掌握期货领域的市场规则和经验。

二、纠纷简介

(一)案例简介

B期货公司的A客户向中证法律服务中心陕西调解工作站反映,其通过网络与自称B期货公司工作人员的D某建立联系,D某称可以通过老师授课、带单的方式协助投资者A实现账户资金翻倍的目标。经D某推荐,投资者A在B期货公司开立了期货账户,在毫无期货相关操作经验的情况下进行期货交易。

在带单人的操作指导下,投资者A不仅没有盈利还亏损严重,经与B期货公司沟通,才知晓D某并非B期货公司工作人员,而是居间人C公司工作人员。投资者A认为,B期货公司和居间人C公司合作诱骗其开户入金,赚取高额手续费,要求B期货公司和居间人C公司共同承担期货交易造成的损失并返还手续费,合计33万元。

(二)矛盾焦点

期货居间人C公司的行为是否违规?若居间人C公司存在违规行为,期货公司B是否应承担赔偿责任?

投资者A称,其一直以为居间人C公司工作人员D某是期货公司B的专家,所以才听信其操作指导,要求期货公司与居间公司共同承担赔偿责任。

B期货公司认为在网络开户过程中,期货公司客服人员已履行了期货交易风险揭示义务,向投资者明示了居间人身份信息及禁止性行为。

居间人C公司认为每一笔交易都是由投资者A自己操作的，其工作人员只是向投资者提出交易建议，不应对投资者的交易损失承担赔偿责任。

三、调 解 过 程

（一）事实认定

根据B期货公司提交的相关证据材料，在开户过程中，B期货公司向投资者A介绍了居间人情况，在风险提示方面也已履行了告知义务。目前对居间人的管理缺乏相关的法律规定，期货公司与期货居间人也没有隶属关系，但期货公司在发展居间人的时候，与居间人之间是有合同关系的，B期货公司应当基于合同关系对居间人C公司进行合规管理。

居间人C公司工作人员虽未代理客户交易，但其存在承诺收益、指导客户下单的行为，不符合B期货公司对居间人C公司展业行为规范的要求，因此，居间人C公司应就其违规行为独立承担相应责任。

（二）法律适用

首先，根据最高人民法院《关于审理期货纠纷案件若干问题的规定》第10条的规定，公民、法人受期货公司或者客户的委托，作为居间人为其提供订约的机会或者订立期货经纪合同的中介服务的，期货公司或者客户应当按照约定向居间人支付报酬。居间人应当独立承担基于居间经纪关系所产生的民事责任。因此，本纠纷中若是居间公司有过错，其应该独立承担法律责任。本纠纷中，根据期货公司提交的相关证据材料，调解员认为在开户过程中，期货公司向投资者介绍了居间人情况，在风险提示方面也已履行了告知义务，故期货公司的行为没有瑕疵。

其次，期货公司与居间人之间有合同关系，应该基于合同关系对居间人进行合规管理。

最后，根据中国证监会令第155号——《期货公司监督管理办法》第75条的规定，期货公司及其从业人员从事期货投资咨询业务，不得向客户作出保证其资产本金不受损失或者取得最低收益的承诺。本纠纷中，居间公司工作人员的部分言语有向投资者做获利保证、承诺收益的倾向，容易对投资者产生误导。《上海期货交易所违规处理办法》第19条规定，禁止期货公司会员诱导、强制客户按自己的意志进行交易。根据投资者提供的相关证据材料,居间公司工作人员的部分言语有引导投资者按其意志进行交易的倾向,违反了交易所对经纪业务管理的规定,居间公司应承担主要责任。

(三)最终结果

投资者 A 对 B 期货公司和居间人 C 公司表示谅解,并从负有主要责任的居间人 C 公司处获得 17 万元的补偿。

调解员向投资者 A 表明其中立身份,耐心聆听投资者 A 对事情经过的详细叙述,并借助专业的法律知识帮助投资者 A 理解了期货公司、投资者、居间人三者之间的权利义务关系,获取进一步的信任。调解员在最大范围保障投资者合法权益的同时,努力平衡另外两方利益,争取作出三方均可接受的补偿金额的建议。

在 B 期货公司的支持下,与其缔约的居间人 C 公司就其过错行为赔偿投资者损失,投资者 A 最终获赔 17 万元。

四、经 验 总 结

(一)典型意义

1. 居间人应严格履行投资者适当性义务

居间人是期货市场高质量规模发展的重要因素,其对客户资源的有效开发是期货公司生存和发展的重要支撑。但居间人需加强内部合规风控管理,在进行期货居间业务开发活动时应做好合格投资者鉴别、明示自己的居间人身份及职责,如实向投资者说明期货的功能和风险,不得故意隐瞒投资期货的风险或故意夸大投资期货的利益。

2. 期货公司应建立事前、事中、事后的风控机制

期货公司应加强居间人督促管理,建立居间人动态管理机制,规范居间行为,加强对居间人的培训,提高居间人的违规违约成本。在销售产品或者提供服务的过程中,勤勉尽责,审慎履职,全面了解投资者情况,做好投资者适当性管理,加强对投资者的动态监测及回访确认等工作,从源头防范此类风险。

3. 投资者应树立“买者自负”的意识

投资者在进行证券期货交易前应加强金融知识的学习,不断提高风险防范意

识，审慎选择投资机构和投资项目，切勿轻信和盲目追求高收益，应以理性、谨慎的态度参与市场投资，不盲目听信他人的投资建议，对各种“荐股”切勿轻易跟风，应客观分析各类投资建议，独立判断，理性投资。

（二）亮点成效

1. 厘清居间合作边界

B 期货公司制定了公司内部居间人管理办法，通过居间协议明确约定了与居间人的权利义务关系，压实了居间人责任，通过缓发或扣发全部或部分居间报酬、暂停居间资格、终止协议以及向同业协会通报等处分措施，切实提高了居间人违约违规成本。

2. 着力打造居间人信用评价体系

居间人基于居间合同约定为期货公司提供介绍客户的中介服务，其收入主要依靠期货公司按照其所介绍客户参与期货交易产生的手续费返还，其诚信程度与投资者利益息息相关。B 期货公司的居间协议明确约定居间人的诚实守信义务，应忠实履行自己的中介义务，强化履行合格投资者确认和风险揭示程序等细化要求。

3. 引入第三方调解

调解员充分聆听客户需求，共情感受，理性剖析，循序疏导。通过“背对背”调解，指出各方存在的问题，力求以问题为导向，厘清责任，提升“卖者尽责，买者自负”意识，最终在投资人、期货公司、居间人之间达成一致意见，由居间人 C 公司对投资者 A 进行适当补偿，保护了投资者的合法权益。

Cases
Review of Dispute
Mediation

第五篇

基金专题

案例1:调解始于法律止于情理

薛天鸿[*]　叶　繁[**]

2021年4月,投资者陈女士就其与证券公司A公司之间有关理财产品合同效力一事向投资者网及中国证监会"12386"服务热线多次提出投诉,后为避免双方矛盾深化,在投资者网工作人员与投诉人陈女士多次交流并获得其书面同意后,投资者网将上述案件移交中证法律服务中心,希望借由第三方的介入使争议双方化干戈为玉帛。笔者作为中证法律服务中心公益调解员,接手了中心委派的这一案件。

在获取申请材料后,笔者对案情做了初步的梳理。陈女士系于2008年购买A公司的理财产品并持有总计200万产品份额。在购买产品份额时,陈女士与A公司之间并未签订书面协议,仅由A公司将陈女士的签约信息记录在A公司内部的系统中。2008年至2018年,产品在A公司的管理下稳定产生营收,其间,陈女士曾将其中60万产品份额赎回。2018年9月,A公司发布对外公告,宣布因产品期限即将届满,为使产品期限展期,需要持有产品份额的投资者在5日内签订补充协议。由于陈女士在外出差,无法在柜台进行签署,于2018年9月中旬通过微信的方式将签字页的照片件发送给A公司的对应代销机构,届时回复时间已超出公告约定的期限。然而A公司并未依照公告内容记载的方式将份额对应款项返还给陈女士,而是视为陈女士已经按期签订了补充协议。2019年陈女士在产品清算过程中,主张其并未与A公司签订合同,也未与A公司签订补充协议。在与A公司交涉未果后,陈女士向"中国投资者网"及中国证监会"12386"服务热线提出投诉。

---

* 上海国瓴律师事务所律师,首席合伙人、主任。

** 上海国瓴律师事务所律师。

综览全案,投诉人陈女士提出的主张为两项:第一,陈女士认为其与 A 公司并未签订《集合资产管理计划合同》(以下简称原合同),双方并未成立委托理财关系。第二,陈女士认为即便原合同是有效的,其未在公告期约定时间内签订补充协议,双方并未就产品期限的展期达成合意,案涉产品期满之时 A 公司应当向其返还产品对应份额的财产。

针对陈女士的两项主张,A 公司也作出了相应的回应。A 公司认为:第一,针对原合同,陈女士是通过电脑登录客户账户的方式认购的理财产品,该产品采用电子合同,以电子签名的方式签署。陈女士在客户账户中认购的行为本身即表明客户完全接受原合同项下的全部条款,合同依法成立生效。第二,针对补充协议的效力问题,A 公司称其于官网发布的关于 A 公司产品合同变更的公告中载明的限定日期 5 日为工作日,陈女士在 5 个工作日内回复代销机构的行为应当属于对补充协议的认可,该答复时间并未超过公告约定的期限,不存在超期回复的情况,补充协议成立并生效。

关于陈女士的诉求是否符合法律规定,如果笔者以律师的身份来对这个问题进行探讨,可能得出的结论并不会如陈女士所愿。本案讨论的是一个要约承诺的问题,其既包含承诺的方式也包含迟延承诺的法律性质。

首先,回到第一个问题,原合同是否生效。从现有的材料来看,陈女士与 A 公司签订的合同上并没有陈女士的签字,且 A 公司也未能提供相应的陈女士的电子签名,双方之间的法律关系似乎并没有书面的文件予以固定,但笔者认为双方之间的法律关系是实际成立的。一个合意的达成,以要约承诺为基础,而承诺的方式可以是多样的,除传统意义上的签字盖章外,履约行为本身也能被认定为一种承诺行为。陈女士在阅读完 A 公司提供的合同后,虽未有实际签字行为,但其选购产品,花费巨额现金购买对应份额产品,并在产品份额单位净值上升后进行回赎,且始终未对合同条款提出异议等种种行为本身即已代表其对原合同作出了承诺。无论是否实际签订书面合同,双方的法律关系即已成立。

其次,关于补充协议是否生效。通过现有材料笔者得以明确陈女士确未在公告约定时间内就 A 公司公告所述的补充协议作出承诺。其承诺行为晚于 A 公司要约所确定的期限,属于迟延承诺。但该迟延承诺行为,从法律角度而言,可以看作陈女士对 A 公司的全新的要约行为。虽然 A 公司在先的要约行为并未获得陈女士的承诺,陈女士在后的要约行为却获得了A公司的承诺。至此A公司与陈女士有关产品展期的补充协议是实际成立的。

综上所述,从法律的角度,陈女士的投诉如果涉及诉讼可能较难得到法院的支持。但在本案中,笔者的身份是一名调解员而非一名法官,更不是哪一方的律师,笔者的职责不是单纯地去为一件事盖棺定论,而是应当去探究争议双方的真实想法,探究双方是否还有协商的空间,能否相互谅解。笔者在处理本案的过程中始终秉承着这一准则。

探究争议双方调解空间的前提在于先去探究投诉人的真实诉求,他们究竟是为何愿意通过这个调解平台解决争议。一般而言绝大多数人的诉求都是为了获得经济上的赔偿,但如果将本案陈女士的真实诉求也这样理解,那么她在调解过程中的主张就显得有些奇怪了。

在调解前笔者曾向陈女士明确过,案涉产品在A公司的管理下是产生营收的,且该营收远超陈女士根据银行的定期存款利率可以获得的利息。如果陈女士的第一项主张得到支持,或者被对方认可,则合同未成立,双方应当恢复原状,陈女士需要向A公司返还因该产品获得的营收,这样的结果明显对陈女士不利。然而,对于合同不成立的法律后果,陈女士表示其完全知晓,但仍然希望继续该主张,其不断投诉,甚至提出不利于自身主张的原因,本质上是出于对A公司不负责任工作态度的不满。其真实诉求不是为了获得经济上的补偿,而是希望A公司提高对客户的重视,提高对客户的服务质量。

在明确陈女士的内心真实诉求后,本案的处理重心也从传统意义上的法走向了情,接下来为了解决争议,在调解前,笔者与被投诉方也开展了一次沟通。首先,A公司作为一家各方面都较成熟的证券公司,其与笔者的初步接触过程中,始终保持着良好友善的态度,对笔者提出的问题也知无不言。但笔者在和他们交流的过程中发现,A公司并非像其宣传的一样,公司上下整齐划一,做事面面俱到;相反地,因为公司体量的原因,公司高层与基层,总公司与分支机构之间很难保持同步协调。甚至与笔者交谈的负责人员对基层人员的实际工作情况都不能准确把握,在一些事实方面的问题上需要进行反复核实。从对接人员提供的已有材料来看,基层工作人员在工作方面的纰漏还是较大的,如合同未签字,合同落款日期与合同成立日期严重不符,乃至迟延通知的情况比比皆是。也难怪陈女士会对A公司的服务质量表达不满了。

其次,A 公司在面对前述工作上的纰漏时所反馈给笔者的态度也不能令人满意。虽然 A 公司对接人员反复强调会对实际情况进行核实,但在多次交流后,仍未能给出统一的说法,交流期间所提供的说法也未提供相关材料予以证实,以至于即便作为调解员也无法完全获悉相关事实的真实情况。例如,是否存在电子签名,为什么 A 公司提供的原合同的落款日期为 2018 年而非 2010 年,补充协议的签署页去哪里了,签署页的照片件是否能够提供都没有定论。作为调解员的笔者为探究事实尚且存在诸多困难,也不难想象作为投资人的陈女士在该案中为实现“讨个说法”这一诉求会遇到什么样的困境。

所幸的是,基于 A 公司的配合及陈女士的坚持,笔者最终还是为争议双方争取到了一次视频调解的机会,让争议双方及调解员可以置于同一空间下发表自己的观点。这也是陈女士在双方争议爆发后第一次与 A 公司的高层正面接触,也是她第一次听取 A 公司作出辩解。

整个视频调解维持了 2 个小时,从最初的确定投诉人诉求,总结双方争议焦点,到 A 公司对陈女士的疑问和不解作出正式回应,再到陈女士与 A 公司就事实问题细节进行进一步讨论,最后由调解员固定双方未解决争议,并安排调解结束后双方的进一步工作。整个调解程序在笔者的主持下稳步进行,避免了单方的情感宣泄与双方的无意义争吵。在视频调解的过程中,A 公司负责人员首先表明了自己的态度,对于陈女士出现的一些困扰,他们表示十分的抱歉,并承诺对于员工的工作要求和服务态度的培训工作会做进一步的加强。其次关于合同效力的问题,A 公司表示他们还是希望陈女士能够认可该合同的效力,无论是从法理还是收益方面 A 公司都认为,维持原合同效力对于陈女士来说更有益也更合理。最终陈女士表示,虽然其对合同是否成立并生效仍持保留意见,但她对 A 公司在调解过程中承认错误的态度还是较满意的。基于此,在调解的最后,A 公司同意会将其回复意见落实到书面,给陈女士一个正面的回复。至此整个调解程序终结。

这个调解案件的结果对笔者来说是感触颇深的,它让笔者跳出律师身份的限制,从一个调解员的视角来审视整个案件。让笔者告别了过往诉讼中的激烈对抗,回归化解矛盾,解决争议的法律本质。一方面,在该案中笔者看到了一位明知自己的主张可能带来不利法律后果但仍为争一口气,始终坚持自己信念的投资人;另一方面,笔者也看到了一家明知自身从法律角度占据优势但仍愿意与投资人坐下来好好谈谈的证券公司。可以说,整个调解案件能够圆满结束,既离不开调解员的从中斡旋,也离不开愿意通过交谈的方式解决问题的争议双方。实际上社会生活中的绝大多数矛盾其实并不会达到你死我活的程度,而绝大多数卷入矛盾的主体也并非为了争得鱼死网破,很可能他们只是被矛盾本身裹挟了,法律的作用就是将这种矛盾的旋涡斩断,使争议的双方回归冷静,从而可以以一种相互让步的方式妥善解决问题,这也是在诉讼中,审理案件的法官更愿意对案件进行调解而非下达判决的本质原因,也是笔者作为调解员的意义所在。

除了前述的个人对调解工作秉持的理念,在本案中笔者也发现了一些有助于调解工作进行的技巧,也希望在本文中与各位投资者、证券公司乃至同为公益调解员的同人们分享,共同进步。在本次调解中,笔者将整个调解环节分为四个阶段:第一阶段,明确投诉方诉求及双方争议焦点;第二阶段,针对每项诉求被投诉方作出初步回应;第三阶段,调解双方在调解员的主持下自由交流;第四阶段,固定未解决的争议,并安排调解结束后的双方工作。四个阶段安排均有其应存在的价值意义。

针对第一阶段的安排,明确投诉人诉求及双方争议焦点的意义是为整个调解活动定下框架,防止调解演变成双方无意义的争吵或单方的情感宣泄。一般情况下,投诉人一方基于其个人认知往往会将发言的重心放置在描述客观现象上,而非对其诉求的主张,甚至有个别投诉人对于实际的诉求很可能并未予以关注,以至于整个调解进程的重心发生偏离。在本案中陈女士也出现了只讲现象不提诉求的情况。为了保证调解工作的成效,笔者在调解的最开始对陈女士的诉求作了总结概括,并在询问过后获得了陈女士的确认。

针对第二阶段的安排,给予被投诉人初步回应的机会有助于投诉人与被投诉人双方化解因交流上的障碍而产生的,并不完全对立的争议或问题。避免调解双方将调解的大部分时间浪费在一些鸡毛蒜皮或调解态度的问题上。在这一阶段,A公司的回应较礼貌且完整,虽未能直接使双方达成调解合意,但也为后续的调解顺利进行做了铺垫。

针对第三阶段的安排,给予争议双方直接交流的机会是本次调解的核心环节,也是陈女士的主要诉求,前述的第一、第二阶段的安排是为第三阶段的进行排除障碍,固定调解框架。在前两阶段工作完成后,第三阶段的进行将围绕着第一阶段中确认的诉求展开讨论,一般由投诉人和被投诉人交叉进行。笔者仅会在一方的意见偏离整个调解核心问题之时作出纠正,而不过多参与双方的调解过程,不通过发表自身的主观看法,刻意左右调解双方的内心想法。

针对第四阶段的安排,固定未解决争议为调解双方安排后续工作,这一阶段的意义是在将双方本次调解工作的成果进行固定,并就调解程序中未解决的问题提供后续的解决措施,防止调解工作的效果随时间的延长而下降。

中证法律服务中心不仅为广大投资者提供了便捷的申诉渠道及相应的争议解决机制,也为律师们提供了一个可以为金融证券领域提供公共法律服务的平台。在我国推行金融证券相关纠纷多元化解决机制的今天,中证法律服务中心作为解决机制中的一环,其地位变得愈发重要,它将会是连接投资者与证券从业机构的一座稳固桥梁,能更好地助力争议解决,促进社会和谐。

案例2:证券公司资产管理产品业务纠纷调解案例分析

李炳昱*

一、引言

我国证券公司的资产管理业务始于20世纪90年代,逐步经历了一个由无序发展到整顿规范再到快速发展的过程,在较短的时间内实现了从无到有、从弱到强,从单一到多样的转变,成功成为资产管理行业的一股重要参与力量。

我国证券公司资管业务的发展大致可以分为三个阶段:一是探索发展阶段(2012年之前)。2003年,中国证监会颁布《证券公司客户资产管理业务试行办法》(以下简称《试行办法》),券商资管业务开始正式步入发展阶段,《试行办法》将证券公司资产管理业务范围划分为集合资产管理业务、定向资产管理业务和专项资产管理业务,并确定开展资管业务行政许可程序等内容。但由于该阶段内券商资管业务采取审批制,审批周期较长,且投资范围受限,多年以来,券商资管业务发展一直未有明显发展。二是高速增长阶段(2012~2015年),随着政策红利的释放,2012年也被称为券商资管业务发展元年,该年内证监会颁布了《证券公司客户资产管理业务管理办法》及配套实施规则《证券公司集合资产管理业务实施细则》及《证券公司定向资产管理业务实施细则》(以下统称一法两则),对券商资管业务的投资范围、投资限制等进一步优化,并将审批制改为备案制,缩短了产品设立时间,券商资管业务迎来高速发展阶段。三是严监管阶段(2016年至今),2016年监管部门对

---

* 中证陕西调解工作站业务专员,陕西证券期货业协会投保调解部职员。

监管思路进行调整，强调去杠杆、防风险，2016年7月中国证监会颁布了《证券期货经营机构私募资产管理业务运作管理暂行规定》，明确将"八条底线"规则升级为证监会规范性文件。直到2018年资管新规的出台统一了资产管理产品的监管标准，着重解决资产管理业务存在的监管套利、刚性兑付等问题，引导资管业务回归，自此进入资管业务严监管阶段。

近年来，随着资本市场的高速发展和投资者的维权意识不断提高，证券期货纠纷等金融争议也呈现多种多样的类型，其中就有资管产品纠纷。同时，我国证券期货纠纷调解机制取得进一步发展，从调解数据来看，2020年各调解组织共受理调解案件6100余件，调解成功4900余件，涉及金额超过8亿元。从数据可以看出，调解机制作为投资者权利保障和回报机制的重要手段，无论是成功率还是赔付率都在不断提升，这也说明调解机制具有纠纷解决路径期限短、效率高、灵活性强等优势。从而更符合投资者预期，当事人更愿意通过调解机制解决纠纷，避免选择诉讼后给双方当事人带来更多不利影响。但由于调解协议的执行缺乏相应的强制力，因此，及时对调解协议进行司法确认，用司法程序确保调解方案的执行力，就成了调解机制的重要一环，特别是资管产品纠纷具有涉及金额较大等特点，通过司法确认能够更好地确保双方当事人的合法权益。

综上所述，在资管产品业务严监管的背景下，势必会造成此类型纠纷集中出现，而"调解机制 + 司法确认"的纠纷解决方式，可以很好地帮助双方当事人达成一致，从根本上化解当事人矛盾。

二、案例简介

(一)基本情况

投资者A向中证法律服务中心陕西调解工作站反映，其作为委托人与X证券公司在2016年签订了定向资产管理计划合同，在该资管计划合同关系存续期间，投资者A一直履行相应义务，但该定向资管计划账户亏损数额巨大，且引起了上级部门的重视(投资者A为企业法人)。通过投资者A对亏损原因进行一系列排查后，发现资管计划管理人X证券公司在合同关系期内存在高买低卖等操作，是导致账户内资金亏损的主要原因，考虑协议内容和该案涉及金额较大等多方面因素，投资者 A 向工作站申请调解，其主要诉求为请求 X 证券公司赔偿投资者 A 的损失。

（二）矛盾焦点

本案中，该资管计划合同纠纷的矛盾焦点主要集中在以下两个方面：（1）投资者 A 主张导致该资管计划账户产生大额亏损的主要原因为 X 证券公司作为该产品管理人违反勤勉尽责义务，具体表现在合同期内存在高买低卖等风险性较高的操作行为，违反了双方在资管合同当中的约定，该合同约定管理人应做到“诚实信用、勤勉尽责，以专业技能管理委托资产，不得从事有损委托人利益的行为”，该合同在违约责任项下约定“合同当事人违反本合同，给其他合同当事人造成损失的，应当承担赔偿责任”。基于合同约定，投资者 A 认为 X 证券公司应赔偿其基于诸多高风险操作失误所造成的损失。（2）对于投资者 A 的事实主张，X 证券公司举证说明在合同关系存续期间内，其作为该项目管理人未存在高买低卖等高风险操作，X 证券公司的买卖交易符合银行间交易规则，部分债券在买卖过程中产生的亏损是市场行情原因导致。

由于双方分歧较明显，不能及时达成和解方案化解矛盾，经过调解员在双方当事人之间多次斡旋调解，双方解决矛盾态度较积极，愿意在纠纷调解机制中化解矛盾。

（三）调解结果

1. 事实认定

关于本案双方当事人的矛盾症结点，调解员对案件发生及经过进行深入分析。通过查阅案件基本事实材料，并与双方当事人多次沟通，试图寻找矛盾化解的关键突破口，在调解员几番分析调查和沟通之后，发现导致本案资管账户资金亏损的原因双方都存在相应责任。一是投资者 A 作为银行业专业机构投资者，其委托资金大多数源于银行理财资金，由于投资者 A 风控机制不完善等原因，导致投资者 A 多次提取资管产品账户内资金，投资者 A 一旦提取账户内资金，X 证券公司也就紧接着对投资标的债券进行卖出操作，而卖出时点又刚好在整个债券市场下行阶段，导致该产品发生了亏损；二是 X 证券公司投资主办人因为在债券市场下行阶段判断失误等原因，再次造成该产品净值亏损，同时投资者 A 还主张管理人 X 证券公司存在未按照《证券期货经营机构私募资产管理业务管理办法》和双方合同约定及时向委托人披露相关信息的责任。

2. 法律适用

《民法典》第 509 条第 1 款规定,当事人应当按照约定全面履行自己的义务;第 577 条规定,当事人一方不履行合同义务或者履行合同义务不符合约定的,应当承担继续履行、采取补救措施或者赔偿损失等违约责任;第 592 条规定,当事人都违反合同的,应当各自承担相应的责任,当事人一方违约造成对方损失,对方对损失的发生有过错的,可以减少相应的损失赔偿额。本案中,双方当事人委托人投资者 A 以及资管产品管理人 X 证券公司对于资管产品净值亏损进而导致账户资金亏损都存在相应责任,按照《民法典》的规定,应当各自承担相应的责任。

《证券公司客户资产管理业务管理办法》第 39 条规定,证券公司及其他推广机构应当采取有效措施,并通过证券公司、中国证券业协会、中国证监会电子化信息披露平台或者中国证监会认可的其他信息披露平台,客观准确披露资产管理计划批准或者备案信息、风险收益特征、投诉电话等,使客户详尽了解资产管理计划的特性、风险等情况。

《证券期货经营机构私募资产管理业务管理办法》第 48 条规定,资产管理计划应向投资者提供下列信息披露文件:

资产管理计划定期报告,至少包括季度报告和年度报告。

双方当事人还在合同当中约定,管理人、托管人应按照委托人的要求向委托人全面披露委托资产的运作情况,关于投资主办人变更问题,合同中约定在发生变更投资主办人等可能影响委托人利益的重大事项时,应提前或在合理时间内告知委托人。本案中,管理人 X 证券公司未及时向委托人投资者 A 及时披露相关信息,应当为投资者 A 受损金额承担相应赔偿责任。

3. 最终结果

经过与双方当事人多次调解后最终达成一致,并签署了调解协议,调解结果为 X 证券公司向投资者 A 的损失进行一定赔偿,协议当中对 X 证券公司赔偿金的履行期限和履行方式也进行了相应的约定。调解协议成立并生效后,在调解工作站的指导下,双方当事人还在调解组织所在地法院申请对达成的调解协议进行确认,使调解协议与司法判决一样具有强制执行力,有效保障了双方当事人的合法权益。

三、案例分析

(一)典型意义

本案为银证合作模式背景下证券资管计划纠纷,此类纠纷近年来出现次数较频繁,为防止此类纠纷再次发生,笔者通过对该纠纷双方矛盾焦点进行分析总结,得出以下启示:

1. 证券资管计划投资者应充分做到“买者自负、审慎投资”。2018 年 4 月 27 日,我国金融监管机构联合发布了《关于规范金融机构资产管理业务的指导意见》(以下简称《资管新规》),同年中国人民银行、银保监会、证监会又针对资产管理业务发布了一系列管理办法,这反映了我国金融监管当局对资管产品力图采取统一监管措施,防范金融风险传递的监管趋势。该纠纷中的投资者 A 作为银行业金融机构,其委托资金源于银行理财资金,再加上该银行内部风控机制不完善等因素影响,导致委托人多次提取资管计划账户内资金,为管理人判断和决策市场形势带来一定干扰,同时也为账户内资金损失扩大带来风险。根据银保监会 2018 年 9 月 26 日颁布的《商业银行理财业务监督管理办法》第 35 条规定(投资范围),理财产品不得直接或者间接投资于本行的信贷资金,不得投资其他资管产品(公募证券投资除外)。考虑该资管计划合同签订于 2016 年,当时资管产品严监管的背景还未到来,该纠纷当事人投资者 A 用理财资金购买该证券资管计划的行为,无形中为双方产生矛盾纠纷埋下了种子。

在《资管新规》带来的严监管背景下,对于券商资管计划投资者的适当性要求也在不断提高。资管产品内部的法律关系直接指向的就是资产管理投资者与资管产品运营方之间形成的,投资者将货币或者其他财产交付给经营商予以增值,由投资者承担风险的过程中,发生的权利义务关系,即“受人之托、代人理财、风险自担”。从该纠纷来看,投资者 A 之所以与 X 证券公司达成的资管计划协议,其本质上还是想要对委托财产实现增值,但如果不能保证委托财产来源的合规性,由此带来的损失应适用过错责任原则进行处理。

2. 资管计划协议中应对双方权利义务关系的约定更加明确和细化。在对涉及本案的资管计划合同进行分析了解到,该合同约定在委托期限内委托人可以提取部分托管账户项下现金资产(委托资产的提取),同时还约定,委托人如需提取部分托管账户项下现金资产,应提前至少 3 个工作日以书面形式通知管理人,管理人同意后,应当在提取时间的基础上提前一个工作日向托管人发送《划款指令》(委托资产提取的方式),并且仅约定管理人和托管人不承担委托人由于提取委托资产造成的损失,这样的约定不能对双方权利义务关系进行明确。由于定向资产管理计划是券商为单一投资者提供的业务,笔者认为在合同的缔约和签订过程中,应对合同内容进行充分沟通并达成共识,对于委托资产提取这一行为,不仅要对提取方式作出约定,还要对委托人提取操作完成后,对于造成可能造成的损失责任予以明确。

3. 证券资管计划管理者应充分做到“卖者尽责、忠实履职”。对于该资管计划协议纠纷中的委托人投资者 A 提出的 X 证券公司存在信息披露报告不及时问题,引起了调解工作站的注意,虽然投资者 A 没有举证进一步说明事实情况,但由此引起的信息披露问题应当予以重视,信息披露是证券化产品的信任基石,委托人基于合作关系将资产委托给专业机构,而信任关系的来源就是受托人不断地在第一时间充分披露相关信息,信息披露也成了双方当事人在合作关系期内的一种重要沟通方式,X 证券公司基于种种原因未能在第一时间向委托人披露相关信息,就是这种信任关系逐渐开始出现裂痕的主要表现,正是有了信息披露不及时的“因”也就有了后来出现矛盾纠纷的“果”。

中国证监会颁布的《证券期货经营机构私募资产管理业务管理办法》中规定,证券期货经营机构、托管人、销售机构和其他信息披露义务人应当依法披露资产管理计划信息,保证所披露信息的真实性、准确性、完整性、及时性,确保投资者能够按照资产管理合同的约定的时间和方式查阅或者复制所披露的信息资料。同时,还规定了违反信息披露规定的法律责任,存在违反信息披露规定的情形的,给予警告,并处以三万元以下罚款,对直接负责的主管人员和其他责任人员,给予警告,并处三万元以下罚款。由此可以看出,监管部门对于违反信息披露规定的法律责任采取双罚制规定,同时,资管协议中的委托人还有可能基于管理人违反信息披露规定而主张对损失进行赔偿,因此,证券公司应当高度重视信息披露义务,在合同期限内按照法律法规的规定以及双方当事人的约定忠实履职,持续强化信息披露义务,充分做到及时披露、完整披露,尽力对信息披露等问题上免责。

（二）亮点成效

1. 完成司法确认，赋予调解协议强制力。由于调解协议具有契约性质，其执行效力较弱，这就要求调解机制和司法程序相衔接，通过“诉调对接”的衔接将调解协议申请司法确认，经过确认的调解协议具有和司法判决一样的强制执行效力，从而树立调解机制的权威性，有助于让投资者选择调解机制作为化解证券期货纠纷矛盾的第一选择。通过完成调解协议确认工作，与法院建立了良好的沟通衔接工作，从实践方面确保“诉调对接”机制的可操作性。

2. 认可调解结果，调解员专业性和调解技巧不断提高。本案为专业机构投资者与证券公司之间的纠纷，要求调解员具有很强的专业性，需要调解员深入检索法律法规，研究相关政策，并充分做到以案释法规，以情化纠纷。在调解过程中，调解员告知双方当事人基于行业特殊性原因，尽量在调解阶段寻找双方化解矛盾的“最优解”，经过调解员一番说辞，双方当事人的态度明显从剑拔弩张之势转变得相对柔和。紧接着调解员从案件事实出发，并多次引用相关法律法规，明确双方当事人责任，通过在案件事实和法律法规之间来回比对，使投资者 A 和 X 证券公司逐渐认可调解员对双方当事人明确的相关责任。在此基础上，最终逐步明确矛盾纠纷解决金额，双方当事人很快达成一致并有效化解矛盾。

3. 梳理纠纷内容，开展资管业务培训与投资者教育工作。随着资产管理业务严监管时代的到来，券商资管计划业务正在逐步“回归本源”，券商资管业务面对“转型”关口，如何布局和再发展成为热点话题，工作站通过对资管计划纠纷焦点进行梳理，针对纠纷当中出现的问题为证券经营机构转型提供理论支撑；开展资管业务法律风险防范培训，帮助辖区证券经营机构识别风险，将问题解决在合同缔结初期，引导管理人在合同期内忠诚履职、充分尽责，提高专业性的同时也要严守投资范围、信息披露等责任，防止委托人和管理人产生矛盾纠纷；此外，也要加强对投资者教育工作的开展，资管业务的基本模式是接受投资者委托，对受托的投资者财产进行投资和管理。机构与投资者之间很多问题的核心其实是投资者适当性不匹配的问题，因此，继续宣传投资者树立“代客理财，盈负自亏”观念就显得很有必要。

案例3:关于投资者投诉基金产品估值纠纷的调解案例评析

屈海欣*

一、案情简介

投资者郑某通过代销机构了解并购买了公司的一只指数型基金产品。投资者表示购买产品后关注到产品长期以来经常出现净值与估值不一致的情况,尤其是2021年1月4日该基金持仓股票上涨8%,基金估值上涨1.38%,但基金净值却未上涨,同时2021年1月5日该基金持仓股票都在上涨,但该基金净值反而下跌。投资者表示其有多年的投资经验,但从未遇到这种情况。郑某认为基金公司公布的基金净值与估值存在不一致的情况是不合理的,故通过中国证监会"12386"服务热线(以下简称"12386"热线)进行投诉。

二、调解过程及结果

接到"12386"热线系统反馈投资者郑某诉求后,基金公司积极核实情况,经核实:投资者通过代销机构购买了一只指数型产品,并通过代销机构查询到该基金产品持仓的股票是该基金2020年第3季度报告中公布的截至9月30日的前十大重仓股数据,并非该基金的最新持仓数据。

随后基金公司客服人员去电向投资者说明:首先,第三方网站是根据基金公司

---

* 广发基金管理有限公司投诉处理专员。

最新公布的季报上的前十大重仓股的涨跌幅以及基金总规模估算的，季报上的信息存在滞后性，该基金有可能调仓，规模也每天在变化，所以第三方网站给出的基金估值跟实际净值有差距。其次，基金净值是基金公司根据该基金当前总净资产除以总份额计算得出的，由基金公司、托管银行双方同时独立计算，数据核对一致后再对外发布，基金公司、托管银行对基金净值准确性负责，并受监管部门的严格监管，实际涨跌幅需以基金净值为准。再次，基金实时持仓数据属于非公开信息，不能对外披露，投资者所提及的基金严格按照基金合同规定定期披露基金季度报告，基金季度报告中会公布该基金的投资组合数据，建议投资者后续以基金净值为准，并可留意该基金季度报告公布情况。最后，若后续投资者对于基金产品有任何疑问，可及时致电基金公司客服电话，客服人员将认真及时地协助投资者解决相关问题。经基金公司客服人员与投资者郑某进行沟通后，投资者表示其问题已解决。后续“12386”热线回访投资者时，其确认基金公司已向其解释说明，且接受基金公司的解释。

三、案件评析

本纠纷引发的主要原因是投资者不理解基金公司信息披露规则，过于相信第三方网站的基金净值估值导致。基金估值，顾名思义是对基金净值的估算。一般情况下，估值平台会根据基金定期公布的报告（如季报、半年报、年报等）的内容提取估值需要的信息，如基金配置的行业、前十大重仓个股/债券、具体的比例等，再使用一定的算法对基金当天净值进行估算。《证券投资基金信息披露管理办法》第20条规定：“基金管理人应当在每个季度结束之日起十五个工作日内，编制完成基金季度报告，并将季度报告登载在指定报刊和网站上。”

投资者需要注意的是，基金估值只是根据报告信息和算法得出来的估算数据，会存在以下不足：一是片面性，由于计算基金估值参考的持仓信息来自定期报告（如季度报告），而根据规定季度报告只披露基金截至上季末的前十大重仓证券，并非把基金所有持仓股票和债券一一列出，估算所需信息来源不够完整。二是时滞性，根据规定，基金季度报告在每个季度结束之日起15个工作日内公布，半年报在上半年结束之日起60日内公布，年报则是每年结束之日起90日内公布。由于从上期季度末到当期任一交易日期间,基金经理很可能会根据市场情况进行调仓换股,而基金估值使用的是旧数据,可想而知其间肯定会有出入。三是差异性,投资者可能会发现不同平台的基金估值是不太一样的,它们之间存在差异性。背后的原因是各平台采用不同的模型和算法,以便根据基金过去的净值表现情况尽可能还原基金的真实持仓情况。

综上所述,由于计算基金估值的数据源存在片面性、时滞性,各个平台估算方法存在差异性,现实中基金经理可能已对基金进行调仓,且基金的规模也天天在变化,所以第三方网站的基金估值无法保证准确,仅能用作参考,投资者不能以估值作为基金净值涨跌的依据。投资者需要注意的是,基金净值是根据基金的实际持仓如股票、债券等资产的收盘价为依据,由基金公司、托管银行双方同时独立计算,数据核对一致后才能对外发布,具有公信力;基金公司、托管银行需对基金净值准确性负责,并受监管部门监管。因此,基金净值应以基金公司官网公布的数据为准。

四、启　　示

(一)投资者应充分了解产品特点,选择与自身风险承受能力相匹配的产品进行投资

本纠纷案件中,投资者通过代销机构购买的是指数型基金。指数型基金,是以指数成分股为投资对象的基金,即通过购买一部分或全部的某指数所包含的股票,来构建指数基金的投资组合。指数基金的投资目标为紧密跟踪标的指数,追求跟踪偏离度和跟踪误差的最小化。投资者所提及的该只指数型基金一直以来净值表现与标的指数的涨跌幅高度相关,投资者可以通过股票交易软件查看相关指数的走势情况。基金的风险和收益是成正比的,投资者应该了解基金的风险收益特征,以便在控制风险的前提下取得相对理想的收益。建议投资者应充分了解产品特点,选择与自身风险承受能力匹配的产品进行投资。

(二)基金公司应打造全方位陪伴式投资者教育服务体系,做好投资者教育工作

随着公募基金行业的不断壮大,新生代投资者不断增多,做好投资者教育工作,对基金行业、基金公司的长期健康发展都有着不可或缺的积极作用。为此,公

司打造了全方位陪伴式投资者教育服务体系，以满足不同层次投资者的理财学习需求为基础，通过设计入门、初级、进阶难度分类的主题场景化常置课程，引导投资者建立科学的投资理念和风险价值观念，更好地践行长期投资、理性投资，改善盈利体验。同时，根据行业发展需求，不断地丰富充实投资者教育内容，通过公司官网设置投资者教育专区开展投资者交易工作，通过法规、案例的普及，开展场景化投资者教育。投资者教育工作是润物细无声的工作，短期内可能没有立竿见影的效果，需要长期坚持，让投资者感受到实实在在的陪伴，从而潜移默化地受到影响。

投资者教育工作的目的是让投资者正确地认识资本市场，做一个理性投资者，了解"三要三不要"原则。

一要充分了解自己的风险偏好。投资有风险，不同基金的风险与收益预期也存在较大差异，投资者在购买基金产品之前应充分了解自己的风险承受能力，由此构建一个适合自己的资产配置组合。如果盲目跟着他人投资而不顾自己的风险承受能力，很可能会给自己带来超越风险承受能力范围的损失。

二要坚持长期投资。很多投资者在购买基金后往往过分关注短期业绩和排名，但很多基金管理人秉持的是中长期投资理念，不会过多参与短线交易博弈，投资者也应从更客观、更长期的角度评估基金产品的长期业绩表现。

三要适当分散投资风险。投资最忌讳的就是"把所有的鸡蛋放在一个篮子里"，永远不要把全部资金都投资在一只产品里，因为谁都无法预测"黑天鹅"什么时候会来临。

除了"三要"，还有"三不要"。第一，不要做短线操作。短线频繁操作是理性投资大忌，不仅是针对炒股，基金投资更是如此。对投资者自身来说，频繁申购和赎回会增加手续费、摊薄投资收益；且市场短期波动属于随机游走行为，不具备可预测性，专业投资人尚且无法把握，何况一般投资者？

第二，不要追求低风险高收益。由于投资风险与收益成正比，客观来说不存在低风险、高收益的产品。因此投资者在购买基金产品的时候，对产品的收益、风险情况应有理性的、匹配的预期。只有投资者对于自己选择的基金产品有正确的心理预期，不过分激进、知足常乐，才可能有更好的投资体验和结果。

第三，不要只看基金净值。基金单位净值、基金累计净值，很多新基民往往分不清楚。很多人甚至认为，基金净值越低、上升空间越大、收益越有保障。但实际上,基金净值高低与是否容易上涨并没有绝对关系,投资者在选择基金产品时,基金历史业绩仅作参考,更应该关注的是基金的投资范围,基金管理人的投资能力、理念及策略等。希望每一位投资者都能够深刻认识理性投资的重要性,选择适合自己的基金产品长期持有,追求稳健回报,主动学习、理性投资。

另外,投资者可以在了解不同投资方式的基础上,做好资产配置计划。资产配置,是指根据投资需求将投资资金在不同资产类别之间进行分配,从而提升投资的风险收益比的投资理论。在不同资产之间平衡收益和风险,让组合的配置更加稳健。资产配置是我们在投资当中经常会听到的一个概念,通俗理解就是"鸡蛋不要放在同一个篮子里"。实际上,早在一千多年前,犹太人在法典《塔木德经》中已经有资产配置的思想:"每个人都应该把自己手里的钱分为3份。1/3用于买地,1/3用于做买卖,余下的1/3存起来。"因此,资产配置的核心是把市场的波动尽量"烫平",把产品的收益中枢建得更稳,让投资者买进去之后能拿得住,从而变成投资者真正的收益。

那么为什么要进行资产配置呢?股票、债券、商品、现金类等资产由于彼此间的相关性较低,进行组合配置可有效分散投资风险,使组合的收益更趋于稳定。比如,债券类资产与股票类资产负相关,同时配置债券类和股票类资产可以分散风险;而A股市场与海外市场的相关度较低,同时配置两类资产在大部分情况下可以避免一荣俱荣、一损俱损的情况。不同资产类别对经济和金融市场的变动有不同的反映,因此构建基金组合时,应该根据不同资产之间的相关性来挑选基金,建议不同类型基金都进行一定比例配置,从低风险的货币基金,到中等风险的债券基金、到高风险的股票基金,均做覆盖。分散投资,并不意味着简单地挑选多只不同名称、不同基金公司的产品进行配置即可,投资者需要关注不同产品之间的投资方向和风格是否相同。因此,投资者在挑选具体基金时,可以参考基金的最新定期报告(如年报、季报等),分析基金经理的投资风格、行业偏好、持股信息,避免同时投资多只持股相似的基金。真正做到分散投资风险,"不要把所有的鸡蛋放在一个篮子里"。

(三)基金公司应全方位提高投诉处理质量,积极做好投资者保护工作

近年来,随着人们收入水平的提高,理财在人们生活中扮演着更加重要的角色。基金作为普惠金融的理财产品,已经逐渐走入千家万户,日益成为老百姓重要

的资产配置工具。作为投资者服务和保护工作的重要组成部分，投资者投诉能否得到及时回应和解决，是体现投资者保护工作是否到位的重要标准。投资者利益至上，为投资者提供有温度的服务，是为客户服务的目标。

为提高客户服务质量和服务水平，规范客户投诉处理流程，保护投资者合法权益，公司根据国务院办公厅《关于进一步加强资本市场中小投资者合法权益保护工作的意见》等法律法规制定客户投诉处理机制，确保投资者每单投诉均得到及时、妥善处理。为保障投资者投诉渠道畅通，公司已开通客服电话、在线客服、官方微信、客服邮箱、传真及信访等投诉受理渠道，多途径多窗口为投资者提供便利的投诉渠道。投资者可通过公司官网、官方微信公众号、客服热线获悉投诉方式。针对“12386”热线、广东中证投资者服务与纠纷调解中心交办的各类投资者投诉事项，公司将积极配合处理跟进并报送处理结果。对于投资者不满意投诉处理结果并要求申请调解的，公司也积极配合调解员开展调解工作。为了更好地做好投资者保护工作，优化服务体验，客户服务中心每月、每季度及每半年度针对投资者反馈投诉事项进行分析并形成投诉分析报告，积极将投资者声音和建议反馈至公司各部门，有效改善投资者体验。

2021 年 5 月，中国证券业协会、中国期货业协会和中国证券投资基金业协会联合制定了《证券基金期货经营机构投资者投诉处理工作指引（试行）》（以下简称《工作指引》），并发出《“提高客户服务质量，提升投资者满意度”倡议书》（以下简称《倡议书》），希望通过行业自律管理、协调和督促经营机构妥善处理投资者投诉，切实保护投资者合法权益。我们将积极落实《工作指引》，多渠道接收投资者投诉；不断完善制度以保障投诉处理出实效；加强总结，从自身找原因，从源头减少投诉发生，以实际行动做好投资者保护工作。

Cases Review of Dispute Mediation

第六篇

上市公司专题

案例：专业机构在证券虚假陈述损失认定中的作用

陈光卓*

一、案情介绍

ZH股份系深圳证券交易所挂牌上市公司，ZH股份因债务违约，采取连续虚假陈述。2017年7月，福建证监局出具了《关于对ZH股份采取出具警示函措施的决定》。2017年8月1日，深圳证券交易所发布了《关于对ZH股份及相关当事人公开谴责处分的公告》。2017年9月12日，ZH股份发布《关于收到中国证监会调查通知书及风险提示公告》。2018年2月8日，ZH股份发布《关于收到〈行政处罚事先告知书〉的公告》。2018年5月30日，ZH股份发布《关于收到行政处罚决定书的公告》，该行政处罚决定书认定ZH股份主要存在两项违法事实：一是2016年、2017年部分定期报告存在虚假记载，二是未及时披露公司未能清偿到期重大债务、主要资产被查封、转让子公司股权的重要合同、董事长许某被司法机关采取强制措施等重大事项；福建证监局决定给予ZH股份及其高管许某、詹某等人警告和罚款的行政处罚。基于被告ZH股份存在上述虚假陈述行为，中小投资者陆续向福州市中级人民法院提起诉讼。

* 国浩律师（福州）事务所律师，中证资本市场法律服务中心调解员，福建省高级人民法院特邀调解员。

二、案件审判经过

一审法院经审理认为,依照最高人民法院《关于审理证券市场因虚假陈述引发的民事赔偿案件的若干规定》((法释〔2003〕2 号),以下简称《若干规定》)[①]第 17 条关于证券市场虚假陈述的定义:“证券市场虚假陈述,是指信息披露义务人违反证券法律规定,在证券发行或者交易过程中,对重大事件作出违背事实真相的虚假记载、误导性陈述,或者在披露信息时发生重大遗漏、不正当披露信息的行为”,ZH 股份的上述行为构成证券市场虚假陈述,应对投资者因该虚假陈述而遭受的投资损失承担赔偿责任。但在投资者损失认定方面,考虑 2016 年至 2018 年,我国证券市场发生了大幅震荡,大盘综合指数也出现大幅下跌,本案中市场系统风险客观存在。如何辨别和扣除系统风险所致损失以及因 ZH 股份虚假陈述所致损失的具体计算方法等,均属于专业性很强的非法律问题,应在证券监督管理部门的指导监督下,由相关专业机构先行作出认定和精算为宜。故暂时驳回投资者起诉,并告知可待相关专业机构对损失作出认定后,再行起诉。

投资者不服一审裁定,提起上诉。二审法院认为,根据《若干规定》第 6 条第 1 款的规定,“投资人以自己受到虚假陈述侵害为由,依据有关机关的行政处罚决定或者人民法院的刑事裁判文书,对虚假陈述行为人提起的民事赔偿诉讼,符合民事诉讼法第一百零八条规定的,人民法院应当受理”。该规定并未将投资者“损失的认定及精算”作为受理此类案件的前置程序。认定一审法院驳回起诉不当,故指令一审法院审理。

一审法院在审理过程中,向深圳证券交易所调取了投资者买卖 ZH 股份股票的交易记录,并委托投服中心根据该数据核定原告的损失数额,具体包含对实施日、揭露日、基准日、基准价进行分析确定,对投资差额损失及佣金、印花税、资金利息进行核定(若无其他更优的计算方法,则采用移动加权平均法计算),对是否存在证券市场系统风险或其他因素的影响进行分析并核定扣除比例。投服中心出具《证

① 2021 年 1 月 21 日最高人民法院发布《关于审理证券市场虚假陈述侵权民事赔偿案件的若干规定》(法释〔2022〕2 号),因此法释〔2003〕2 号文现已失效。

券投资者损失核定意见书》，法院结合深圳证券交易所出具的交易记录、投服中心出具的意见书以及个案具体情况，对该虚假陈述案件作出了裁判。

三、案 例 分 析

投服中心出具的《证券投资者损失核定意见书》，对案涉虚假陈述行为是否具有重大性、实施日及揭露日（更正日）、基准日、佣金、投资差额损失计算、证券市场系统风险的扣除、损失核定结论等方面作出了认定。投服中心出具的如下专业意见为法院审理案件提供了重要参考：

1. 在实施日和揭露日认定方面，认定 ZH 股份主要因《信贷借款合同》及债务违约等相关经营活动引发系列虚假陈述行为，各违法行为相互关联，行为持续期间相互重合，上述系列虚假陈述行为已构成一个整体，难以分割，可认定为同一个虚假陈述行为的持续。从司法实践看，多数法院均认为，被告在一段期间内实施多个虚假陈述行为的，如果多个行为之间存在关联性、持续性、不可分性，即可认定为同一虚假陈述行为的延续，应将系列虚假陈述行为的首次实施日作为案件的实施日，将最后一个虚假陈述行为的揭露日作为案件的揭露日。综上，建议本案以虚假陈述行为首次实施日，即 2016 年 2 月 15 日为实施日，以最后一个揭露日，即 2017 年 9 月 12 日为揭露日。

2. 投资差额损失计算。（1）赔偿范围。根据《若干规定》第 19 条关于“被告举证证明原告具有以下情形的，人民法院应当认定虚假陈述与损害结果之间不存在因果关系：（一）在虚假陈述揭露日或者更正日之前已经卖出证券”的规定，对投资者在实施日至揭露日期间交易记录的“证券余额”进行逐日考察：若收盘后“证券余额”为“0”，则依法推定该日前买进的股票已全部卖出，该日前的交易记录不参与损失计算（包括差额损失和证券市场风险扣除计算），该日后的首笔买入交易为“第一笔有效买入”，参与损失计算。（2）计算方法。采用移动加权平均法计算，即投资者每次买入股票后，以新买入的股票成本加上前次的持仓成本，除以本次买入的股票数量加上前次的持仓数量。以该方法，投资者每次买入股票时核算一次买入成本（持仓成本价），卖出股票的成本以前一次计算所得买入均价为计价依据，无论卖出数量如何变化，不会影响买入均价。具体公式为：买入均价 =（本次购入股票金额+本次购入前持股总成本)/(本次购入股票数量+本次购入前持股数量)。投资差额损失=(买入均价-卖出均价)×揭露日有效持股余额在揭露日至基准日期间卖出股数+(买入均价-基准价)×揭露日有效持股余额在揭露日至基准日期间未卖出股数。

3. 证券市场系统风险的扣除。根据《若干规定》第19条第4项的规定,在计算投资者损失时,存在证券市场系统风险等其他因素影响投资者的,应当扣除该等风险因素所导致的损失。证券市场系统风险存在与否,通常可以通过证券市场的大盘指数和行业板块指数的波动情况作出判断。投服中心以"3+X"组合指标体系作为证券市场系统风险的参考指标,并采用"同步指数对比法"对本案投资者证券市场系统风险扣除比例进行核算。具体计算方法是,将每个投资者持股期间的个股跌幅与大盘指数、行业指数的平均跌幅进行对比,用"相对比例法"扣除证券市场系统风险的影响。具体计算公式为:个股跌幅=(个股买入均价-个股卖出均价或个股基准价)/个股买入均价。指数平均跌幅=(指数买入均价-指数卖出均价或指数基准价)/指数买入均价。证券市场系统风险扣除比例=指数平均跌幅/个股跌幅。

在前述专业意见基础上,法院结合案情作出如下认定:

1. 在重大性认定方面,分析认为ZH股份各违法行为对其相关财务指标产生重大影响,足以对该股票的交易价格产生影响且影响投资者的交易决策,因此,ZH股份上述违法行为所涉事件具有重大性,构成证券虚假陈述。

2. 在实施日、揭露日(更正日)认定方面,在认定ZH股份债务违约等相关事实基础上,对虚假陈述行为的关联日性予以确认,进而认可投服中心关于实施日和揭露日的认定意见。

3. 在因果关系认定方面,对于ZH股份提出的价格受锂电板块的影响问题,明确认定只要投资者是在虚假陈述实施日以后、揭露日或更正日之前买入股票的,均应推定其是基于对ZH股份所披露信息的信赖而买入股票,即其买入行为与虚假陈述之间存在交易上的因果关系;至于投资者决策买入股票时受到多种因素综合影响,客观上虽无法区分各种因素影响力大小,但因虚假陈述的信息是足以影响投资者决策的重大因素,故无论ZH股份的虚假陈述行为是否系导致投资者买入股票的唯一原因,均应适用《若干规定》第18条所确立的推定信赖原则,不影响因果关系认定。

4. 对于投服中心提出的系统性风险扣除的分析意见，评价认为投服中心在参考中小板综合指数、有色金属行业指数、锂行业指数的基础上，采用“同步指数对比法”，对每个投资者持股期间的个股跌幅与大盘、行业指数平均跌幅进行对比，以确定各投资者是否存在部分损失是因系统风险所致以及扣除比例。该计算方法不仅充分考虑了投资者买入股票数量和指数波动因素，还充分考虑了不同投资者的实际交易情况，计算结果客观公正，故对投服中心关于系统风险扣除比例的认定予以采纳。而关于应否扣除非系统性风险等其他因素所致损失的问题，从举证规则、股价走势、利空或利多因素影响等方面作出分析，认定不应扣除。

5. 对于 ZH 股份对“移动加权平均法”所持异议作出回应，分析认为，判断投资者损失是在揭露日之前的股价下跌损失还是揭露日之后的股价下跌损失，只要能够排除该损失是因证券市场系统风险等其他因素所致，则均应认定为与被告的虚假陈述行为存在因果关系，故 ZH 股份“一刀切”地认为揭露日之前的全部股价下跌损失应予扣除，进而对法院采用“移动加权平均法”计算买入均价提出的异议不能成立；对于揭露日至基准日期间的股价下跌损失，因 ZH 股份在此期间受到的退市风险警示也是其此前的虚假陈述行为所致，并不属于虚假陈述行为以外的非系统性风险，故其相关抗辩不能成立。

法院最终采纳投服中心出具的损失核定结论，并据此作出判决。

四、案例启示

证券虚假陈述纠纷案件涉及较多专业性问题，如虚假陈述行为重大性的认定、虚假陈述实施日及揭露日（更正日）的认定、损失的计算方法、证券市场系统风险因素扣除等，均须依托专业机构才能作出认定。例如，在 ZH 股份虚假陈述系列案审理过程中，法院最初审理时发现相关损失认定高度依赖于专业机构的判断，法官难以径行作出认定，故暂时驳回投资者的起诉。但该处理结果难以保障投资者及时维权，故二审法院指令一审法院继续审理。在一审法院继续审理该案过程中，需要重新面对所涉专业问题该如何作出认定问题。而通过委托投服中心这一专业机构，辅助法院对相关损失金额作出认定，解决了法院审理该类案件中所遇到的专业性难题。

投服中心虽系对损失结果进行计算，但该损失的计算结果依赖虚假陈述行为重大性的认定、虚假陈述实施日及揭露日（更正日）的认定、损失的计算方法、证券市场系统风险因素扣除等。投服中心在提供计算结论的同时，对计算依据也作了充分的说明。当然，投服中心的相关说明并非法院所作的认定意见，但可作为法院对相关专业问题作出认定的重要参考依据。

在该案中，法院结合案情，对投服中心关于系列虚假陈述行为关联性说明、投资差额损失的计算方式、证券市场系统风险扣除的方法等均作了回应并予认可。对于 ZH 股份对“移动加权平均法”所提异议、非系统风险因素影响等相关抗辩均作了回应。将投服中心出具的专业意见转化为法院裁判说理的重要理由，成为裁判文书的重要组成内容。该系列案件的审理，很好地发挥了专业机构的辅助作用，保障了广大中小投资者的合法权益。

值得强调的是，在投服中心出具专业意见后，大量案件中投资者根据投服中心的意见调整了诉讼请求，如主动调低起诉时的标的金额，节约了大量的诉讼成本。在相关判决作出后，其他投资者参考前案生效判决，调整诉讼方案，前案判决起到了很好的示范裁判效果。

五、构建司法与专业机构多元联动机制

保护中小投资者系营商环境评价中的一项重要指标。在证券市场上，如何便捷高效地保护中小投资者利益，尤其是在上市公司存在虚假陈述情况下，投资者权益如何得到有效的司法救济，系考量某地区优化营商环境情况的重要内容。在过去，一方面由于投资者举证难导致维权难，另一方面由于法院在处理证券虚假陈述案件时遇到专业问题无法单独作出判断，且此类案件通常会集中大量涌入法院，影响到结案率等法院内部业绩考核指标，故法官对于此类案件的受理及审理普遍存在畏难情绪。在此情况下，投资者权益难以获得及时有效的救济。据统计，在受证监会处罚的虚假陈述案件中，超过半数的上市公司股东没有提出赔偿请求。究其根由，除立法及司法解释存在缺陷外，此类案件的维权难也是制约投资者积极主动维权的重要影响因素。所以，此类案件亟须相关专业机构的参与，如此才能有效处

理纠纷，保障投资者权益。

ZH股份证券虚假陈述系列案件中，法院对于年底大量涌入的案件，在对相关专业性问题无法单独作出认定的情况下，先暂时驳回投资者起诉，后由二审法院指令继续审理，积极寻求专业机构的协助。在审理过程中，法院通过委托投服中心这一专业机构对投资者损失进行测算的方式，解决了困扰案件审理的关键问题。投服中心对于虚假陈述案件中涉及的虚假陈述行为关联性、实施日及揭露日（更正日）的认定、损失的计算方法、证券市场系统风险扣除等问题均提出了专业性的意见，对于法院审理案件提供了重要参考。

借此案件，福州市中级人民法院（以下简称福州中院）与投服中心这一专业机构建立起了良好的沟通联动机制。据统计，在委托投服中心对证券虚假陈述案件所涉专业问题作出判断的法院中，福州中院委托案件数量仅次于上海金融法院。在此基础上，福州中院、福建证监局、中证法律服务中心于2021年5月联合签署了《关于开展证券期货纠纷多元化解工作的实施方案》，在诉调对接、信息共享、专业培训、完善示范判决及司法确认机制、强化损失核定等方面开展合作，以建立常态化的多元化解联动机制。

司法与专业机构建立多元联动机制，不仅有利于法院高效审理涉证券虚假陈述等案件，而且有利于响应中央政策，构建非诉调解机制。即法院在案件受理阶段，将案件集中委托专业机构进行诉前调解，专业机构通过发挥其在处理此类纠纷中的专业优势，在对相关专业问题作出预判的基础上对案件进行调解，不仅有利于节约司法资源，有利于及时高效地维护广大投资者利益，而且为该地区各级营商环境评价提供了有力的佐证案例和经验做法。

Cases
Review of Dispute
Mediation

第七篇

理论研究

证券期货适当性义务及相关赔偿责任探析

张大鹏*

投资者适当性原则是对金融服务机构提供产品或服务过程中的普遍性的监管原则。我国有关投资者适当性的规定较多体现在监管机构部门规章中，如银保监会颁布的《商业银行理财业务监督管理办法》，中国证监会颁布的《证券期货投资者适当性管理办法》，以及中国人民银行、中国银保监会、中国证监会、国家外汇管理局联合发布的《关于规范金融机构资产管理业务的指导意见》。另外，2019 年年底新修订的《证券法》第 88 条对证券公司向投资者销售证券、提供服务时的适当性义务以法律形式进行了规定，并明确说明证券公司违反适当性规定导致投资者损失的，应当承担相应的赔偿责任。最高人民法院于 2019 年 11 月 14 日发布了《全国法院民商事审判工作会议纪要》(以下简称《九民纪要》)，在第五部分关于金融消费者权益保护纠纷案件的审理中，对投资者适当性进行了较详细的综合规定。

笔者在调解金融案件或者作为律师代理金融纠纷案件时，经常遇到投资者主张机构未尽适当性义务，而且情况不一而足。审判机构已有大量有关投资者适当性的判例，有的也直接援引了《九民纪要》进行说理，因此，结合《九民纪要》及审判机构判例，对违反投资者适当性的有关情况进行分析，以期对案件调解及投资者保护有所帮助。

* 北京市华城律师事务所高级合伙人，中证资本市场法律服务中心广东调解工作站调解员。

一、适当性义务的定义及法律性质

《九民纪要》第72条给出了有关适当性义务的定义:"适当性义务是指卖方机构在向金融消费者推介、销售银行理财产品、保险投资产品、信托理财产品、券商集合理财计划、杠杆基金份额、期权及其他场外衍生品等高风险等级金融产品,以及为金融消费者参与融资融券、新三板、创业板、科创板、期货等高风险等级投资活动提供服务的过程中,必须履行的了解客户、了解产品、将适当的产品(或者服务)销售(或者提供)给适合的金融消费者等义务。"并且,进一步说明"卖方机构承担适当性义务的目的是确保金融消费者能够在充分了解相关金融产品、投资活动的性质及风险的基础上作出自主决定,并承受由此产生的收益和风险。在推介、销售高风险等级金融产品和提供高风险等级金融服务领域,适当性义务的履行是'卖者尽责'的主要内容,也是'买者自负'的前提和基础"。

需要注意的是,关于上述定义中所讲的"高风险等级金融产品""高风险等级投资活动""高风险等级金融服务"等概念,最高人民法院在民事审判第二庭编著的《〈全国法院民商事审判工作会议纪要〉理解与适用》中阐明,上述概念并非金融学意义中的风险等级,而是特指将来发生不利益状态之可能性,主要以本金损失为判断标准。因此,本条的适用范围实际上包括除存款外的所有具有本金损失可能性的金融产品和服务,而非以金融机构依照自己内部标准对金融产品划定的风险等级来决定适用范围。

关于适当性义务的法律性质,学界主要存在侵权责任说、违约责任说、责任竞合说、缔约过失责任说等不同观点。笔者赞同缔约过失责任说。缔约过失责任,是指在合同订立过程中,一方因违背其依据的诚实信用原则所产生的义务,而致另一方的信赖利益受损,应承担的损害赔偿责任。它是一种新型的责任制度,具有独特和鲜明的特点,即既可以是产生于缔约过程之中,也可以是合同成立并生效时。适当性义务最初为道德义务,很多国家与地区已将适当性义务规定的较清晰和细致,由此道德义务也就转为法定适当性义务。从适当性义务的内容来看,适当性义务的本质为金融机构在销售金融产品或提供服务伊始时的诚信义务的体现,因此,应属先合同义务,所以,金融机构违反适当性义务应按《民法典》第500条的规定承担缔约过失责任。对此审判机构也持同样观点,如在浙江省绍兴市越城区人民法院(2020)浙0602民初6483号民事判决书“王某诉陈某及某资产管理公司财产损害赔偿纠纷案”中,法院认为“卖方机构的适当性义务原则上属于先合同义务,因适当性义务引发的民事纠纷应当以合同纠纷主张权利,而不宜选用侵权主张权利。本案中,原告明确选择侵权责任来主张权利,故本院对原告认为适用适当性义务的意见不予采信”。从笔者查到的判例来看,主张金融机构违反适当性义务的,一般选择的案由是委托理财合同纠纷。

二、适当性义务的内容

《九民纪要》第73条明确规定了法院在案件审理过程中“相关部门在部门规章、规范性文件中对高风险等级金融产品的推介、销售,以及为金融消费者参与高风险等级投资活动提供服务作出的监管规定,与法律和国务院发布的规范性文件的规定不相抵触的,可以参照适用”,因此,审判机构在判断金融机构是否违反投资者适当性义务时,对证券、期货、基金类纠纷,主要是依据《证券投资基金法》《证券期货投资者适当性管理办法》《私募投资基金监督管理暂行办法》进行判断。从审判机构的相关判例,可以归纳出审判机构主要从以下几方面判断金融机构是否履行了适当性义务:

(一)是否了解客户并对客户进行分类

依据《证券期货投资者适当性管理办法》第6条“经营机构向投资者销售产品或者提供服务时,应当了解投资者的下列信息”之规定,了解客户主要应了解客户的基本信息、收入来源和财务状况、投资经验、投资目标、风险偏好、风险承受能力等。同时,还有重要的一点不能忽视,就是要了解投资者的投资意愿。比如,在“赵某、洪某、王某诉某资产管理公司及深圳市某基金销售公司委托理财合同纠纷案”中,[①]法院认为:“上诉人某公司称被上诉人王某的调查问卷分数应为70分、属于积极型投资者,但总分分数与调查结果不一致本身说明上诉人某公司在履行适当性义务时的随意性和管理上存在漏洞;同时,总分70分的分数亦不能当然得出被上诉

① 广东省深圳市中级人民法院民事裁决书,(2020)粤03民终19093号、19097号、19099号。

人王某愿意投资较高风险的资管产品,风险承受能力和投资意愿是两个不同的问题。王某已明确'本人接受调查的结果:稳健型',系其明确的愿意投资中低风险资管产品的意思表示,上诉人某公司不应当向其销售涉案较高风险资管产品,否则就违反了前述'禁止基金销售机构违背基金投资人意愿向基金投资人销售与基金投资人风险承受能力不匹配的产品'的禁止性规定"。笔者认为,不只是基金产品,金融机构在销售其他金融产品时同样应注意考虑投资者的投资意愿,否则可能导致违反适当性义务。

实践中,常有金融机构让投资者作出"如本人所选择的基金和相关产品风险等级超过本调查问卷得出的风险承受等级时,本人确认此投资行为为本人意愿行为,自行承担此投资的风险"等类似承诺并让投资者签字确认,但就上述承诺行为,在上述案例中,深圳市中级人民法院(以下简称深圳中院)认为:"该表述为上诉人某公司提供的《个人投资者风险承受能力调查问卷》中的格式条款,该条款既无作特别标识,亦没有证据证明上诉人某公司已就该条款向三被上诉人作出了特别的告知说明,故并不能因此而免除或减轻上诉人某公司的适当性义务"。因此,金融机构应特别注意,对其格式条款中增加投资者风险承受的条款,应将字体加大加粗,或作其他特别标识对投资者进行提示,最好对投资者就相关条款进行解释说明,同时让投资者签字确认其已理解有关条款并愿意接受其约束,否则很可能被法院认为未尽适当性义务。

另外,对投资者来说,一定要如实说明自己的个人信息、投资经验、财务状况等,如实填写风险测评问卷,慎重对待自己的投资目标,因为这些都是保护投资者资金安全的屏障。千万不要听到销售人员描述的收益就失去理性判断,让填什么填什么,让签什么签什么,等投资亏损后才主张自己不知情,都是销售人员让填写的,甚至辩称自己的资金证明就是假的,机构未尽适当性义务。但即便机构未尽适当性义务,投资者也具有一定过错,必须对自己的资金损失承担一定责任,甚至承担全部责任。例如,"卢某诉某财富管理公司委托理财合同纠纷案"中,[①]上海金融法院认为"对于某财富公司业务员是否存在误导销售的问题,虽然卢某称其是在业务员告知下尽量把风险承受能力填高一点,所以才得出平衡型投资者的结果,且在

① 上海金融法院民事判决书,(2012)沪74民终148号。

某财富公司进行回访时的回答也是业务员的要求,但卢某的陈述并无相应证据予以佐证,且卢某作为投资者,对自身投资也应当具有审慎的注意义务,即使是业务员告知其尽量把风险承受能力填高一点,卢某作为具有一定投资经验的投资者,在投资过程中对此缺乏理性人应有的基本注意义务,卢某对某财富公司就其投资者信息进行不实陈述的后果应由其自行承担"。

(二)是否了解产品并进行了产品分级

《证券期货投资者适当性管理办法》第 15 条至第 17 条主要规定了金融机构应当如何了解所销售产品或所提供服务,即应了解产品或服务的流动性、到期时限、杠杆情况、结构复杂性、投资单位产品或者相关服务的最低金额、投资方向和投资范围、募集方式、发行人等相关主体的信用状况、同类产品或者服务过往业绩等信息。就金融机构而言,不仅应做到在进行产品风险等级分类过程中了解产品,还要保证销售人员同样要了解产品的上述情况,以便销售人员在销售过程能准确地将有关信息反馈给投资者,而不是仅负责把产品卖出即可。销售人员不了解产品,其任职机构也会被认定为未履行适当性义务。如在"徐某与深圳某投资管理有限公司金融委托理财合同纠纷案"中,[①]深圳中院认为:"《证券期货投资者适当性管理办法》第 15 条规定,经营机构应当了解所销售产品——第 17 条规定,产品或服务存在下列因素的,应当审慎评估其风险等级,其中一项为:存在本金损失的可能性,因杠杆交易等因素导致本金大部分或者全部损失的产品或服务。由此可见,金融产品是否存在杠杆是影响产品风险的重要因素,而从徐某提交的案涉基金发生亏损后,其与某公司基金推介人员雷某的微信聊天记录的内容来看,对于案涉基金存在杠杆,雷某称其也不知道。雷某作为案涉基金的具体推介人员,其向徐某推介产品的行为系职务行为,由此证实某公司并未尽到了解产品的义务。"

(三)是否适当推介金融产品或服务

适当推介义务一般是指金融机构应将其产品或服务的风险等级分类与投资者的风险承受能力相匹配,并且不得承诺固定收益,不得进行诱导销售等。《证券期货投资者适当性管理办法》第 22 条规定了金融机构的适当推介义务。实践中,金融机构销售人员易出现"向投资者就不确定事项提供确定性的判断,或者告知投资

① 广东省深圳市中级人民法院民事判决书,(2020)粤 03 民终 26388 号。

者有可能使其误认为具有确定性的意见”以及“向普通投资者主动推介不符合其投资目标的产品或者服务”等违规推荐。如“胡某诉某公司永康营业部及某公司财产损害赔偿纠纷案”中,[①]法院认为,“根据《证券期货投资者适当性管理办法》第22条第2项的规定,销售机构在推介、销售金融产品时,禁止向投资者就不确定事项提供确定性的判断,或者告知投资者有可能使其误认为具有确定性的意见。本案中,被告公司通过内部员工微信群发布案涉私募基金产品宣传口径存在固定年化收益的表述,其销售人员胡某在向原告销售案涉基金时,亦存在固定收益年化7.6%的表述,该表述含有向投资者传达保证收益的意思,对于没有专业知识的普通投资者极易造成误导进而购买金融产品,其行为违反了适当推介义务”。实践中,金融机构销售人员为了自身利益,在推荐有关产品时,往往会向投资者描绘一个较高的年化收益,以便吸引投资者购买有关产品。销售人员认为只要在正式签合同时说明投资可能面临的风险、向投资者进行风险揭示即可,甚至有的销售人员还让投资者承诺确认产品不保收益,似乎如此就能把其夸大的收益抹去。但事实上,销售者已经违反了推介的适当性义务。因销售者的推介系职务行为,从而其所任职的金融机构也违反了该适当性义务。

(四)是否进行了风险告知说明

适当性义务的核心就是风险告知义务,只有金融机构履行了风险告知说明义务,投资者才能够真正了解所购买的金融产品或服务的风险和收益。实践中,金融机构为了销售有关产品,往往弱化风险,美化收益,这是导致投资者损失及大量理财纠纷的根源。《九民纪要》第76条规定:“告知说明义务的履行是金融消费者能够真正了解各类高风险等级金融产品或者高风险等级投资活动的投资风险和收益的关键……卖方机构简单地以金融消费者手写了诸如‘本人明确知悉可能存在本金损失风险’等内容主张其已经履行了告知说明义务,不能提供其他相关证据的,人民法院对其抗辩理由不予支持。”由于投资者与金融机构在金融专业知识储备方面相差悬殊并且信息不对称,因此风险告知义务不仅限于风险提示条款等格式内容,更不能仅让投资者签字确认“本人明确知悉可能存在本金损失风险”即可,金融机构还应以通俗易懂的语言向投资者告知可能导致本金、原始本金亏损,或超过原

① 浙江省永康市人民法院民事判决书,(2019)浙0784民初2946号。

始本金亏损的事项，以及其他影响客户判断的重要事由，如限制客户权利行使期限或者可解除合同期限等内容，否则，金融机构就会违反风险告知说明义务。

另外，《证券期货投资者适当性管理办法》第25条规定，在营业网点向普通投资者进行告知的，应当全过程录音或者录像，即进行“双录”，通过互联网等非现场方式进行的，应当留痕并由投资者通过电子方式进行确认。实践中，法院会对金融机构供投资者使用的电子签名系统是否符合《电子签名法》进行核实，合法可靠的电子签名与手写签名或者盖章具有同等的法律效力。此外，对于非现场方式购买金融产品的，按上述规定无须双录。在“张某诉某证券公司及该证券公司某营业部金融衍生品种交易纠纷案”中，①法院认为，“针对张某主张营业部未对其进行双录、未向其提供纸质合同的上诉意见，本院认为，目前并无法律、行政法规规定金融机构向消费者销售金融产品时必须要采取现场双录、签署纸质文件的方式。依照《证券期货投资者适当性管理办法》第25条规定，张某通过互联网等非现场方式进行购买的，张某作为普通投资者通过符合法律、行政法规要求的电子方式进行确认。同时，张某在电子确认上述文件中，亦认可电子签名与纸质文件上手写签名或盖章具有同等法律效力”。

三、违反适当性义务的赔偿范围

《九民纪要》第77条规定了在违反适当性义务时，金融机构应当赔偿投资者的实际损失，即本金和利息。利息应按照中国人民银行发布的同期同类存款基准利率计算。只有在卖方机构的行为构成欺诈时，利息才会按合同文本或广告宣传材料中载明的预期收益率、业绩比较基准或者类似约定计算，对合同文本及广告宣传资料中未载明预期收益率、业绩比较基准或者类似表述的，按照全国银行间同业拆借中心公布的贷款市场报价利率计算。

在法院的判例中，对违反适当性义务一般一视同仁，只要金融机构违反了适当性义务的上述任何内容，都是承担同样的赔偿责任。也就是说，无论金融机构违反哪一种或哪一类适当性义务，以及无论违反适当性义务情形或种类的多少，审判机

① 新疆维吾尔自治区乌鲁木齐市中级人民法院民事判决书，(2021)新01民终1890号。

构都会按上述《九民纪要》第77条的规定判定赔偿责任。因此,金融机构很可能仅违反了一项适当性义务,就会被判承担全部赔偿责任。

但需要注意的是,投资者是否尽了审慎注意义务、是否有不诚信行为(如故意提供虚假信息)、是否拒绝听从金融机构建议,以及金融市场是否具有整体波动情况等问题,是这类案件中法院考虑投资者是否承担一定责任的因素。如上述"徐某与深圳某投资管理有限公司金融委托理财合同纠纷案"中,法院就以投资者负有审慎义务,投资发生亏损的直接原因是金融市场的正常变化和波动为由,让投资者承担了30%的损失。"胡某诉某公司及其营业部财产损害赔偿纠纷案"中,法院以投资者未充分考虑自身的财务状况,疏于对金融产品了解和关注为由,只支持了投资者本金损失,未支持利息。"赵某诉某期货公司期货经纪合同纠纷案"中,[①]江苏省高级人民法院认为"孙某、张某要求赵某按照《投资者适当性回访话术》来回复,以通过风险承担能力测试,赵某也不应当欺骗合同相对方——在此情形下,一审法院不支持赵鑫的诉讼请求并无不当",以及上述"卢某诉某财富管理公司委托理财合同纠纷案"中,法院同样认为卢某就其投资者信息进行不实陈述的后果应由其自行承担责任。上述相关判例都说明,投资者如在机构适当性测评中有不实陈述行为,可能导致责任自担。

四、适当性义务承担赔偿责任的主体

《九民纪要》第74条规定了金融产品发行人、销售者未尽适当性义务,投资者可以请求金融产品的发行人、销售者共同承担连带赔偿责任。另外,依据《证券投资基金法》第146条"基金管理人、基金托管人在履行各自职责的过程中,违反本法规定或者基金合同约定,给基金财产或者基金份额持有人造成损害的,应当分别对各自的行为依法承担赔偿责任;因共同行为给基金财产或者基金份额持有人造成损害的,应当承担连带赔偿责任"之规定,基金托管人也可能成为承担赔偿责任的主体。例如,"宋某诉某证券公司财产损害赔偿纠纷案"中,[②]法院认为,"某证券公

① 江苏省高级人民法院民事判决书,(2020)苏民终668号。

② 山东省临沂市罗庄区人民法院民事判决书,(2020)鲁1311民初180号。

司接收了宋某转存的投资款 201 万元,但未提供谨慎勤勉尽到托管人义务相关证据,庭审中亦未能对托管基金的投资记录、收益分配以及回赎情况作出说明,无法证实其已经按照合同约定或法律规定向宋某履行了基金报告复核、信息披露等义务——未履行基金托管人的任何重要义务,属于严重失职或者积极帮助行为,造成投资者宋某的投资款损失,依法应承担民事赔偿责任”。

五、对投资者的建议

通过对证券期货适当性义务的上述分析,笔者对投资者有如下建议:首先,投资者在投资过程中要秉承诚实信用原则,对金融机构需要填写的信息资料如实填写,切勿心存侥幸提供虚假信息,如实进行适当性测评是保护自己资金的第一道屏障。其次,要保存好金融机构散发的广告宣传资料,往往其中会载有预期收益率、业绩比较基准等内容,还要对保证或承诺收益、诱导性推介的销售人员所说的有关内容进行录音留存,以上材料在将来需要维权时能作为支持维权的证据。最后,投资者投资前要掌握一定金融知识,一定要理性投资,审慎购买金融产品或服务,尤其是老年人,不要偏听偏信销售人员的宣传,更不要将自己的养老钱全部用来投资,避免盲目投资给自己带来不可估量的损失。

国外适当性管理的实践

——兼评我国投资者保护法律体系演进

孙　龙*

一、引　　言

适当性原则源于美国，最初只是规范证券经纪机构行为的商业道德。20 世纪 20 年代金融危机以后，根据《1938 年马罗尼法》(The Maloney Act of 1938，即美国《1934 年证券交易法》第 15 章 A 部分的修正案)设立美国证券交易商协会(National Association of Securities Dealers，NASD)，即美国金融行业监管协会(Financial Industry Regulatory Authority，FINRA)的前身，当时设立该协会的主要目的之一是加强场外市场的自律管理。美国证券商协会为了确保场外市场证券交易的公平和有序，制定了一系列规则，其中就包括投资者适当性原则。此后，在其他国家也得到适用，逐步完善为各有特色的投资者适当性管理制度。2008 年，国际证监会联合有关部门发布的《金融产品和服务零售领域的客户适当性报告》指出："投资者适当性是指任何金融公司在向投资者建议购买特定产品时，要判断金融工具是否对于那个投资者来说是合适或适当的。"①

由于我国"混业经营、分业监管"的金融管理体制，导致适当性管理体系建设起

* 北京大成(银川)律师事务所合伙人，中国人民大学汉青经济与金融高级研究院"金融纠纷争议解决"高级研究员，宁夏律师协会金融保险委员会主任，中证资本市场法律服务中心宁夏调解站调解员。

① 2008 年，国际证监会组织(International Organization of Securities Commissions，IOSCO)、国际保险监管协会(International Association of Insurance Supervisors，IAIS)、国际清算银行(Bank for International Settlements，BIS)共同发布《金融产品和服务零售领域的客户适当性报告》，对投资者适当性进行定义。

步较晚。2017 年 7 月 1 日《证券期货投资者适当性管理办法》首次对“适当性管理”作出系统性定义:“向投资者销售证券期货产品或者提供证券期货服务的机构应当遵守法律、行政法规、本办法及其他有关规定,在销售产品或者提供服务的过程中,勤勉尽责,审慎履职,全面了解投资者情况,深入调查分析产品或者服务信息,科学有效评估,充分揭示风险,基于投资者的不同风险承受能力以及产品或者服务的不同风险等级等因素,提出明确的适当性匹配意见,将适当的产品或者服务销售或者提供给适合的投资者,并对违法违规行为承担法律责任。”自此,拉开了我国投资者权利保护法制体系建设的序幕。

二、国外投资者适当性管理实践

(一)美国

1934 年,美国《1934 年证券交易法》规定证券经纪商和交易商协会可制定防止欺诈和操纵行为的规则以保护投资者。2007 年,美国证券交易商协会和纽约证券交易所合并为美国金融业监管局,进一步修改监管规则,出台规则 2111 和规则 2090,从而形成美国适当性管理的完整自律体系。2010 年,《多德 - 弗兰克华尔街改革和消费者保护法》(以下简称《多德 - 弗兰克法案》发布并施行,以立法的方式规定了金融消费者保护的内容。

在适当性管理方面。关于投资者分类,美国先以身份属性将投资者划分为机构投资者和个人投资者,再结合投资者的财务状况、风险承受能力等,区分普通机构投资者和专业机构投资者。关于产品分级,规定针对风险较高和较复杂产品应有更严格的监管要求,但并未作具体划分。关于风险匹配,规则 2111 和规则 2090 共同构成了投资者适当性义务的内容。[①] 其中,规则 2111 规定客户适当性义务两条基本原则为公平交易原则和客户利益最佳原则。还有,合理基础上的适当性义务、特定客户的适当性义务、数量上的适当性义务等补充规则。规则 2090 规定“了解你的客户”义务,要求投资公司应至少每 36 个月更新一次客户目录。在实际操作中,证券经营机构还应遵守全程记录留痕等规定。

① 晋小江:《美国金融市场投资者适当性管理》,载《中国金融》2020 年第 18 期。

在纠纷解决方面,行业调解和仲裁是主要途径。美国最高法院在 1987 年以判例形式明确有关投资者的争议必须先经全美证券商仲裁,如果认为仲裁机构未遵守法律或者滥用法律则可提起诉讼。随后出台的《多德 – 弗兰克法案》规定设立金融消费者保护局以处理消费者投诉。为保障投资者能够获得赔偿,美国设立公平赔偿基金,并规定可以对行为人的违法所得予以没收或处以民事罚金。

(二)欧盟

2004 年,欧盟颁布《金融工具市场指令》(以下简称 MiFID1 或《指令》),构建了投资者适当性制度框架,明确了适当性管理在欧盟金融市场的地位,通过共同遵守该制度,推进了欧盟市场一体化。

首先,在适当性管理方面。关于投资者分类,欧盟规定金融机构需要综合评估投资者的知识与经验并进行测试,并将投资者分为零售客户、专业客户和合格对手方,实行分层次由紧到松的保护机制。关于产品分级,欧盟则依照 MiFID1 将有偿证券分为非复杂金融衍生品和复杂金融衍生品,且要求证券经营机构在产品引入阶段对产品进行深入分析。关于风险匹配,欧盟规定金融机构需遵守评估适当性义务与销售适当性义务。评估适当性义务包括“了解客户”与“了解产品”;销售适当性义务注重考虑多项因素,从整个销售过程判断是否适当,注重过程而非结果的适当性。

其次,在纠纷解决方面。欧盟鼓励成员国建立有效且透明的投资者投诉和救济机制。例如,荷兰有关监管法案规定投资公司应建立充分的投资者投诉程序并构建财政部部长认可的具有替代性的争议解决机制。同时,欧盟各成员国纷纷建立投资者保护基金,利用设立的保险基金对投资者进行补偿。

通过对国外投资者适当性管理、立法演进以及纠纷解决实践的了解与对比,可以得到如下总结。

国外关于适当性管理规定的目标具有一致性。通过对证券市场的指导和干预,以实现对投资者与证券公司的平衡发展,既不损害投资者的合法权益,又限制证券公司以误导投资者的方式使自身受益。总体而言,倾向保护专业知识处于弱势地位的投资者。同时,大都强调证券公司应当尽最大限度的努力以实现对自身产品和投资者的了解,并在此基础上实现投资者与产品的最佳匹配。另外,多数国家赞成为证券金融机构设置合理的利益收入节点,禁止利用专业优势误导投资者。

各国在适当性管理方面又有不同。第一,立法层次不同。美国适当性管理是从道德规范逐步发展成为法律制度,这与美国普通法的动态调整功能有重要关系,并随着司法和执法实践的发展,将若干规则重新组合,最终成为符合国情的适当性管理规则。因欧盟政治体制的特殊性,为建立统一的证券市场制度,以成文法的方式形成兼顾安全和自由的交易规则。第二,法律责任及纠纷解决机制不同。美国是判例法国家,个案中处罚对象承担何种法律责任没有成文依据,且纠纷解决机制以调解、仲裁为准。欧盟将违反适当性义务的行为界定为侵权责任,应承担一定的赔偿义务,以无过错原则来减少投资者受偿的难度;另外,在举证责任上规定由金融机构承担关于因果关系的举证义务。

通过以上总结,各个国家关于证券金融机构适当性管理的规定都不尽相同,但都是植根于自身实际情况而形成的义务性规范。因此,可以在总结域外有益经验的同时,结合自身国情对我国证券金融机构适当性管理进行完善。

三、我国投资者权益保护的法律体系演进

(一)行业体系建设

我国在《证券期货投资者适当性管理办法》实施前,关于证券金融机构投资者适当性管理方面没有专门的、系统的法律、行政法规、自律规则、规范性文件,相关内容散见于各行业、各机构的业务管理规定中。

1. 银行业

我国的投资者适当性管理最早见于银行个人理财业务的相关规定,2005 年出台的《商业银行个人理财业务管理暂行办法》要求理财顾问应当在推介个人理财产品时在评估客户财务状况后进行风险承受能力调查,从而将合适的产品推荐给顾客,并揭示相关风险,做好资料的保存工作。为做好投资者的测评工作,《商业银行个人理财客户风险承受能力测评规范》(GB/T32317－2015)作为指导性文件出台,从而使风险测评有了专业标准。虽然并未有适当性管理的表述出现,但是已经符合适当性管理中要求的投资者测评、适当性匹配推介、风险揭示和投资者资料管理相关做法的要求,可以视为我国适当性管理的先行,并让广大投资者从心理上接受了风险测试这一做法,树立了投资的风险意识。可以说银行的投资者管理及其做

法和经验为适当性管理在金融市场的全面展开做好了铺垫。

2. 证券市场

随着金融市场的发展,2008年4月国务院颁布的《证券公司监督管理条例》要求证券经营机构在业务经营时对投资者资质加以测试以便将对投资者进行适当的投资建议及推荐。为满足知识经济发展催生的大量高新技术企业的融资需求,实现我国的生产力转型,同时构建我国多层次的资本市场,我国于2009年推出创业板市场。对于这一全新的市场构成,出于投资者保护和维护市场稳定的目的,证监会出台了《创业板市场投资者适当性管理暂行规定》,之后深圳证券交易所出台了《创业板市场投资者适当性管理业务操作指南》,为投资者适当性管理的落地操作提供了行为指导。

2010年3月31日,我国正式启动融资融券业务,其操作的专业性和高风险性需要投资者具备相应的资质。《关于开展证券公司融资融券业务试点工作的指导意见》对证券公司开展相关业务的投资者适当性管理进行了约束,规定这一过程中应当包括以下两项内容:一是证券公司须履行"了解自己客户"的责任,对客户的个人属性、交易经验、诚信情况进行充分调查,并设立一定的准入标准,对不符合相应标准的投资者应禁止其参与融资融券业务;二是风险揭示流程,要求证券公司对交易中的相关流程和政策要求进行讲解,并且为投资者提供相应服务前应当事先告知投资风险,在投资者确认相关细节后签署风险揭示书。

2013年金融期货推出,鉴于其高风险和高度专业化的特征,同时又受到市场的高度关注这一应用场景,与适当性管理高度契合。因而自中国证监会到中国金融期货交易所纷纷推出投资者适当性管理办法,且相对较严格。①

(二)法制体系建设

随着我国资本市场逐步开放,国家对金融领域的监管趋严。2020年3月1日,修订后的《证券法》将"投资者保护"以专章进行规定,标志着我国证券金融行业的投资者保护入法。当然,罗马非一日建成,我国投资者保护的正式立法也是在不断总结经验的基础上演进而来的。

① 田蕾:《我国私募投资基金投资者适当性管理研究》,安徽大学2018年硕士学位论文。

1. 规范性文件

2018 年 4 月，中国人民银行、中国银保监会、中国证监会、国家外汇管理局联合印发《关于规范金融机构资产管理业务的指导意见》（以下简称《资管新规》），要求坚持宏观审慎管理与微观审慎监管相结合、机构监管与功能监管相结合，实现对各类机构开展资产管理业务的全面、统一覆盖，采取有效监管措施，加强金融消费者权益保护。

《资管新规》明确要求，金融机构应当坚持“了解产品”和“了解客户”的经营理念，向投资者销售与其风险承受能力相匹配的资管产品；金融机构应当建立严格的信息披露管理制度，要将资管产品的各类信息真实、准确、完整地向投资者披露；金融机构应当加强投资者教育，不断提高投资者的金融知识水平和风险意识，向投资者传递“卖者尽责、买者自负”的理念，打破刚性兑付。

《资管新规》在投资者权益保护方面还对资管产品的结构安排作出限制规定，要求金融机构不得为其他金融机构的资产管理产品提供规避投资范围、杠杆约束等监管要求的通道服务。资产管理产品可以再投资一层资产管理产品，但所投资的资产管理产品不得再投资公募证券投资基金以外的资产管理产品。

2. 监管政策

2019 年 9 月，中国证券监督管理委员会召开全面深化资本市场改革工作座谈会，会议提出今后一个时期全面深化资本市场改革的 12 个方面的重点任务，为我国资本市场深化改革描绘了路线图。

一是充分发挥科创板的“试验田”作用。二是大力推动上市公司提高质量。三是补齐多层次资本市场体系的“短板”。四是狠抓中介机构能力建设。五是加快推进资本市场高水平开放。六是推动更多中长期资金入市。七是切实化解股票质押、债券违约、私募基金等重点领域风险。八是进一步加大法治供给，加快推动《证券法》《刑法》修改，大幅提高欺诈发行、上市公司虚假信息披露和中介机构提供虚假证明文件等违法行为的违法成本。九是加强投资者保护。十是提升稽查执法效能。十一是大力推进简政放权，加强事中事后监管。十二是加快提升科技监管能力。

可以看出，在 12 项“深改”任务中，有 8 项与法治、市场监管、化解风险、投资者保护有关，其中，第 8 条、第 9 条对投资者权益保护的立法起到极大的推动作用。

3.司法文件

2019年11月,最高人民法院发布《全国法院民商事审判工作会议纪要》(以下简称《九民纪要》),《九民纪要》重点对金融纠纷的热点、难点问题统一了裁判思路,明确地把资产管理机构的适当性义务提升到法律层面,并对金融消费者权益保护方面存在争议的问题作出明确规定。

《九民纪要》再次指出,在审理金融销售纠纷案件中,必须坚持"卖者尽责、买者自负"原则,将金融消费者是否充分了解相关金融产品、投资活动的性质及风险并在此基础上作出自主决定作为应当查明的案件基本事实,依法保护金融消费者的合法权益,规范卖方机构的经营行为,推动形成公开、公平、公正的市场环境和市场秩序。《九民纪要》对适当性义务作出法律界定:"适当性义务是指卖方机构在向金融消费者推介、销售银行理财产品、保险投资产品、信托理财产品、券商集合理财计划、杠杆基金份额、期权及其他场外衍生品等高风险等级金融产品,以及为金融消费者参与融资融券、新三板、创业板、科创板、期货等高风险等级投资活动提供服务的过程中,必须履行的了解客户、了解产品、将适当的产品(或者服务)销售(或者提供)给适合的金融消费者等义务。"

同时,《九民纪要》规定金融消费者权益保护纠纷案件中对证券金融机构适当性义务的审查依据为法律规定的基本原则以及国务院发布的规范性文件等,扩大了法律适用范围。也就是说,中国人民银行、中国银保监会、中国证监会等部门的相关业务管理规定亦可作为法院对机构适当性义务的审查依据。在举证责任分配方面亦非常严格,要求证券金融机构对尽到了适当性管理义务举证,如举证不能则需承担不利法律后果。《九民纪要》还确立了具有中国特色的证券虚假陈述诉讼代表人制度。

4.行业基本法

1998年12月,我国出台首部《证券法》,在二十余年过程中,历经5次修订。2020年3月1日施行的《证券法》明确:全面推行证券发行注册制度;扩大了证券法的适用范围;提高证券违法违规成本;完善证券交易制度及落实中介机构的责任,尤其是新增信息披露和投资者保护专章,标志着我国投资者权益保护制度正式入法。

《证券法》对投资者适当性的管理要求是,证券公司向投资者销售证券、提供服务时，应当按照规定充分了解投资者的基本情况、财产状况、金融资产状况、投资知识和经验、专业能力等相关信息；如实说明证券、服务的重要内容，充分揭示投资风险；销售、提供与投资者上述状况相匹配的证券、服务。在投资者分类方面，证券公司应当根据财产状况、金融资产状况、投资知识和经验、专业能力等因素，将投资者分为普通投资者和专业投资者。

此外，在纠纷解决方面，从《证券法》可以看出，投资者保护机构在我国证券纠纷争议解决中充当重要角色，支持完善证券纠纷调解机制。一方面，因欺诈发行、虚假陈述或者其他重大违法行为给投资者造成损失的，发行人的控股股东、实际控制人、相关的证券公司可委托投资者保护机构与受害人达成赔偿协议；另一方面，当纠纷发生时，投资者、发行人、证券公司等均可向投资者保护机构申请调解。2020 年《证券法》延续了《九民纪要》的证券纠纷诉讼代表人制度，规定满足一定条件时，投资者保护机构可以作为投资者的诉讼代表人提起诉讼，进一步保障了投资者的合法权益。

5. 刑法

2021 年 3 月 1 日起施行的《刑法修正案（十一）》聚焦防范和化解金融风险，加大对金融乱象的惩治力度，对证券犯罪、非法集资犯罪、洗钱犯罪等进一步完善，与《证券法》、《九民纪要》及自律规则等形成了证券金融领域民事、行政、刑事“三位一体”的投资者保护法律体系，意义十分重大。

《刑法修正案（十一）》修改了欺诈发行股票、证券罪，违规披露、不披露重要信息罪，操纵证券、期货市场罪，提供虚假证明文件罪、出具证明文件重大失实罪等与证券有关的重要罪名。修改内容包括：（1）扩大处罚范围。（2）将欺诈发行、违规披露、操纵市场等行为的处罚对象扩大到实际控制人、股东等，实现精准打击。（3）提高违法成本。（4）提高相关罪名的法定刑期及罚金刑标准，有利于维护市场秩序。（5）加重会计、法律、保荐等中介机构的责任。

通过上述立法演进不难看出，我国通过多年的行业探索、政策完善，结合资本市场的发展需求，已建立多层次的投资者权益保护法制体系，为资本市场逐步开放保驾护航。

四、我国投资者权益保护实践中的建议

(一)提高投资者权益保护机构的法律地位

我国《证券法》虽规定了投资者权益保护机构的作用,但中国证监会尚未出台相关细则以明确投资者权益保护机构的法律地位及工作规则等。我国的专业投资者权益保护机构属纠纷调解的公益组织,在纠纷解决中存在各方面现实问题,例如:因法律地位界定不明,投资者认同的普遍性不高;因不具有司法鉴定资格,涉及欺诈发行、虚假陈述、财务造假等案件中,对投资者的损失核定结果难以被司法机关做定案依据采纳;因不具有纠纷调查权限,在处理证券纠纷过程中阻力较大。

可探索先行以部门规章形式建立我国投资者权益保护机构工作制度,提升机构法律地位,赋予一定争议解决的调查权限以及鉴定资格。

(二)完善诉调对接的证券纠纷解决机制

诉讼代表人制度的立法是我国证券金融争议解决的重大进步,但面对复杂多变的资本市场违法行为,更重要的是事前风险化解。目前,我国投资者权益保护机构也在实践中探索建立证券纠纷诉调对接工作机制。例如,机构与各地区、各级法院签署证券金融纠纷诉调对接工作文件。当人民法院受理案件后,指派给机构先行调解,调解不成再由人民法院实体审理。该工作机制对化解风险、定分止争起到很大的促进作用。然而,我国地域广阔、法院众多,仅靠机构点对点搭建工作机制仍有一些困难。在此方面,可建立我国统一的证券金融纠纷调解前置程序。投资者合法权益受到损害可先行向机构投诉,机构受理后可组织双方调解,并赋予调解结果的强制执行效力。调解不成的,由机构向受案人民法院移送,如受害人数众多的,可直接由机构提起代表人诉讼。

(三)建立多元化的适当性管理方式

适当性管理贯穿证券金融产品销售始终。随着网络科技的发展,给适当性管理工作带来了便利条件。第一,除传统的面签、双录、回访以外,建议积极应用大数据手段对投资者进行综合分析,对其财务实力、风险偏好、风险认知水平、投资经

验,甚至个人信用等进行数据评估,提高对投资者风险承受能力评估的准确性。[①] 第二,在产品评级方面,可将产品要素转化为量化风险等级指标,嵌入投资者风险调查要素后,通过模型测算出匹配的产品,避免操作风险、道德风险。第三,建立动态的投资者风险评级制度。一方面,对普通投资者风险承受能力进行定期动态评估,及时调整;另一方面,在普通投资者与专业投资者转化方面定期评级,有效衔接。不仅能够落实适当性管理义务,而且能够提升证券金融机构的经济效能。

(四)加强投资者教育工作

值得注意的是,《证券法》不仅对证券金融机构的适当性管理提出要求,对投资者同样作出行为规范,要求其在购买证券或者接受服务时,应当按照证券公司明示的要求提供前款所列真实信息。如拒绝提供或者未按照要求提供信息的,证券公司有权拒绝提供服务。因此,证券金融机构、投资者权益保护机构等在日常工作中应注重对投资者的教育工作,不断提高投资者的风险认知水平。

综上所述,适当性管理是“双刃剑”,这对证券金融机构不仅是责任,更是一种保护。当证券金融机构将适当性管理落到实处,才能落实“卖者尽责,买者自负”的金融销售基本原则,也为资本市场进一步开放发展营造良好环境。

---

① 晋小江:《投资者适当性管理的提升对策》,载《银行家》2020年第2期。

经济形势新常态下证券纠纷调解机制现状、困境与对策研究

陈丽婷*

一、引　　言

我国证券行业之所以被誉为21世纪的朝阳产业，不仅在于其在服务实体经济过程中所凸显的重要作用，是现代金融体系的核心和血脉，还在于证券是资本市场资源配置和宏观调控的重要工具。[①] 金融活经济活，金融稳经济稳。[②] 在深化金融体制改革的进程中，我国经济建设进入新常态，资本市场高质量发展，证券业务与产品模式不断推陈出新。但近年来，国际经济形势复杂多变，影响国内国际经济正常运转，增加了许多新的金融风险和挑战，证券纠纷等金融争议也愈来愈凸显较强的群体性、专业性、复杂性、广泛性、离散性等特点。因此，为了更好地保护投资者合法权益，降低投资者维权成本，有效遏制资本市场违法违规行为，具有充分尊重当事人主观意愿、高效便捷、低成本、高保密性等优势的非诉讼调解机制就成为化解证券纠纷的重要路径。

---

* 厦门证券期货基金业协会工作人员。

① 郭金林：《试论发展证券市场在启动国内消费中的作用与途径》，载《消费经济》2000年第1期。

② 郭树清：《坚定不移打好防范化解金融风险攻坚战》，载《中国保险》2020年第9期。

二、我国证券纠纷化解现状考察

（一）我国证券纠纷化解近况

近年来，随着证券业务与产品的繁荣、创新发展，投资者维权意识不断增强，证券纠纷种类不断增多、逐利链条拉长，证券权利确认纠纷、证券交易合同纠纷、金融衍生品种交易纠纷、证券投资咨询纠纷、证券交易代理合同纠纷、证券托管纠纷、融资融券交易纠纷、客户交易结算资金纠纷出现，案件数量显著增加。根据上海市高级人民法院于2021年5月31日发布的《2020年度上海法院金融商事审判情况通报》白皮书显示，2016～2020年上海市法院共受理一审金融商事案件数量分别为128,354件、179,631件、170,955件、192,559件、179,258件；标的额分别为：608.86亿元（以下货币单位均为人民币）、684.97亿元、1410.7亿元、2218.31亿元、1806.04亿元。[①] 可见，在上海市辖区内的金融纠纷案件与标的额量值几乎呈逐年上升趋势且居高不下。而根据笔者在裁判文书网以"证券纠纷"为案由关键词进行检索，结果显示2016～2020年全国证券纠纷案件数量达25,176件。[②] 其中，因虚假陈述、内幕交易、操纵市场等欺诈类证券纠纷占比高达83%，而标的额在50万元以下的纠纷占89%。同时，我国资本市场是以中小投资者为主，个人投资者数量已达1.87亿人，其中95%以上的投资者持股市值在50万元以下。[③] 相较经济实力雄厚的证券经营机构聘用大量精通法律与金融知识、熟悉诉讼仲裁流程并能巧妙应对高度专业性、复合性问题的高学历、高素质人才，中小投资者在风险意识、专业知识、市场经验、信息获取、风险承受等方面存在天然的弱势。[④] 规模庞大的中小投资者的合法权益如何获得周全保护，直接影响投资者的切身利益、市场信心和中国经济发展。

---

① 《上海高院发布中英文版2020年度金融商事审判白皮书》，载上海市高级人民法院官网2021年5月31日，http://www.hshfy.sh.cn/shfy/web/xxnr.jsp?pa=aaWQ9MjAyMjMlODYmeGg9MSZsbWRtPWxtMTcxz&zd=xwxx。

② 在无讼网"案例平台"以"证券纠纷"为案由关键词进行检索，得到2016～2020案件数量分别为2666件、6390件、5353件、5137件、5630件。

③ 中国证券登记结算有限责任公司：《统计年报》，载中国结算网，http://www.chinaclear.cn/zdjs/tjnb/center_datalist.shtml。

④ 朱宝琛、周庆民：《让人民群众对投保工作看得见摸得着感受深》，载《证券日报》2018年5月23日。

然而,传统的诉讼、仲裁、行政监管等制度在解决证券纠纷过程中注重程序正义,且主要以标的额大小作为判断适用简易程序与普通程序的标准,但证券纠纷责任承担与损失计算等问题的专业性、复杂性与纠纷标的额大小并无直接关系,投资者提供证据证明、主管机构调查审理侵权人的侵权行为、损害结果、因果关系、损失计算等过程,往往涉众广、耗时长、成本高、难度大、专业性强,如果仅依赖司法、仲裁、行政等公权力路径解决证券纠纷,将面临很大压力,甚至得不偿失。因此,学界与实务界也将探寻多元解纷路径的目光逐步投向调解机制,以谋求更好地化解证券纠纷。

(二)证券纠纷调解机制的发展沿革

1998年12月29日第九届全国人民代表大会常务委员会发布《证券法》[以下简称《证券法》(1998)]是我国首部《证券法》,其中第164条第5款授权中国证券业协会负责证券行业纠纷调解工作,规定中国证券业协会作为法定调解机构,负有对会员之间、会员与客户之间发生的纠纷进行调解的职能。①

2004年8月18日最高人民法院发布《关于人民法院民事调解工作若干问题的规定》(法释〔2004〕12号)对调解时间、程序、担保、司法确认等问题进行具体化。

2007年8月23日最高人民法院、司法部联合发布《关于进一步加强新形势下人民调解工作的意见》,强调加强人民调解与诉讼程序的衔接配合,保障人民调解经费,推动人民调解组织建设,进一步加强对人民调解工作的指导等问题。

2009年8月5日最高人民法院发布《关于建立健全诉讼与非诉讼相衔接的矛盾纠纷解决机制的若干意见》(法发〔2009〕45号)提出了完善诉讼与仲裁、行政调解、人民调解、商事调解、行业调解及其他非诉讼纠纷解决方式的衔接,推动建设多元化纠纷解决机制。

2010年8月28日全国人民代表大会常务委员会发布了《人民调解法》,对人民调解委员会、调解员、调解程序、调解协议等作出了细化规定。

2012年6月11日中国证券业协会发布《证券纠纷调解工作管理办法(试行)》(已废止)、《证券纠纷调解规则(试行)》(已废止)等行业自律性规定,尝试性地对调解制度组织架构、受理范围、调解协议效力、经费来源、调解程序等进行规定,旨

---

① 《证券法》(1998年)第164条第5款规定:对会员之间、会员与客户之间发生的纠纷进行调解。

在通过“说服、疏导、调和等方式,促使当事人在平等协商基础上自愿达成调解协议,解决证券业务纠纷的活动”。①

2013 年 12 月 25 日国务院办公厅发布《关于进一步加强资本市场中小投资者合法权益保护工作的意见》,提出支持自律组织、市场机构等单独或联合进行证券期货专业调解;建立调解与仲裁、诉讼的对接机制。

2016 年 2 月 1 日中国证券业协会发布《证券纠纷调解规则》《证券纠纷调解工作管理办法》,对证券纠纷调解原则、组织架构、受理范围、经费来源和使用、调解协议、调解程序、调解资料整理等内容进行具体化。

2016 年 6 月 28 日最高人民法院发布《关于人民法院进一步深化多元化纠纷解决机制改革的意见》,要求加强诉调对接平台建设,并对与行政机关、人民调解组织、商事调解组织、行业调解组织、仲裁机构、公证机构对接在线纠纷解决机制、推动国际化发展等方面作出规定。

为提高调解效力,最高人民法院与中国证监会于 2016 年 7 月 13 日联合发布《关于在全国部分地区开展证券期货纠纷多元化解机制试点工作的通知》(法〔2016〕149 号)加强试点地区法院与证券期货监管机构、试点调解组织之间的协调联动,健全诉调对接工作机制,充分发挥纠纷多元化解机制作用。

2018 年 11 月 30 日最高人民法院、中国证监会联合发布《关于全面推进证券期货纠纷多元化解机制建设的意见》,提出在总结试点工作经验的基础上,将证券期货纠纷多元化解机制推向全国,工作内容包括加强调解组织管理、健全诉调对接工作机制、强化纠纷多元化解机制保障落实等。

2019 年 11 月 21 日最高人民法院、中国人民银行、中国银行保险监督管理委员会联合发布《关于全面推进金融纠纷多元化解机制建设的意见》,对金融纠纷多元化解机制的案件范围、调解协议司法确认、工作流程等进行规定。

2019 年 11 月 14 日最高人民法院发布第九次《全国法院民商事审判工作会议纪要》(法〔2019〕254 号)(以下简称《九民纪要》),对实践中存在的金融消费者权益保护、证券、信托、财产保险、票据纠纷等案件审理争议问题作出明确规定。

---

① 中国证券业协会《证券纠纷调解工作管理办法(试行)》第 2 条规定:本办法所称证券纠纷调解是指经证券业务纠纷各方当事人同意,中国证券业协会(以下简称“协会”)调解组织通过说服、疏导、调和等方式,促使当事人在平等协商基础上自愿达成调解协议,解决证券业务纠纷的活动。

2019年12月28日全国人民代表大会常务委员会审议通过的《证券法》(2020年),对旧法在内容上进行了大刀阔斧地修改,“投资者”出现的次数由28次上升至84次,除保留了中国证券业协会负有调解职能之外,以专章形式在第六章中规定了“投资者保护”,对先行赔付制度、强制调解制度及代表人诉讼制度进行规定,并在第94条第1款中赋予普通投资者“绝对调解权”,普通投资者提出调解请求的,证券公司不得拒绝,[①]为投资者在诉讼外提供了新的维权路径,进一步完善了投资者的救济方式。

(三)证券纠纷调解机制发展现状

在中国证券监督管理委员会主导下设立的中国证券投资者保护基金有限责任公司[②](以下简称投保基金公司)法律事务部投服中心纠纷调解部以及中国证监会各派出机构与地方证券业协会联合创设的调解组织,如深圳证券期货业纠纷调解中心等部门也陆续开展试点工作,为广大中小投资者、证券经营机构提供证券纠纷调解服务。最高人民法院与中国证监会加强试点地区法院与行政监管机关、试点调解组织之间的协调联动,通过建立在线调解机制、委派调解机制、诉调对接机制、司法确认机制、简案速裁机制等形式保障纠纷调解能够获得司法确认并予以执行。

中国证券业协会在《证券纠纷调解工作管理办法》及《证券纠纷调解规则》中,也确立了在行业协会主导下,中国证券业协会督促证券公司主动化解纠纷、指导地方证券业协会就地调解证券纠纷、中国证券业协会自主调解纠纷“三管齐下”的证券纠纷调解机制。

2018年12月1日,中国人民大学纠纷解决研究中心发布对最高人民法院与中国证监会在全国部分地区开展证券期货纠纷多元化解机制试点工作的评估结果显示,在最高人民法院和中国证监会组织领导和协调推进下,中国证券业协会调解中心、投服中心纠纷调解部、投保基金公司法律事务部、深圳证券调解中心等多家调

---

① 《证券法》(2020年)第94条规定,投资者与发行人、证券公司等发生纠纷的,双方可以向投资者保护机构申请调解。普通投资者与证券公司发生证券业务纠纷,普通投资者提出调解请求的,证券公司不得拒绝。投资者保护机构对损害投资者利益的行为,可以依法支持投资者向人民法院提起诉讼。

② 2005年6月,国务院批准中国证券监督管理委员会、财政部、中国人民银行发布《证券投资者保护基金管理办法》(以下简称《管理办法》),同意设立国有独资的中国证券投资者保护基金有限责任公司(以下简称投保基金公司),并批准了公司章程。2005年8月30日,投保基金公司在国家工商总局注册成立,由国务院出资,财政部一次性拨付注册资金63亿元。

解机构充分发挥调解职能，扩大证券纠纷调解试点范围，发展建设调解工作队伍，证券纠纷解决效果显著。2016～2018 年共直接受理或受法院委托调解案件 9116 件，办结率 91.33%，调解成功率 81.28%，给付金额 14.97 亿元；在小额速调、单边承诺调解、先行赔付、在线调解、诉调对接、调解协议确认等创新纠纷多元化解方面形成了素材丰富的实践经验。①

三、证券纠纷调解机制困境反思

（一）制度条文离散、碎片化

我国虽已通过《证券法》《人民调解法》《民事诉讼法》《仲裁法》等法律对调解机制进行了规定，但是仅局限于人民调解制度，而未区分不同行业调解、专业性较强的纠纷调解种类，并分门别类进行具体化规定。目前，证券纠纷调解制度主要由最高人民法院、中国证监会及其派出机构、中国证券业协会等单位颁布的规范性文件构成，但这些规范性文件仅针对宏观层面作出原则性、概括性要求，内容较粗疏、笼统，不同单位发布的调解规则存在较大差异，甚至相互冲突，在衔接上产生一定困难。例如，《证券法》(2020 年)第 166 条第 7 项规定中国证券业协会的调解范围为“对会员之间、会员与客户之间发生的证券业务纠纷进行调解”；②而中国证券业协会《证券纠纷调解工作管理办法》第 11 条规定在调解中心受理范围时，却增加了“会员与其他利益相关者之间发生的证券业务纠纷”；③《中国证券投资者保护基金有限责任公司证券纠纷调解规则（试行）》第 5 条同样也扩大了调解受理范围，为“投资者与证券经营机构、基金管理机构、证券服务机构、上市公司等证券市场主体之间因证券交易、证券投资或证券服务而发生民事纠纷的”。④ 此外，尽管规范性文

① 《证券期货纠纷多元化解机制试点工作评估报告（摘要）》，载证券监督管理委员会官网，http://www.csrc.gov.cn/pub/newsite/tzzbh1/tbjtbzt/hgttzzbh/hgtdtzx/201812/t20181201_347544.html。

② 《证券法》(2020 年)第 166 条规定：“证券业协会履行下列职责……（七）对会员之间、会员与客户之间发生的证券业务纠纷进行调解”。

③ 《证券纠纷调解工作管理办法》第 11 条规定：“调解中心的受理范围包括：（一）会员与投资者之间发生的证券业务纠纷；（二）会员与会员之间发生的证券业务纠纷；（三）会员与其他利益相关者之间发生的证券业务纠纷。”

④ 《中国证券投资者保护基金有限责任公司证券纠纷调解规则（试行）》第 5 条规定：“投资者与证券经营机构、基金管理机构、证券服务机构、上市公司等证券市场主体之间，因证券交易、证券投资或证券服务而发生民事纠纷的，投资者可以向调解中心提出调解申请。”

件已将证券纠纷调解制度纳入多元化解纷机制体系中,但尚未体系化,且法律层级过低、法律条文过少,缺乏权威性。

(二)调解协议刚性不足

根据最高人民法院《关于审理涉及人民调解协议的民事案件的若干规定》(法释〔2002〕29 号)第 1 条、[①]中国证券业协会《证券纠纷调解工作管理办法》第 23 条[②]将调解协议性质的定位为"民事合同",因此,调解协议本身不具有强制执行效力。在司法实践中,实现调解协议效力主要通过以下途径:一是通过申请公证机关依法赋予调解协议强制执行效力;二是通过申请人民法院对调解协议进行司法确认;三是申请人民法院强制执行被依法公证或经司法确认效力的调解协议。但调解协议的司法确认程序流转复杂,仍需付出较多时间精力成本,[③]况且确认调解协议效力需要双方当事人共同向法院或公证机构提出申请,而现实中当事人对调解协议达成合意后,时常在申请确认调解协议前出现反悔情况,以致调解重新陷入僵局。此外,当事人达成调解协议后,仍可寻求其他纠纷解决路径,导致原先达成的调解协议失去权威性,功亏一篑。因此,调解协议效力与调解实效的发挥仍需更细致、系统化的配套制度进行统筹安排、一体跟进。[④]

(三)调解机构体系混乱、衔接机制不畅

理论上,调解机构主体多元化可以让中小投资者拥有更多的权利救济渠道选择,但由于缺乏顶层设计与统筹协调,实践中中国证券业协会调解中心、投服中心纠纷调解部、投保基金公司法律部、深圳证券期货纠纷调解中心、各中级人民法院与基层人民法院诉调对接中心、各地方纠纷调解工作站等调解组织往往各行其是,难以形成合力。因此,缺乏足够专业知识的中小投资者往往无法分辨不同调解机构之间的区别,从而无法找到适合自己的最佳救济路径,及时将损失降低至最小范围。同时,各调解机构之间的管辖范围并不明确,各调解机构之间信息交流不完全

---

① 最高人民法院《关于审理涉及人民调解协议的民事案件的若干规定》第 1 条规定:"经人民调解委员会调解达成的、有民事权利义务内容,并由双方当事人签字或者盖章的调解协议,具有民事合同性质。当事人应当按照约定履行自己的义务,不得擅自变更或者解除调解协议。"

② 中国证券业协会《证券纠纷调解工作管理办法》第 23 条规定:"调解协议经各方当事人签字盖章后具有民事合同性质,各方当事人应当遵守。当事人可以申请调解员及调解组织在《调解协议书》上签字和盖章。《调解协议书》经调解员签字和调解组织盖章后,当事人可以申请有管辖权的人民法院确认其效力。"

③ 洪冬英:《论调解协议效力的司法审查》,载《法学家》2012 年第 2 期。

④ 赵钢:《人民调解协议的效力辨析及其程序保障》,载《法学》2011 年第 12 期。

通畅，实践中常出现管辖重叠、“一案多调”的情况，造成调解资源浪费。此外，尽管目前部分调解机构在对“调诉对接”“调仲对接”“调证对接”“调解 + 司法确认”等衔接模式进行探索并取得一定进展，[①]但在具体内容上，尚未形成可广泛复制、推广的成熟经验。

（四）监督机制不完善

调解组织作为独立于投资者、金融机构的中立第三方，首要的是保持公正、平等、诚信。目前，对于调解组织的监督，主要依赖行业协会自律与行政主管机关监管，缺乏行之有效的外部监督机制。尽管投服中心、深圳证券期货业纠纷调解中心等代表性调解组织在信息披露问题上已作出努力，但依然缺乏公开渠道便利社会公众查询其年度工作报告、董事会会议记录等关乎调解组织是否公正、平等、诚信履行职责的实质性信息。同时，由于外部监督机制缺位，消费者无法对调解组织提供的服务进行质疑、反馈并给予评价，不利于调解组织提升服务质量。

四、优化证券纠纷调解机制对策研究

（一）完善证券纠纷调解法律体系

对于构建法治国家、法治社会、法治政府的当下，深化金融体制改革，实施证券纠纷调解工作必须有法可依、于法有据。面对条理不清甚至相互冲突的证券解纷制度，首先，应当建构以《证券法》《民事诉讼法》《仲裁法》《人民调解法》等法律为核心的顶层设计，提高调解机制法律地位，细化行政法规、地方性法规、部门规章、地方政府规章、行业调解自律实施细则等，统一调解制度组织架构、受理范围、调解协议效力、经费来源、调解程序、调解时效等内容，梳理不同层级的制度规范，筑牢证券纠纷调解制度基础，形成一套系统、完备与我国资本市场实际情况相适应、符合社会经济发展规律、具有中国特色的证券解纷机制。其次，为提升调解协议效力，可在法律法规中将证券纠纷调解领域达成的调解协议合同效力，进一步提升为对证券经营机构、上市公司等经营机构的单方约束力，使中小投资者更及时地实现权利救济，同时制定调解时效制度，防止中小投资者“躺在权利上睡觉”，及时实现

① 龙飞：《论国家治理视角下我国多元化纠纷解决机制建设》，载《法律适用》2015 年第 7 期。

调解成果以救济其合法权益。最后,对于一些显失公平、违反公序良俗、损害国家、集体及他人权益等情形,应赋予证券经营机构、上市公司等向法院申诉的权利,但应当制定严格的申诉标准,防止其利用申诉制度拖延调解进程。

(二)以投服中心为核心,构建证券纠纷调解体系化机制

当下调解组织数量众多、结构散乱,调解资源分散,无法团结一致、形成合力。因此,有必要整合现有调解资源,推动调解组织实行统一管理。于2014年12月5日在上海注册成立的投服中心是一家由中国证券监督管理委员会批准设立并直接管理的公司制证券金融类公益法人机构。从投服中心的机构宗旨[①]可以看出,该机构以维护中小投资者合法权益为目标,尽管由中国证券监督管理委员会主导设立、直接监管,但仍被赋予独立解决争议的独立、中立属性。同时,在最高人民法院、中国证监会联合发布的《关于全面推进证券期货纠纷多元化解机制建设的意见》中,第17条明确提出要依托投服中心的"中国投资者网"建设证券期货纠纷在线解决平台,[②]可见司法机关与行政监管部门均十分重视发挥投服中心的调解职能,况且中国证监会答复政协提案时曾提出推动建设全国性金融纠纷调解机构,[③]而投服中心也于2020年5月15日挂牌设立中证法律服务中心,足以见得投服中心在构建证券纠纷调解机制过程中的重要战略属性。

数据显示,经过近7年多的建设,投服中心作为一家全国性全市场纠纷调解机构,以合作承接各辖区纠纷和直接承接法院委托的纠纷为重要途径,已成为化解投资者与市场机构纠纷的主要渠道,[④]为设立全国性调解中心打下良好基础。投服中心自成立以来至2020年5月,累计登记证券期货纠纷14,060件,受理9652件,成

---

① 投服中心的宗旨如下:以中小投资者需求为导向,丰富中小投资者行权维权手段,建立多元化纠纷解决机制,完善中小投资者赔偿救济渠道,全心全意服务中小投资者,切实维护中小投资者的合法权益,提升资本市场法治与司法救济等软实力水平。

② 最高人民法院、中国证监会《关于全面推进证券期货纠纷多元化解机制建设的意见》第17条规定:"充分运用在线纠纷解决方式开展工作。依托'中国投资者网'建设证券期货纠纷在线解决平台,并与人民法院办案信息平台连通,方便诉讼与调解在线对接。调解组织应当充分运用'中国投资者网'等现代传媒手段,把'面对面'与网络对话、即时化解等方式有机结合,研究制定在线纠纷解决规则,并总结推广远程调解等做法。各级人民法院要借助互联网等现代科技手段,探索开展在线委托或委派调解、调解协议在线司法确认,接受相关申请、远程审查和确认、快捷专业服务渠道、电子督促、电子送达等方法方便当事人参与多元化解工作,提高工作质量和效率。"

③ 熊锦秋:《进一步完善和落实"示范诉讼+委托调解"机制之我见》,载《投资者》2019年第1期。

④ 陈剑:《投服中心:尽快设立挂牌全国纠纷调解中心新平台》,载新华网,http://www.xinhuanet.com/fortune/2018-03/15/c_129829780.htm。

功调解6559件,投资者获赔21.46亿元,受理和成功调解案件数量均占系统内60%以上。[①] 因此,可以投服中心的上海总部为依托,将投服中心建设为承担证券调解职能的核心组织,以各省会城市、副省级城市为区域基点,联动司法系统、行政监管系统,进一步探索"调诉对接""调仲对接""调证对接""调解+司法确认"等模式的衔接问题,制定统一的调解服务标准,统筹谋划、协调配合,建立以投服中心为基础,辐射全国的体系化调解组织。

(三)强化监督机制提升证券纠纷调解机构公信力

目前,大多数中小投资者合法权益遭受侵害时,往往优先考虑投诉、信访、诉讼等行政司法渠道谋求权利救济,可见我国证券纠纷调解制度与调解机构公信力与权威性有待提高。正如前文所述,当下对于调解组织的监督,主要依赖行业协会自律与行政主管机关监管,缺乏行之有效的外部监督机制。尽管投服中心、深圳证券期货业纠纷调解中心等代表性调解组织在信息披露上已作出努力,但在其官网上并未体现正式的外部监督渠道,投资者无法对调解效果进行反馈。因此,信息不畅无疑降低了公众监督的有效性。

我国证券纠纷调解机制应当提高信息公示披露水平,扩大调解机制的影响力。此外,我国资本市场起步较晚、发展经验较欠缺,也可结合我国资本市场实际情况建立调解机制独立评估员,以便接受投资者对调解服务进行评价、反馈或投诉,总结投资者投诉问题,帮助调解组织改善调解服务质量,达到实现公众监督目的。

① 侯捷宁、吴晓璐:《郭文英:投服中心累计受理9652件案件　投资者获赔21.46亿元》,载百度网2020年5月15日,https://baijiahao.baidu.com/s?id=1666745351264906526&wfr=spider&for=pc》。

中证资本市场法律服务中心 2020 年年度纠纷调解情况数据分析

李仕婷* 陈惠惠** 王可心***

2020 年，中证法律服务中心（以下简称中心）秉承"为民、奉献、专业、引领"理念，坚持"依法、中立、专业、便捷"原则，克服疫情困难，聚焦调解主业，推进各项工作有序开展。2020 年共调解成功 2800 余件纠纷，为投资者挽回损失 6.4 亿余元。为总结 2020 年度纠纷调解工作，我们梳理了 2018 ~ 2020 年中心纠纷调解总体情况，着重对占比较高的案件类型作了较详细的数据分析，具体情况如下：

一、调解结案总体情况

（一）调解结案数呈逐年增长趋势

如表 7 - 1 所示，2018 ~ 2020 年来中心调解结案纠纷数量呈逐年增长趋势，2020 年调解结案数同比增长 28.41%，赔偿金额同比下降 47.39%。

表 7 - 1 2018 ~ 2020 年调解结案数量及赔偿金额变化情况

年份	调解结案数（件）	调解结案数同比增长率（%）	赔偿金额（万元）	赔偿金额同比变化（%）
2018	2164	13.00	54,007.17	108.03
2019	3168	46.40	121,716.67	125.37
2020	4068	28.41	64,037.61	-47.39

* 中证资本市场法律服务中心高级经理、专职调解员。
** 中证资本市场法律服务中心高级经理、专职调解员。
*** 中证资本市场法律服务中心经理。

(二)上市公司类纠纷占比最高

如表7－2所示，从2020年调解结案纠纷的数量来看，上市公司类纠纷、证券类纠纷、基金类纠纷为主要纠纷类型，其中上市公司类纠纷调解结案数量占比最大，达到39.26%。基金类纠纷的纠纷金额及赔偿金额占比呈现双高特征，分别达到58.07%和77.48%。主要因为2020年基金类纠纷中私募基金数量占比达到90%以上，私募基金的投资门槛高，相应的纠纷金额及赔偿金额则较高。

表7－2 各纠纷类型调解结案数、纠纷金额及赔偿金额占比情况

纠纷类型	2018年调解结案数占比(%)	2019年调解结案数占比(%)	2020年调解结案数占比(%)	2020年纠纷金额占比(%)	2020年赔偿金额占比(%)
上市公司类纠纷	25.09	33.11	39.26	8.99	6.86
证券类纠纷	27.08	39.11	25.02	21.79	12.10
基金类纠纷	9.84	7.80	17.48	58.07	77.48
投资咨询类纠纷	37.15	17.30	13.47	2.78	2.63
期货类纠纷	0.79	2.40	4.74	8.38	0.92
债券类纠纷	0.05	0.28	0.02	0.00	0.00
合计	100.00	100.00	100.00	100.00	100.00

注：统计口径为调解结案纠纷，按照2020年调解结案数量占比降序排列。

(三)主要纠纷类型中多数呈增长态势

如表7－3所示，从调解结案纠纷的年增长率来看，2020年基金类纠纷、期货类纠纷、上市公司类纠纷增长较快，其中基金类纠纷增速为2019年的11.77倍，期货类纠纷、上市公司类纠纷增速较2019年放缓，分别为2019年的0.44倍、0.56倍。投资咨询类纠纷从2019年的负增长到2020年0增长，债券类纠纷、证券类纠纷均出现了一定程度的负增长。

表7－3 各纠纷类型调解结案数量年增长情况

纠纷类型	2018年增长率(%)	2019年增长率(%)	2020年增长率(%)
基金类纠纷	63.85	15.96	187.85
期货类纠纷	54.55	347.06	153.95
上市公司类纠纷	61.13	93.19	52.24
投资咨询类纠纷	－11.84	－31.84	0.00

续表

纠纷类型	2018 年增长率(%)	2019 年增长率(%)	2020 年增长率(%)
债券类纠纷	—	800.00	-88.89
证券类纠纷	11.62	111.43	-17.84
全部纠纷	13.00	46.40	28.41

注:统计口径为调解结案纠纷,按照 2020 年调解结案数量年增长率降序排列。

(四)人民法院成为调解结案纠纷主要来源

如表 7-4 所示,人民法院、中国证监会"12386"服务热线(以下简称"12386"热线)、现场或电话申请为 2020 年调解结案纠纷的三大主要来源,合计占比 86.27%。其中人民法院转办纠纷占比 39.13%,已超过"12386"热线成为中心最主要的纠纷来源,反映了近年来中证法律服务中心与全国各级人民法院诉调对接合作成效显著。

表 7-4　各来源纠纷调解结案数占比

纠纷来源	2018 年占比(%)	2019 年占比(%)	2020 年占比(%)
人民法院	18.72	22.29	39.13
"12386"热线	42.79	35.29	35.99
现场或电话申请	14.19	24.87	11.15
中国证券业协会(以下简称中证协)	1.76	2.43	7.07
中国投资者网	0.55	1.14	2.43
地方行业协会	12.71	4.92	2.09
证监会派出机构	2.22	5.33	2.04
其他	0.00	0.00	0.10
证监会各部门	0.05	0.13	0.00
中国证券投资基金协会(以下简称中基协)	7.02	2.40	0.00
中国期货业协会(以下简称中期协)	0.00	0.00	0.00
全国中小企业股份转让系统有限责任公司(以下简称股转公司)	0.00	1.20	0.00
总计	100.00	100.00	100.00

注:统计口径为调解结案纠纷,按照 2020 年结案数量占比降序排列。

(五)现场或电话申请的调解结案数量负增长

如表 7-5 所示,2020 年总体上各主要渠道转办纠纷较 2019 年同比增长较快,其中中证协同比增长274.03%，中国投资者网同比增长175.00%，人民法院同比增长125.64%，“12386”热线同比增长31.04%。因疫情影响，现场或电话申请纠纷较2019年同比下降42.39%；地方行业协会、证监会各部门及派出机构等均同比下降，反映中心的纠纷调解从溯源层面为监管机构分担了一定压力。

表7-5　各来源纠纷调解结案数的年增长情况

纠纷来源	2018年同比增长率(%)	2019年同比增长率(%)	2020年同比增长率(%)
中证协	322.22	102.63	274.03
中国投资者网	0.00	200.00	175.00
人民法院	63.31	74.32	125.64
“12386”热线	-13.54	20.73	31.04
现场或电话申请	14.13	156.68	-42.39
地方行业协会	43.98	-43.27	-45.51
证监会派出机构	65.52	252.08	-50.89
证监会各部门	0.00	300.00	-100.00
中基协	55.10	-50.00	-100.00

注：统计口径为调解结案纠纷，按照2020年同比增长率降序排列。

（六）总体调解成功率逐渐回归正常水平

如表7-6所示，随着纠纷数量增长及纠纷类型多样化、复杂程度加深，按照同一产品或同一事由与同一主体产生的纠纷并案处理统计，中心最近3年调解成功率呈逐年下降并逐步趋稳态势，2020年调解成功率高于人民法院调解平台的调解成功率(65.04%)。若按件计算，2020年调解成功率同比2019年也略微提升1.85%。

表7-6　2018~2020年调解成功率情况

年份	调解结案数（件）	调解成功率（按件算）(%)	合并调解结案数（件）	合并调解成功率（按起算）(%)
2018	2164	79.85	1415	85.65
2019	3168	69.13	2100	75.81
2020	4069	70.98	1861	69.75

（七）证券类纠纷调解成功率同比降幅较大

如表7-7所示，2020年度中心调解的前三大类型纠纷中基金类纠纷、上市公司类纠纷调解成功率同比 2019 年度呈上升趋势,但证券类纠纷的调解成功率同比下降了 8.5%,降幅较大。

证券类纠纷调解成功率下降的主要原因是,证券类纠纷主要来源为“12386”热线转办(占比 53.34%),自 2020 年 1 月起“12386”热线全面实施投诉直转机构履行首要责任后再行转办调解的纠纷,往往当事人争议较大或者已失去信任基础,调解难度升级,调解成功率随之下降。

表 7-7　2020 年前三大类型纠纷的调解成功率情况

纠纷类型	按件算调成率(%)	同比 2019 年变化(%)
上市公司类纠纷	61.99	1.36
证券类纠纷	67.29	-8.50
基金类纠纷	90.72	47.40

注:按 2020 年调解成率降序排列。

(八)证券类纠纷、基金类纠纷调解期限长

如表 7-8 所示,2020 年各类纠纷类型中,证券类纠纷平均每起调解期限约 73 天、基金类纠纷约 69 天,大幅高于中心平均调解期限 56 天。在各类纠纷中,调解期限最短的是投资咨询类纠纷(约为 22 天/起)。总体而言,调解期限和纠纷调解难度、索赔金额呈正相关,纠纷调解难度、索赔金额越高,调解期限越长。

表 7-8　各类型纠纷的投资者人数、纠纷金额、赔偿金额及调解期限情况

纠纷类型	2020 年涉及投资者人数占比(%)	2020 年纠纷金额占比(%)	2020 年赔偿金额占比(%)	2020 年平均调解期限(天/件)	2020 年平均调解期限(天/起)
证券类纠纷	25.02	21.79	12.10	73	73
债券类纠纷	0.02	0.00	0.00	71	71
基金类纠纷	17.49	58.07	77.48	11	69
上市公司类纠纷	39.26	8.99	6.86	1	54
期货类纠纷	4.74	8.38	0.93	38	38
投资咨询类纠纷	13.47	2.77	2.63	22	22
总计	100.00	100.00	100.00	26	56

注:1. 统计口径为调解结案纠纷,按照纠纷金额降序排列。2. 基金类纠纷、上市公司类纠纷往往是涉众型纠纷,如果仅按照平均每件计算调解期限,无法准确反映该类型纠纷的实际调解期限,因此投服中心对于涉众型纠纷按照同一批次多件合计为一起纠纷进行统计分析,其他类型的纠纷按照纠纷特点和涉及合约性质一般为个案纠纷,也即 1 件为 1 起。

二、重点专题分析

（一）上市公司（虚假陈述）类纠纷分析

1. 上市公司类纠纷中虚假陈述类纠纷占比99%以上，且呈逐年增长态势

如表7－9所示，2020年中心调解结案上市公司类纠纷1597件，其中虚假陈述类纠纷1591件，占比99.62%，涉及13家上市公司，涵盖上证主板、深证主板及创业板。2020年虚假陈述类纠纷调解结案数量同比2019年增长122.21%，呈增长态势。

表7－9　各类型上市公司类纠纷的调解结案数量情况

纠纷类型	2019年调解结案数量（件）	2019年调解结案数量占比（%）	2020年调解结案数量（件）	2020年调解结案数量占比（%）
虚假陈述类纠纷	716	68.26	1591	99.62
其他类纠纷	333	31.74	6	0.38
合计	1049	100.00	1597	100.00

2. 虚假陈述类纠纷调解成功率提升，调解期限较长，难度大、专业性强

如表7－10所示，2020年虚假陈述类纠纷调解成功率为61.85%，同比2019年调成率提升16.38%，较上海市全市法院此类纠纷的调撤率[①] 53.45%高8.4%。按照同一批次与同一主体因相同事由产生的纠纷合并计算，2020年虚假陈述类纠纷调解成功率为52.94%，同比2019年提升0.77%。

表7－10　2020年虚假陈述类纠纷调成率统计

类型	2020年调成率（按起计算）（%）	同比增长（按件计算）（%）	2020年平均调解期限（按起计算）（%）	同比增长（按起计算）（%）
虚假陈述类纠纷	61.85	16.38	52.94	0.77

① 调撤率，指一定时期一个法院案件的调解、撤诉结案件数在总结案件数中的比例，该比例影响和体现审判效果。

按照同一批次与同一主体因相同事由产生的纠纷合并计算,2020年虚假陈述类纠纷平均每起调解期限为72天,同比2019年调解期限增加2天,期限较长。根据上海金融法院白皮书的最新数据显示,虚假陈述类纠纷法院平均审理时间为267天,审判周期较长,中心调解此类纠纷的期限少于审判周期的1/3,大大减少了纠纷化解时间成本,提高了效率。

如表7-11所示,2020年虚假陈述纠纷调解不成功的原因中,50.00%的纠纷对于因果关系及三日一价认定争议较大、赔偿方案难以达成一致,此类纠纷专业性较强,对于调解员的分析判断、综合协调、方案制定能力要求较高;25.00%的纠纷在法院转办调解之时就拒绝配合调解,明确表示不清楚委派委托调解事宜或转办调解仅为配合法院工作,说明上市公司对于多元解纷机制不了解;12.50%的纠纷在即将签署调解协议之际,因法院即将出具示范判决上市公司临时改变主意,说明委派委托调解纠纷应注意调审衔接,委派委托期限内存在示范判决可能的,可以与当事人双方沟通中止调解。

表7-11 2020年虚假陈述纠纷调解不成功主要原因分析

调解不成功主要原因	涉及纠纷数(起)	占比(%)
因果关系及三日一价认定争议较大、赔偿方案未谈拢	4	50.00
拒绝配合调解(不清楚委派委托调解事宜或转办调解仅为配合法院工作)	2	25.00
因即将出具示范判决而临时变卦	1	12.5
其他原因,如公司董监高及党委班子成员变化,暂时无法有效决策	1	12.5
合计	8	100.00

3. 虚假陈述行为以财务造假居多

如表7-12所示,2020年调解的虚假陈述类纠纷涉及的虚假陈述行为类型主要包括虚假记载、重大遗漏、误导性陈述,其中以虚增营业收入及利润类的财务造假虚假记载行为居多,13家上市公司中有7家上市公司实施了此类行为。

表 7 – 12　2020 年虚假陈述类纠纷的虚假陈述行为类型统计

虚假陈述行为类型	涉及上市公司(家)	具体虚假陈述行为	具体行为频次
虚假记载	7	财务造假	7
重大遗漏	7	未披露关联交易	2
		通过代持隐瞒关联关系	2
		未披露违规对外担保	2
		未完整及时披露并购基金重大事项	1
		未披露关联方资金占用	1
		未披露债券逾期	1
		未如实披露重大信息变更情况	1
误导性陈述	1	重组信息存在严重误导性陈述	1

4. 国有上市公司调解结案数量占比高,调解期限长,调解成功率较民营公司低

如表 7 – 13 所示,2020 年国有上市公司虚假陈述纠纷调解结案数量为 1400 件,占虚假陈述纠纷调解结案总数的 87.99%。国有上市公司虚假陈述纠纷的调解成功率为 50%,低于民营上市公司的调解成功率,平均调解期限 103 天/起,是民营上市公司调解期限的 3.71 倍。

表 7 – 13　2020 年国有企业、民营企业的虚假陈述类纠纷调解情况

纠纷主体性质	调解结案数(件)	合并调解结案数(起)	调成数(件)	合并调成数(起)	合并调解成功率(%)	平均调解期限(天/起)	涉及上市公司(家)
国有	1400	10	843	5	50.00	103	6
民营	191	7	141	4	57.14	28	7
合计	1591	17	984	9	52.94	72	13

根据实践经验分析其原因,民营上市公司内部决策流程较短,考虑调解的保密性且无须履行信息披露义务,只要有资金实力赔偿,则调解止纷息诉的意愿较高。而国有上市公司内部决策流程较复杂,涉及“两会一委”及国有资产监管部门的决策意见,并且囿于国有资产监管相关要求,国有企业更倾向以法院出具的裁判文书或调解书进行财务入账以及同一纠纷涉及多批次纠纷均采用相同结案方式,相关责任人则不用担心承担国有资产流失的潜在风险决策责任。

5. 虚假陈述类纠纷来源以人民法院委派调解为主

如表 7 – 14 所示,2020 年 17 起虚假陈述类纠纷中 16 起源于人民法院转办,同比 2019 年增长 33.33%,其中委派调解数占 75.00%,同比 2019 年增长 140.00%,表明人民法院在处理此类纠纷时越来越倾向于立案前诉源治理。2020 年法院转办虚假陈述纠纷的调解成功率为 50.00%(按起计算),同比提升 16.67%。平均调解期限为 73 天/起,较 2019 年延长 16 天/起。

表 7 – 14 人民法院转办的虚假陈述类纠纷的总体调解情况

来源	转办方式	调解结案数				调解结案数同比增长(%)	调解成功率(按起计算)(%)		平均调解期限(天/起)	
		2019 年(起)	2019 年占比(%)	2020 年(起)	2020 年占比(%)	2020 年	2019 年	2020 年	2019 年	2020 年
人民法院	委派调解	5	41.67	12	75.00	140.00	40.00	50.00	49	76
	委托调解	7	58.33	4	25.00	–42.86	28.57	50.00	63	64
	合计	12	100.00	16	100.00	33.33	33.33	50.00	57	73

注:统计口径为调解结案纠纷。

6. 虚假陈述类纠纷调解以一审阶段为主

如表 7 – 15 所示,2020 年法院转办虚假陈述类纠纷涉及 8 个地区 9 家法院(8 家中级人民法院、1 家高级人民法院),其中上海地区法院转办纠纷占比 37.50%,湖南地区占比 18.75%,其次为辽宁、吉林。2020 年法院转办虚假陈述类纠纷以一审阶段为主(15 起,占比 93.75%),二审阶段 1 起(湖南高院委派),占比 6.25%,二审阶段的调解难度更大、成功率更低。

表 7 – 15 2020 年各人民法院转办的虚假陈述类纠纷的调解情况

转办法院	地区	数量(件)	调解成功(件)	合并起数(起)	合并起数占比(%)	合并调解成功率(按起计算)(%)
上海金融法院	上海	761	346	6	37.50	50.00
长沙中院	湖南	539	539	2	12.50	100.00
湖南高院		115	0	1	6.25	0.00

续表

转办法院	地区	数量（件）	调解成功（件）	合并起数（起）	合并起数占比（%）	合并调解成功率（按起计算）（%）
大连中院	辽宁	59	0	2	12.50	0.00
长春中院	吉林	73	73	1	6.25	100.00
青海中院	青海	14	14	1	6.25	100.00
南京中院	江苏	11	11	1	6.25	100.00
合肥中院	安徽	11	0	1	6.25	0.00
海口中院	海南	7	0	1	6.25	0.00
合计		1590	983	16	100.00	50.00

注：统计口径为调解结案纠纷，先按各法院合并起数占比降序排列，如遇合并起数占比相同则按数量降序。

（二）基金类纠纷分析

1. 私募基金在基金类纠纷中占比高

如表7－16所示，2020年中心调解结案基金类纠纷711件，其中92.26%为私募基金纠纷。2020年调解私募基金纠纷656件，同比2019年增长317.83%。公募基金纠纷占比较小，且呈负增长趋势，主要由于近80%公募基金纠纷在征询阶段以被申请人不同意调解告终。

表7－16　2020年基金类纠纷调解结案情况

纠纷类型	调解结案数（件）	占比（%）	同比2019年增长率（%）
公募基金纠纷	55	7.74	－38.89
私募基金纠纷	656	92.26	317.83

2. 私募基金纠纷金额高、成功率低、调解期限长

如表7－17所示，私募基金的投资门槛较高，因此人均纠纷金额及赔偿金额相对较高，2020年私募基金人均纠纷金额115.93万元，人均赔偿金额81.18万元。2020年调解私募基金656件，合并涉及65起纠纷，其中调解成功23起，合并调解成功率为35.38%，合并调解成功率较2019年同比下降11.92%，调解期限较2019年延长9天。私募基金相较公募基金调解成功率低、调解期限长。

表 7-17 2020 年基金类纠纷调解情况

纠纷类型	纠纷金额(万元)	纠纷金额占比(%)	人均纠纷金额(万元)	赔偿金额(万元)	赔偿金额占比(%)	人均赔偿金额(万元)	合并调成率(%)	平均调解期限(天/起)
公募基金纠纷	1213.14	1.57	22.06	100.23	0.20	2.86	63.64	61
私募基金纠纷	76,051.95	98.43	115.93	49,518.39	99.80	81.18	35.38	74

3. 基金类纠纷的成因分析

如表 7-18 所示,基金类纠纷的主要争议贯穿募集、投资管理、退出的全过程,其中私募基金募集阶段投资者适当性义务管理及承诺收益问题突出,公募基金单个争议事项的发生频次较分散。

根据中心调解实践,按照发生频次分析,私募基金类纠纷的争议事项有63.86%发生在基金募集阶段,主要集中在投资者适当性义务的履行问题以及承诺固定收益、预期收益率。其中适当性义务问题具体表现在:测评程序缺失、风险提示不到位、产品不匹配等。

表 7-18 2020 年私募基金类纠纷的主要争议分析

阶段	主要争议事项	数量(件)	合计(件)	合计占比(%)
募集	适当性问题、风险提示不到位	583	1168	63.86
	承诺固定收益、预期收益率	578		
	销售服务不到位等服务问题	5		
	夸大宣传、欺诈宣传	1		
	私自代客理财	1		
投资管理	违约投资、恶意操作(如超比例持仓、预警线止损线未及时平仓、内幕交易)	20	50	2.73
	信息披露问题	13		
	管理人其他失职行为	9		
	托管人失职	7		
	软件系统问题	1		
退出	到期不能兑付	607	611	33.41
	购买产品亏损	3		
	产品违规延期不作为	1		

注:按照募集、管理、退出排列,同一阶段按照数量降序排列。同一纠纷可能存在以上一项乃至多项争议行为,因此不统计单项行为占比情况,表中数量仅代表发生频次。

如表 7－19 所示,按照发生频次分析,公募基金类纠纷的争议事项有 53.49% 发生在基金管理阶段,单个争议事项的发生频次较分散,其中净值计算问题、费用报酬问题、信息披露问题为高发争议。值得注意的是,前述分析仅针对已受理且调解结案纠纷进行分析,但公募基金类纠纷有 78.13% 在受理环节因基金公司不同意调解而并未进入调解程序,从而导致公募基金市场投资者的主要争议样本不足,无法准确反映投资者诉求。

表 7－19　2020 年公募基金类纠纷的主要争议分析

阶段	主要争议事项	数量(件)	合计(件)	合计占比(%)
募集(或销售)	销售过程中虚假宣传、承诺收益等	3	6	13.95
	投资者适当性问题	2		
	私自开通余额宝业务	1		
投资管理	净值计算问题(与跟踪的指数或板块涨跌幅差异较大、与持仓股票的涨跌幅严重偏离,怀疑造假)	12	23	53.49
	信息披露问题	6		
	擅自变更协议重大条款(包括擅自延长募集期限、产品存续期限)	3		
	违规操作、违约投资	2		
退出	费用、报酬问题	7	14	32.56
	政策变化导致分级基金整改问题(强制清算、转型方案不合理等)	3		
	封闭期问题	2		
	赎回问题	2		

注:1. 按照募集(或销售)、管理、退出排列,同一阶段按照数量降序排列。2. 同一纠纷可能存在以上一项乃至多项争议行为,因此不统计单项行为占比情况,表中数量仅代表发生频次。3. 由于统计局限,部分纠纷存在主要争议划分不够精准的情况。

4. 基金类纠纷地域分布

如表 7－20、表 7－21 所示,2020 年中心调解的私募基金纠纷主要集中在上海、广东,合计占比 95% 以上,公募基金纠纷集中在深圳、北京、广东,合计占比 80% 以上。根据中证协的网站公示情况,无论是公募基金管理人还是私募基金管理人,其注册地均主要集中在上海、深圳、北京(排名不分先后)。总体而言,基金类纠纷主要集中在经济发达地区,与各地区基金管理人的注册数量呈正相关的关系,但不完全匹配(如上海公募、北京私募明显偏低)。

表 7 – 20　2020 年私募基金纠纷的地区分布

地区	调解结案数量(件)	占比(%)
上海	603	91.92
广东	23	3.51
深圳	6	0.91
江苏	5	0.76
厦门	5	0.76
内蒙古	4	0.61
陕西	4	0.61
北京	2	0.30
天津	2	0.30
江西	1	0.15
山东	1	0.15

表 7 – 21　2020 年公募基金纠纷的地区分布

地区	调解结案数量(件)	占比(%)
深圳	24	43.64
北京	14	25.45
广东	8	14.55
浙江	4	7.27
江苏	1	1.82
山东	1	1.82
上海	1	1.82
云南	1	1.82
重庆	1	1.82

(三)证券类纠纷分析

1. 证券类纠纷调解结案数同比下降

如表 7 – 22 所示,2020 年证券类纠纷的调解结案数为 1018 件,占中心调解结案数的25.02%，同比2019年下降17.84%。从纠纷来源分析，证券类纠纷下降的主要原因为：作为证券类纠纷前三大来源之二的“12386”热线和地方行业协会渠道，2020年转办纠纷分别同比2019年下降30.38%、46.39%，均出现负增长，且降幅较大。究其深层原因，自2020年1月开始，“12386”热线全面实施投诉直转机构履行首要责任机制，对于未达成和解的纠纷，投资者如果再投诉才转中心进行调解。因此“12386”热线的转办数量大幅降低。

表7-22　2020年证券类纠纷的来源情况

纠纷来源	调解结案数量（件）	占比（%）	较2019年同比增长（%）
“12386”热线	543	53.34	-30.38
现场或电话申请	299	29.37	18.18
地方行业协会	52	5.11	-46.39
证监会派出机构	48	4.72	-40.74
中证协	46	4.52	206.67
中国投资者网	26	2.55	160.00
其他	3	0.29	—
人民法院	1	0.10	-50.00
证监会各部门	0	0.00	-100.00
总计	1018	100.00	-17.84

2. 证券类纠纷调解成功率同比下降

2020年证券类纠纷整体调解成功率为67.29%，同比2019年下降8.5%。如表7-23所示，从各细分类型来看，除融资融券交易及证券类其他纠纷外，各细分类型证券类纠纷调解成功率均呈下降态势。证券交易代理合同纠纷占证券类纠纷的76.72%，为主要纠纷类型，其调解成功率同比2019年下降13.68%，对证券类纠纷的整体调解成功率影响较大。据统计，各类型纠纷平均45.30%源于“12386”热线转办，其中调解结案数量占比最高的证券交易代理合同纠纷有56.08%的纠纷源于“12386”热线转办。如前文所述，自2020年1月起，“12386”热线全面实施投诉直转机构履行首要责任后转办调解的纠纷，调解难度升级，调解成功率相应下降。

表 7－23 2020 年证券类纠纷各类型调解结案数、调解成功率情况

纠纷类型	调解结案数(件)	调解结案数占比(%)	调解结案数同比 2019 年增长(%)	调解结案纠纷中源于"12386"热线的占比(%)	调解成功率(%)	调成率同比 2019 年增长(%)
证券交易代理合同纠纷	781	76.72	2.76	56.08	71.45	－13.68
证券代销合同纠纷	88	8.64	－39.73	43.18	50.00	－2.05
股票交易纠纷	70	6.88	－65.17	37.14	50.00	－22.64
融资融券交易纠纷	44	4.32	－48.84	54.55	50.00	6.98
证券类其他纠纷	28	2.75	－33.33	42.86	89.29	17.86
证券托管纠纷	6	0.59	100.00	83.33	0.00	－100.00
证券回购合同纠纷	1	0.10	—	0.00	100.00	0.00

3. 证券类纠纷金额与调解期限

如表 7－24 所示，大部分证券类纠纷的纠纷金额与赔偿金额呈双低特征，调解期限相应较短；证券代销合同纠纷的人均纠纷金额与人均赔偿金额呈双高特征，调解难度大、调解期限长，主要原因是证券代销合同纠纷涉及证券公司代销私募基金、资管计划、债券等，此类纠纷往往是涉众纠纷，案件复杂、争议较大，调解成功率不高。

表 7－24 2020 年证券类纠纷调解期限、纠纷金额、赔偿金额情况

纠纷类型	平均调解期限(天/起)	人均纠纷金额(万元)	人均赔偿金额(万元)
证券代销合同纠纷	132	174.14	137.62
证券回购合同纠纷	53	16.00	16.00
融资融券交易纠纷	50	30.48	7.86
证券类其他纠纷	44	17.58	6.05
股票交易纠纷	43	57.28	0.49
证券交易代理合同纠纷	21	9.97	2.40
证券托管纠纷	15	5.00	0.00

注：按平均调解期限降序排列。

中证资本市场法律服务中心 2020 年年度工作站运营及调解员情况报告

刘　钊*　潘江凌**

中证法律服务中心综合业务部的主要职责是:工作站管理、调解员管理及案卷管理等,为了更好地服务于工作站和调解员,综合业务部对 2020 年度工作站运营情况和公益调解员情况作了梳理和分析,相关情况如下。

一、工作站运营相关情况

(一)工作站受理情况

1. 工作站在中证法律服务中心纠纷受理方面发挥了巨大作用

如图 7－1 所示,2020 年中心共新受理纠纷 3482 件,其中上海受理 902 件,占年度受理总数的 26%;工作站合计受理 2580 件(含中心转办),占受理总数的 74%。

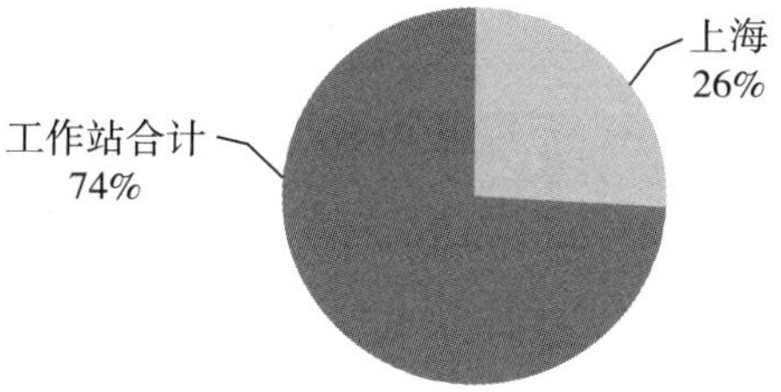

图 7－1　受理情况对比

* 中证资本市场法律服务中心资深经理、专职调解员。
** 中证资本市场法律服务中心高级经理、专职调解员。

2. 各工作站受理数量差别较大

如图 7－2 所示，2020 年，湖南工作站受理了 1082 件纠纷，占中证法律服务中心受理总数的 31%；广东等 3 个工作站受理占比高于 3%；北京等 9 个工作站受理占比高于 2%；黑龙江等 9 个工作站受理占比高于 1%。

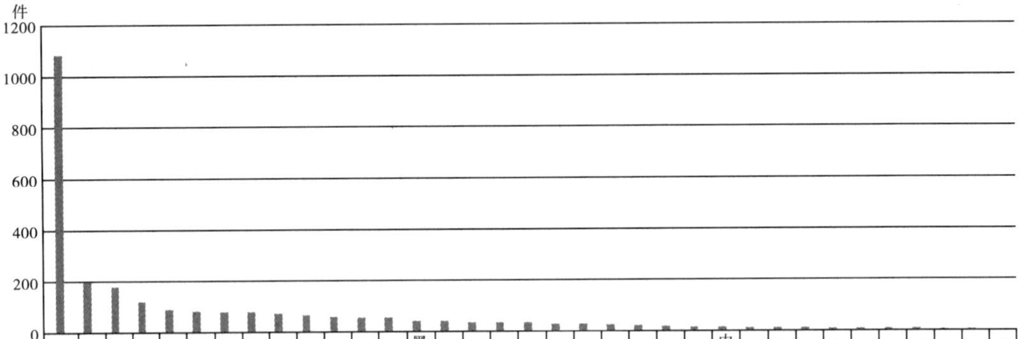

	湖南	广东	江苏	重庆	北京	陕西	吉林	深圳	湖北	四川	河北	山东	辽宁	黑龙江	福建	西藏	安徽	甘肃	厦门	云南	天津	山西	海南	浙江	内蒙古	江西	青岛	新疆	大连	河南	宁波	广西	贵州	宁夏	青海
■受理数（件）	1082	197	177	118	87	80	79	77	70	63	58	55	53	42	42	35	34	32	27	26	22	20	15	14	14	10	9	9	8	7	6	5	4	3	0
■占比（%）	31	6	5	3	2	2	2	2	2	2	2	2	2	1	1	1	1	1	1	1	1	1	0	0	0	0	0	0	0	0	0	0	0	0	0

图 7－2　各工作站受理情况对比

3. 工作站总体纠纷来源相对单一，大量依靠“12386”热线

如图 7－3 所示，2020 年，中证法律服务中心受理、调解纠纷 5335 件，其中源于中国证监会“12386”服务热线（以下简称“12386”热线）转办的纠纷 2372 件，法院委托委派纠纷 1698 件，是占比最高的两类纠纷来源。但比较上海和工作站的具体情况，上海辖区法院转办纠纷占比最高，占纠纷总数的 54%；工作站“12386”热线转办纠纷占比最高，占纠纷总数的 47%。

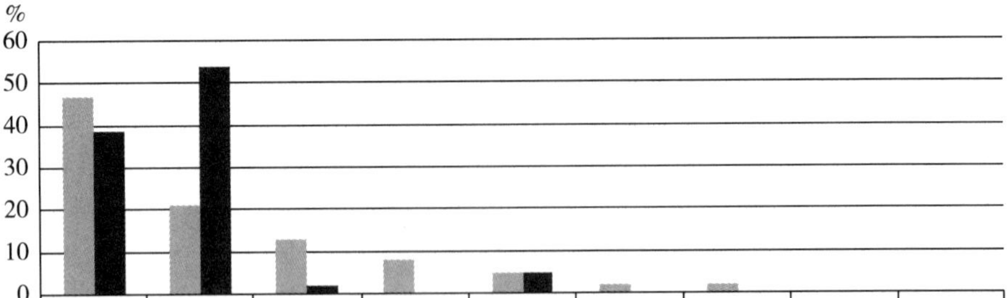

	“12386”热线	人民法院	现场或电话申请	中证协	中国投资者网	地方行业协会	证监会各派出机构	其他	中基协
■上海外合计	47	21	13	8	5	2	2	0	0
■上海	39	54	2	0	5	0	0	0	0

图 7－3　各纠纷来源情况对比

4. 工作站自拓案源情况各不相同

如表 7－25 所示，2020 年，中证法律服务中心转办是大部分工作站的主要纠纷来源，根据调解月报统计，共有 16 个工作站超过一半的受理纠纷源于中心转办。但仍有 10 个工作站自拓纠纷受理占比超过 70%。

在这 10 个工作站中，吉林工作站 2020 年受理了 73 件法院委托纠纷，湖南、广东等工作站不需要中心转办也可以参与“12386”热线纠纷处理。除此之外，工作站自行受理纠纷大部分源于法院委托委派（湖南、吉林、江苏、海南）、中证协转办及现场申请。

表 7－25　自拓纠纷受理数占比排名前 10 工作站

序号	辖区	自拓纠纷受理数（件）	中心转办纠纷受理数（件）	总受理数（件）	自拓纠纷受理占比（%）
1	吉林	76	3	79	96.20
2	湖南	1029	53	1082	95.10
3	广东	184	13	197	93.40
4	河南	6	1	7	85.71
5	甘肃	27	5	32	84.38
6	西藏	29	6	35	82.86
7	重庆	96	22	118	81.36
8	辽宁	40	13	53	75.47
9	黑龙江	31	11	42	73.81
10	云南	19	7	26	73.08

（二）工作站调解情况

1. 工作站是中证法律服务中心纠纷调解重要力量

如图 7－4 所示，2020 年，中证法律服务中心共调解完结纠纷 4068 件，其中上海结案 1497 件，占结案总数的 37%；工作站共结案 2571 件，占结案总数的 63%。在 35 个工作站中，共有湖南、广东、江苏、重庆 4 个工作站调解结案 100 件以上，分别占中心结案总数的 26%、6%、4%和 3%。

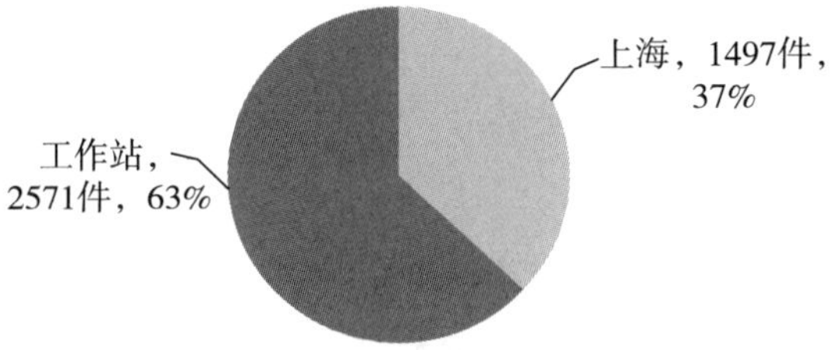

图 7-4 调解结案情况对比

2. 工作站之间调解成功数量和成功率差别较大

如图 7-5 所示,2020 年,在中证法律服务中心 4068 件结案纠纷中,共调解成功 2887 件。其中上海调解成功 969 件,占调解成功总数 34%;工作站调解成功 1918 件,占调解成功总数 66%。具体到不同工作站,调解成功数差别较大,排名前 10 位的辖区占了调解成功总量的 87%。

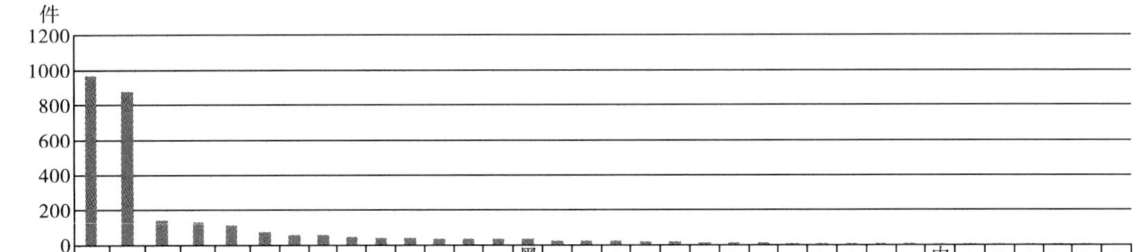

	上海	湖南	广东	江苏	重庆	吉林	北京	湖北	深圳	陕西	四川	山东	河北	辽宁	黑龙江	甘肃	福建	安徽	厦门	云南	天津	浙江	山西	西藏	海南	大连	江西	河南	内蒙古	青岛	广西	宁波	新疆	贵州	宁夏
■调解成功（件）	969	880	143	133	116	75	59	58	45	41	38	36	33	33	33	26	21	21	19	18	15	12	12	9	8	7	5	5	3	3	3	3	2	2	1

图 7-5 各辖区调解成功情况对比

如图 7-6 所示,2020 年,中证法律服务中心总体调解成功率为 71%,高于或与中证法律服务中心总体成功率相当的有 13 个工作站。成功率在 50% ~71% 的有 16 个工作站,其余工作站调解成功率低于甚至远低于 50%。

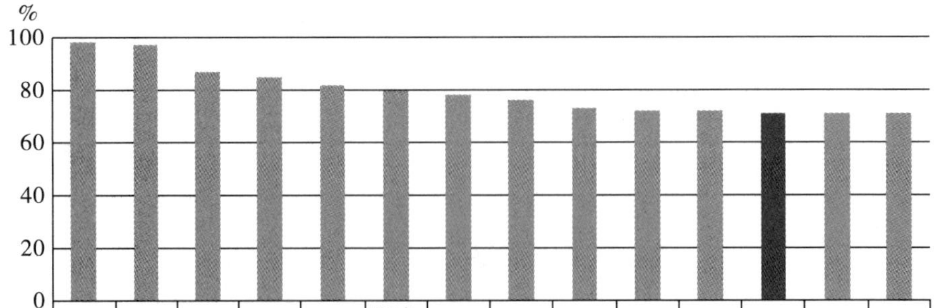

	重庆	吉林	甘肃	湖北	湖南	黑龙江	大连	江苏	厦门	北京	云南	总计	山西	河南
■调解成功率	98	97	87	85	82	80	78	76	73	72	72	71	71	71

图 7-6 调解成功不低于平均值的工作站

3. 调解超期情况比较普遍

根据中证法律服务中心调解规则，简易调解期限为 30 天，普通调解期限 60 天，疑难复杂纠纷期限 270 天。如图 7－7、图 7－8 所示，2020 年，中证法律服务中心总体平均调解结案时间为 30 天；简易调解结案平均时间 29 天；普通调解结案平均时间 34 天。低于总体平均结案时间的有 15 个工作站。

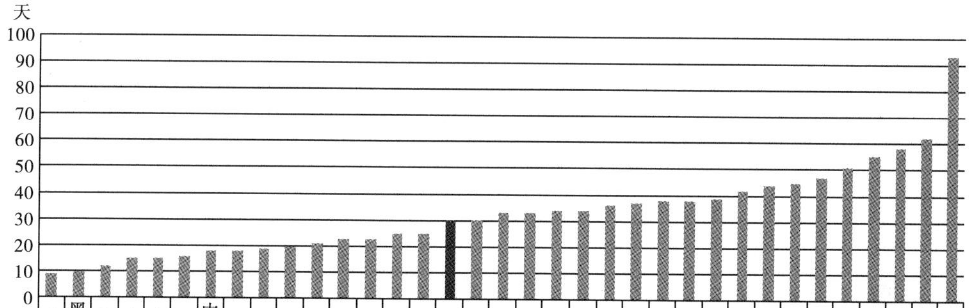

	重庆	黑龙江	甘肃	青岛	吉林	山东	内蒙古	云南	宁波	广东	江西	新疆	江苏	湖南	陕西	平均	天津	宁夏	厦门	浙江	河北	贵州	河南	安徽	辽宁	广西	福建	海南	四川	北京	大连	湖北	西藏	山西	深圳
■汇总	9	10	12	15	15	16	18	18	19	20	21	23	23	25	25	30	30	33	33	34	34	36	37	38	38	39	42	44	45	47	51	55	58	62	93

图 7－7　各工作站平均调解时长

排除 10 人以上的群体性纠纷，中证法律服务中心普通调解平均结案时间为 33 天。在采用了普通调解程序的 22 个工作站中，低于该时间的只有 9 个工作站。

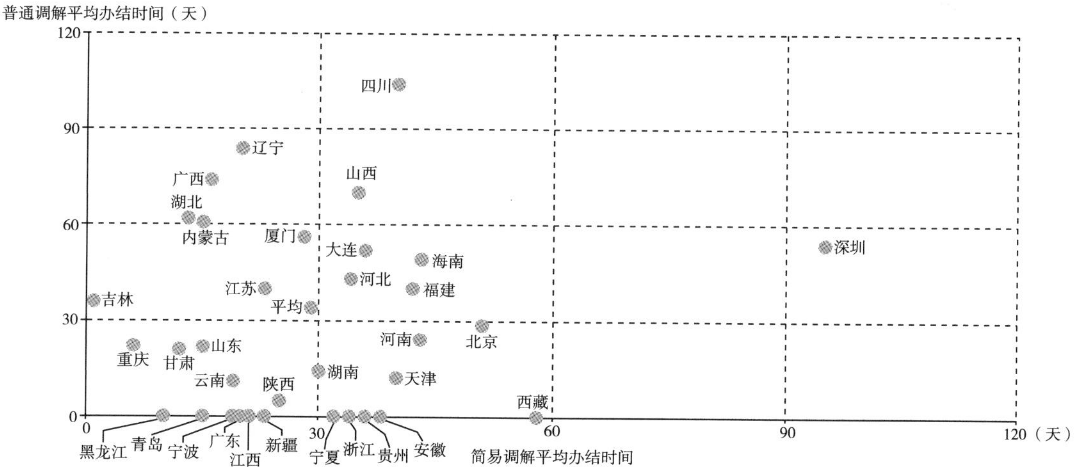

图 7－8　各工作站平均调解时长分布情况

4. 简易程序更常用,但工作站选择存在较大不同

如图7－9所示,2020年,中证法律服务中心共通过普通调解程序结案2554件,占结案总数63%;简易调解结案1511件,占比37%;小额速调结案3件,占比0.07%。但排除群体性纠纷,中证法律服务中心共通过普通调解结案345件,占比19%,通过简易调解结案占比81%。数据显示,简易调解程序更常用。

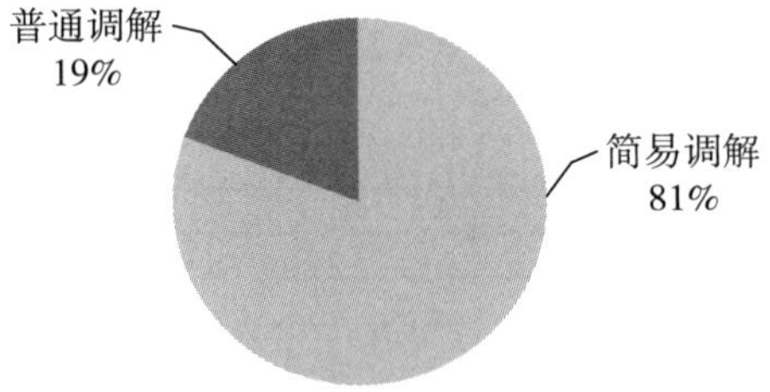

图7－9　各调解程序使用情况

如图7－10所示,具体到工作站,排除群体性纠纷,共有13个工作站通过普通调解结案数占比超过19%的总体水平,而且有4个工作站的比例超过50%。

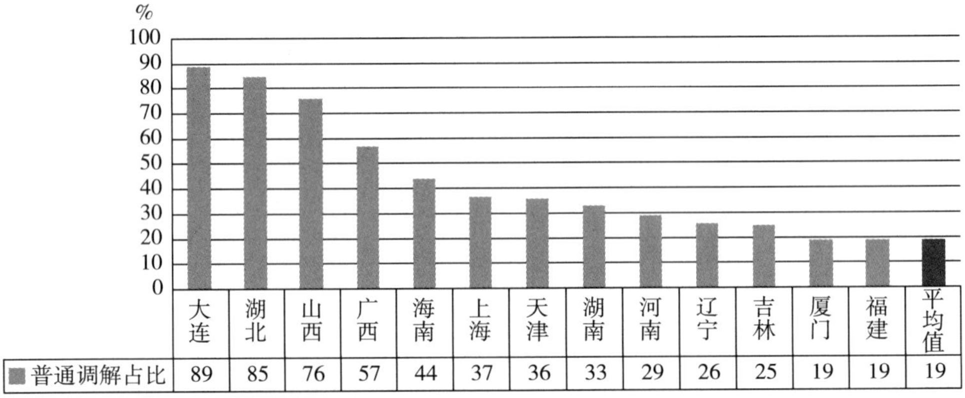

图7－10　普通调解程序(10人以下纠纷)使用比例高于平均值的工作站

5. 调解纠纷类型总体覆盖全面,纠纷类型和纠纷总数呈正相关

如图7－11、图7－12所示,2020年,中证法律服务中心调解结案纠纷类型覆盖了上市公司类、证券类、基金类、投资咨询类、期货类、债券类全部6个纠纷大类,但债券类纠纷数量较少,占比较低。在全部36个辖区中,覆盖5个大类的有4个辖区;覆盖4个大类的有8个辖区;覆盖3个大类的有11个辖区;覆盖2个大类的有7个辖区。类型覆盖和纠纷总数呈现明显的正相关性。

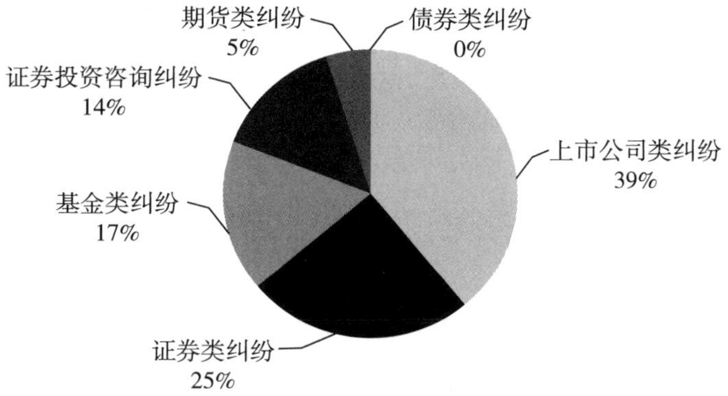

图 7－11　各纠纷类型占比情况

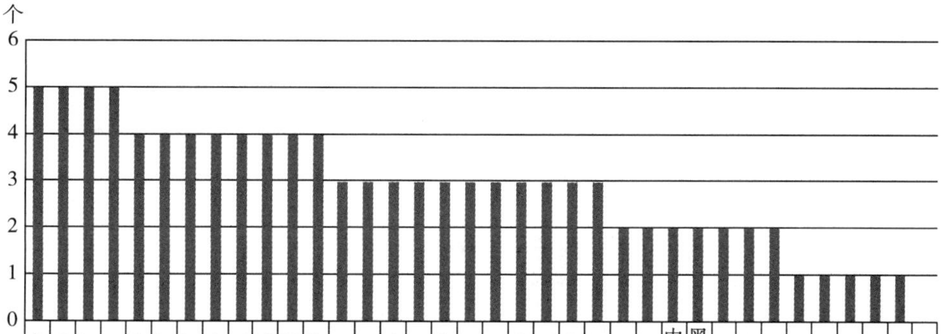

	广东	北京	江苏	上海	浙江	福建	江西	山东	重庆	陕西	深圳	湖南	河北	辽宁	安徽	河南	湖北	四川	云南	大连	厦门	青岛	海南	天津	山西	内蒙古	黑龙江	甘肃	宁波	吉林	广西	贵州	西藏	宁夏	新疆	青海
■纠纷类型数量	5	5	5	5	4	4	4	4	4	4	4	4	3	3	3	3	3	3	3	3	3	3	3	2	2	2	2	2	2	2	1	1	1	1	1	0

图 7－12　各工作站处理的纠纷类别数量

6. 群体性纠纷占比较大，但处理群体性纠纷的工作站比例不高

根据实际调解情况和相关制度依据，本文将涉及人数多于 10 人的纠纷划分为群体性纠纷。如图 7－13 所示，2020 年，共有上海、湖南等 6 个辖区调解结案 2209 件群体性纠纷（以人数计算），其中上海 1448 件，占群体性纠纷总数的 65.55%；湖南 654 件，占群体性纠纷总数的 29.61%。

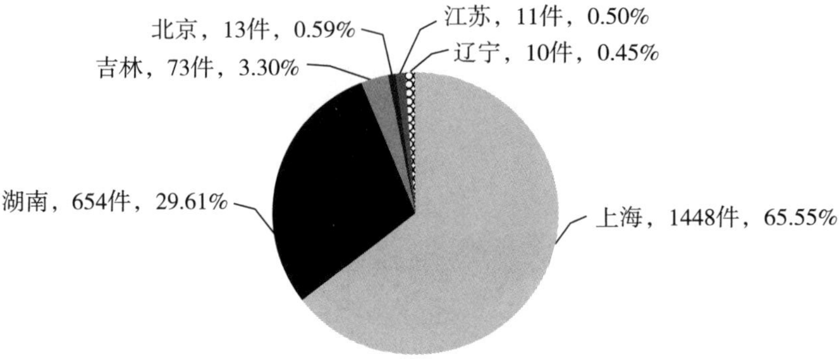

图 7 - 13　群体性纠纷地区分布情况

如图 7 - 14 所示,2020 年,中证法律服务中心调解结案群体性纠纷占结案纠纷总数的 55%。上海结案群体性纠纷占其结案纠纷总数的 97%,吉林占 95%,湖南占 61%,均高于中心总体占比。

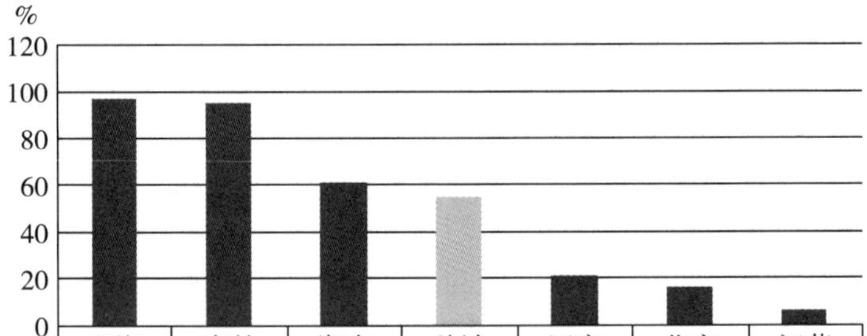

	上海	吉林	湖南	总计	辽宁	北京	江苏
■群体性纠纷占辖区纠纷比例	97	95	61	55	21	16	6

图 7 - 14　群体性纠纷占辖区纠纷比例

二、公益调解员和补贴发放情况

(一)公益调解员情况

1. 公益调解员的基本情况

如图 7 - 15 所示,截至 2020 年年末,中证法律服务中心共有公益调解员 505 名,其中包括市场机构从业人员 220 人,行业自律协会及合作调解组织工作人员 133 人,法官律师等法律工作者 119 人,专家学者 13 人,其他身份专业人士 20 人。建立了结构较合理、相关市场门类和专业领域全覆盖的公益调解员队伍。

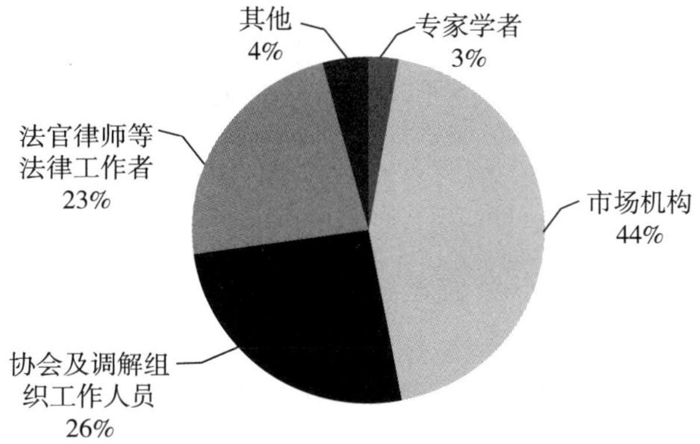

图 7－15　公益调解员构成情况

2. 公益调解员参与调解情况

(1)公益调解员为中证法律服务中心纠纷调解工作专业人才保障，如图 7－16 所示，2020 年，中证法律服务中心共调解结案纠纷 4068 件，其中公益调解员参与调解了 2109 件，占纠纷总数的 52%，为证券期货纠纷解决发挥了巨大作用。

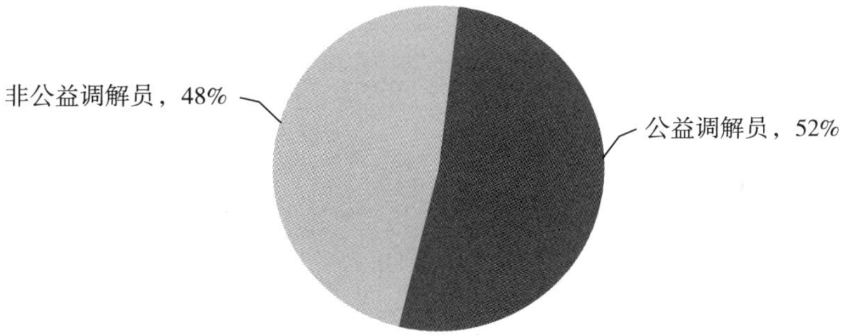

图 7－16　公益调解员调解数量占比

此外，公益调解员还积极投稿调解案例。2020 年共有 23 个辖区 28 名公益调解员合计向中心投稿 28 篇(含案例解析和权益 360 调解案例)，其中 3 人投稿 2 篇以上。

(2)公益调解员参与调解的比例还不够高

如图 7－17 所示，2020 年，中证法律服务中心在聘 505 名公益调解员中，参与调解的有 214 名，只占公益调解员总数的 42%，多数公益调解员本年内未参与纠纷调解。

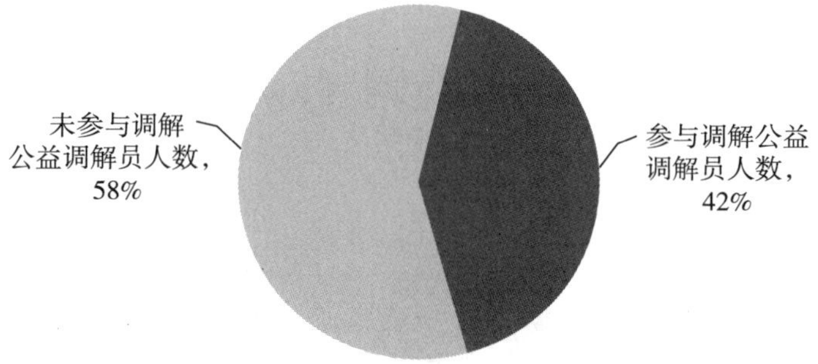

图 7 - 17　公益调解员参与调解比例

(3)具有协会和调解组织身份的公益调解员参与程度最高

如图 7 - 18 所示,2020 年,共有 88 名协会或调解组织工作人员身份的公益调解员参与中证法律服务中心纠纷调解,占参与公益调解员总数的 41%,高于在公益调解员总人数中 26% 的占比;共有 66 名市场机构从业人员参与调解,占参与公益调解员总数的 31%,低于在公益调解员总人数中 44% 的占比;共有 48 名法官或律师调解员参与调解,占参与公益调解员总数的 23%,与其在公益调解员总人数中的占比相称。

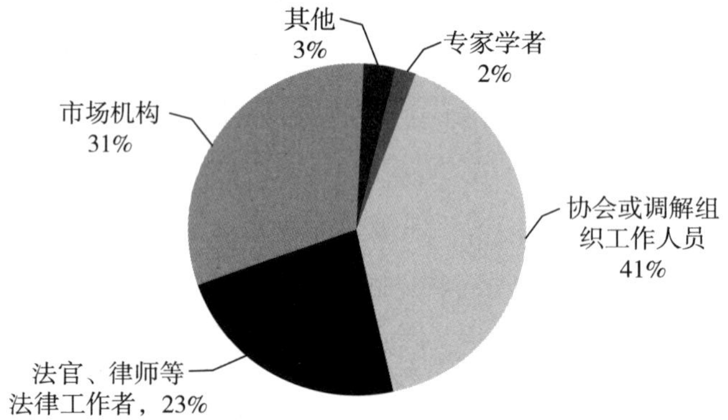

图 7 - 18　参与调解的公益调解员身份类别分布情况

如图 7 - 19 所示,但 2020 年,具有协会或调解组织身份的公益调解员参与了 1846 件纠纷调解,在公益调解员参与调解完结的 2568 件纠纷中占 72%;市场机构从业人员参与了 153 件纠纷调解,占公益调解员参与调解完结纠纷的 6%,远低于 31% 的人数占比;法官或律师调解员参与了 407 件纠纷调解,占公益调解员参与调解完结纠纷的 16%,也低于其 23% 的人数占比。

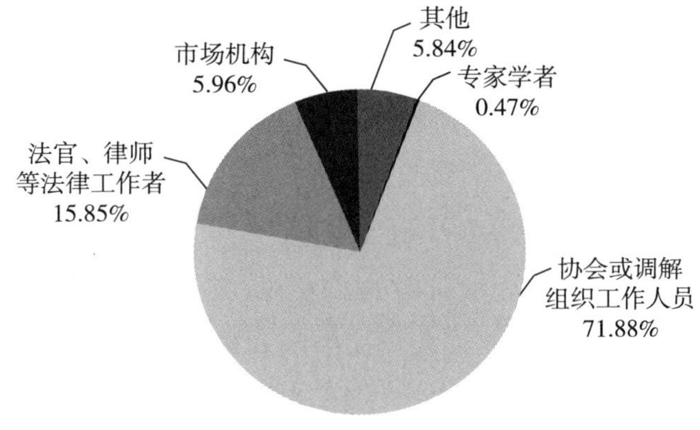

图 7－19 不同身份类别公益调解员参与调解数量分布

造成以上状况的原因如下：一是公益调解员都有自己的本职工作，部分调解员参与公益调解的时间有限。二是纠纷处理程序的原因，在调解过程中，协会或调解组织身份的公益调解员被选定或指定调解的概率更大，而且此类人员参与中心调解与其本职工作相辅相成，比较具有时间保障。

（二）调解补贴发放情况

1. 补贴发放基本情况

2020 年，中证法律服务中心共为 34 个辖区 214 名公益调解员合计发放了 2065 笔调解补贴，分别占辖区总数的 94%、公益调解员总数的 42%，调解完结纠纷总数的 52%，为促进中心证券期货纠纷调解工作发挥了巨大作用。

2. 补贴发放具体情况及影响因素

（1）工作站调解数量和调解补贴正相关，但并不完全匹配

2020 年调解完结纠纷数量前 15 的辖区，除上海情况比较特殊外，有 13 个辖区同时在补贴金额前 15，呈现明显的正相关性。

但具体到占比和排名，辖区调解数量和调解补贴并不能完全匹配。由于上海辖区的纠纷大多由中心专职调解员进行处理，不涉及补贴发放，所以调解补贴金额发放较少，且调解完结纠纷数量占比远高于补贴占比。相应地，上海以外辖区补贴占比也通常要高于纠纷数量占比，个别辖区甚至非常明显。吉林、陕西、四川、深圳四个辖区两个比例基本相称。只有广东辖区补贴发放占比较明显低于纠纷数量占比。

(2)公益调解员之间调解补贴差异较大

公益调解员个体获得调解补贴差异较大,2020年,共有214名公益调解员获得调解补贴。调解补贴基本遵循金额越多人数越少的规律,其中未获得补贴的公益调解员有291名,小于平均补贴金额的合计367名,占公益调解员总人数的73%。

(3)调解程序的选用直接影响补贴金额

2020年,普通调解补贴占发放补贴的约62%;简易调解占38%;小额速调纠纷0.1%。从总体看,2020年采用不同程序调解的纠纷数量和该类纠纷补贴金额明显呈正相关。

(4)不同类型纠纷数量和纠纷补贴金额差异较大

2020年,中证法律服务中心为投资咨询类纠纷发放补贴最多,债券类纠纷发放的补贴最少。投资咨询类纠纷涉及的纠纷金额多大于5000元,不适用简易程序时可选用普通程序,且其调解成功率为83.75%,高于总体调解成功率70.97%,故补贴发放比例最高。

(5)调解成功纠纷发放更多调解补贴

2020年,中证法律服务中心发放调解成功纠纷补贴占比96%,发放调解未成功纠纷占比4%。调解成功纠纷补贴占比明显高于数量占比,调解结果对补贴金额影响明显。这与中心鼓励调解成功的补贴方案密切相关。

(6)群体性纠纷补贴发放较少

2020年,中证法律服务中心调解完结群体性纠纷2209件,占完结总数的54%;为群体性纠纷发放补贴占补贴总额的5%。实践中,中心大部分群体性纠纷由专职调解员调解,且群体性纠纷补贴实行累计封顶制度,所以补贴占比明显低于数量占比。

三、总结与建议

从2020年整体工作情况来看,工作站在每个环节都发挥了积极而又重大的作用,但具体到每个工作站的每个业务流程上,情况差别较大,还有可以提高和挖潜的地方:

1.在下一步的工作中,工作站可以继续加强调解业务宣传引导,树立品牌效应,强化与法院的合作,拓宽纠纷来源,加强调解员学习交流培训,提升群体性纠纷处理能力。

2. 在具体业务上,工作站还要更加熟悉调解规则,重视办理期限,加强业务交流探讨,进一步提高调解效率和调解成功率。

3. 建议工作站动员更多公益调解员参与中心的纠纷调解工作,尽可能地让每个公益调解员都参与到纠纷调解工作中来。